JN281682

世界の考古学
⑰

都市誕生の考古学

小泉龍人

同成社

ユーフラテス河
大河のほとりに都市が形成された

キシュ遺跡の発掘（イラク南部）
「洪水」のあと最初に王権の下ったとされる前3千年紀の都市
（国士舘大学イラク古代文化研究所提供）

テル・カシュカショク遺跡の共同墓地（シリア北東部）
前5千年紀に格差のない埋葬が行われた

テル・コサック・シャマリ遺跡の土器工房（シリア北部）
前4千年紀初頭に専業生産がはじまった

テル・ブラク遺跡（シリア北東部）
前4千年紀に地域の拠点が形成された

テル・ブラク遺跡の「眼の神殿」
前4千年紀後半に「眼の偶像」が奉納された

ウルク遺跡のコーン・モザイク（イラク南部）
前4千年紀後半に神殿の壁や柱を鮮やかに装飾していた
（国士舘大学イラク古代文化研究所提供）

テル・バナート遺跡のジッグラト状モニュメント（シリア北部）
前3千年紀のユーフラテス河上流域における祭祀センター

はじめに

　メソポタミアは、ユーフラテスとティグリスの両大河に挟まれた地域とその流域にひろがり、現在のイラクを中心にイラン、シリアにもおよぶ。オリエントあるいは中近東と呼ばれる西アジア地方の核を成す。このメソポタミアの地に、世界でもっとも古いとされる都市が誕生した。今から約5千年以上も前の話である。古代都市がどのようして出現したのかについてさまざまな議論がされているが、いまだによく分かっていない。かつて、V.G.チャイルドによって「都市革命」と呼ばれて以来、都市の出現は変革のイメージで語られてきた。現在の研究成果では、チャイルド自身も気づいていたように、メソポタミアの古代都市の出現はゆっくりとした歩みであったことが改めて認識されている。ここでの古代都市とは、楔形文字が本格的に使用される初期王朝時代(青銅器時代初頭)に分立した都市国家ではなく、その直前の紀元前4千年紀後半に出現したウルク期(銅石器時代後期)後半の都市を指している。

　メソポタミアで生まれた古代都市の説明には、大規模、階層化、中央集権、神殿、長距離交易といった用語をよく耳にするが、それらの実態はいまひとつ不透明である。総じてぼんやりとした都市像が先行し、内容については不明なところが多い。これまでの都市研究では、部分的な発掘と表面採取によるデータを基礎にした議論がおもに展開されてきた。とくに、政治的な事情などにより南メソポタミアでの埋もれた都市を発掘できない現状では、サーヴェイによ

る遺跡規模の比較研究が正統派であった。しかし、調査方法のかかえる問題や限界が、都市研究の進展への足かせにもなっている。都市像が不鮮明な理由には、こうした研究背景におけるいろいろな制約も大きく影響している。

　メソポタミアの都市構造の解釈においては、M.ウェーバー流の中世ヨーロッパの都市類型や、古代ギリシアの都市国家（ポリス）などがよく比較されてきた。これらは初期王朝時代の都市を研究するうえで、有効な参照軸となる。しかし、シュメールの都市国家の様相を説明するための参照資料をそのままウルク期における古代都市出現の解釈にあてはめることはできない。たとえば、ウルク期の社会は本格的な都市共同体と呼ぶにはまだ未熟な段階であり、アテネのような民主政やスパルタのような皆兵制もうかがえない。つまり、中世ヨーロッパや古代ギリシアの都市残像が強すぎると、古代メソポタミア社会の都市化（Urbanization）が見えなにくくなる。ウルク期の古代都市と古代ギリシアの都市国家、さらには中世ヨーロッパの自治都市を同列に語れないように、ひとくちに都市といってもその説明には多元的なものさしが必要であることは自明であろう。ポリス的「都市国家」あるいは「自治都市」ではとらえきれない特異な社会がウルク期には展開していたのである。

　メソポタミアの古代都市の研究において、考古資料と併せて文字史料や図像資料も貴重な手がかりとなる。ただ、都市化というテーマに関して補助資料を有効に利用できる事例はそう多くはない。初期王朝時代の文字史料として楔形文字による粘土板文書が多数見つかっているが、これらは当時の行政・経済に関する記述が中心であり、先行するウルク期あるいはジェムデット・ナスル期の社会を歴

史的に描写した史料ではない。さらに、ウルク期やジェムデット・ナスル期の絵文字的な古拙文書も大部分が行政・経済の記録であり、都市化を示す図像的な証拠も層位的な発掘により遺物・遺構にともなうというよりも、円筒印章などのモチーフに表現された断片的な資料に限定される。なお、ここではウルク後期の社会を集落から都市へ発展していくプロセスに位置づけ、初期王朝時代の都市国家から区別してとらえ直している。

近年の都市化研究の動向として、ウルク期の社会構造の変化を考古学的に検証しようとする傾向が見られる。北メソポタミア、北シリア、東南アナトリアで得られた最新の資料を整理しながら、都市化を社会の複雑化としてとらえる研究の流れがある。漠然とした都市化を考古学的にとらえるには、モノの変化を細かくたどり、社会の複雑さの度合いを比較分析する方法が有効であろう。そこで筆者もこの流れに沿って、メソポタミアのウルク期に古代都市が誕生する過程で、どのような都市化、すなわち社会の複雑化が進行していったのかを探ることにする。

都市化を解明する上でのキーワードは、格差と異質であると筆者は考えている。まず本書では、社会のなかでどのような格差が生じていったのかという点を、実地に調査した墓のデータにもとづいて分析する。墓制から社会的な格差を分析していく手法はすでに試みられているが、ウバイド期から後続期にかけての本格的な研究はわずかしかない。紀元前5千年紀の銅石器時代に展開していたウバイド文化が前4千年紀にウルク文化へ継承され、さまざまな社会変化が起きた。ウバイド期からウルク期にかけての墓制の変化を分析す

ることから、都市化を基軸とする社会の複雑化にアプローチできると筆者は考えている。

　同時に、先史時代の集落がどう変化して、ウルク後期における古代都市、すなわちこれまでイメージされてきた都市像につながったのかも考察する。具体的には、ウバイド文化の延長線上にどんな都市化が起こったのかを集落内の空間利用の変化から探ってみる。とくに、北メソポタミアのガウラ遺跡での事例をもとに、ウルク文化の体系的発展を推定していく。概して、集落内に多様な格差が同居するようになり、異質なヒトも共存するようになった。異質なヒトの共存が社会の仕組みを複雑なものに変えていったのである。その根本的な原因にはヒトの動きがあったというのが持論だ。

　本書は、古代から近代までを含めた一般的な都市論の構築を目指すものではなく、メソポタミアのウルク期に出現した古代都市の形成過程に的を絞っている。また、シュメール、アッカド、さらにはバビロニアやアッシリアなどの諸地方に繁栄していた都市国家についてではなく、これら初期王朝時代の都市国家の母胎となったウルク期の古代都市の誕生について扱う。したがって、本書の目的は古代メソポタミアにおける都市化の様相、すなわち社会において都市的な性格がいかにして形成されたのかを探ることにある。ウバイド期からウルク期にかけての墓制、集落構成、ネットワークなどの分析から社会の複雑化を探り、メソポタミアの前4千年紀に古代都市が出現した過程を追究する。

目　次

はじめに

序　章　都市化研究に向けて …………………………………3

第1章　祭祀統合社会——ウバイド期の墓制と社会—— …………11
　　1　ウバイド期の墓制の起源　15
　　2　ウバイド期の墓制　24
　　3　祭祀による社会の統合　31

第2章　祭祀から政治へ——ウバイド終末期の墓制と社会—— …47
　　1　ウバイド終末期における墓制の変化　47
　　2　統合から支配へ　53

第3章　政治支配社会——ウルク期の墓制と社会—— ……………61
　　1　ウルク前期の墓制と社会　61
　　2　ウルク中期以降の墓制と社会　68

第4章　集落構成の変遷 ……………………………………83
　　1　工房と倉庫　83
　　2　墓地と神殿　94
　　3　行政館と軍事施設　102

第5章　社会的関係の拡大 …………………………………107
　　1　祭祀ネットワーク　107
　　2　交易ネットワーク　123

第6章　都市の形成 ………………………………………143
　　1　墓制の格差　143

2　街並みの変化 152

　　　3　集落間の緊張 168

第7章　都市化のシナリオ ……………………………………185

終　章　メソポタミアの古代都市……………………………205

　参考文献一覧

　メソポタミア編年表

　おわりに

　遺跡索引

　　　　　　　　カバー写真
　　　　　　　　　シリア東部、マリ遺跡
　　　　　　　　（前3〜2千年紀の交易都市）
　　　　　　　装丁　吉永聖児

都市誕生の考古学

主要遺跡地図

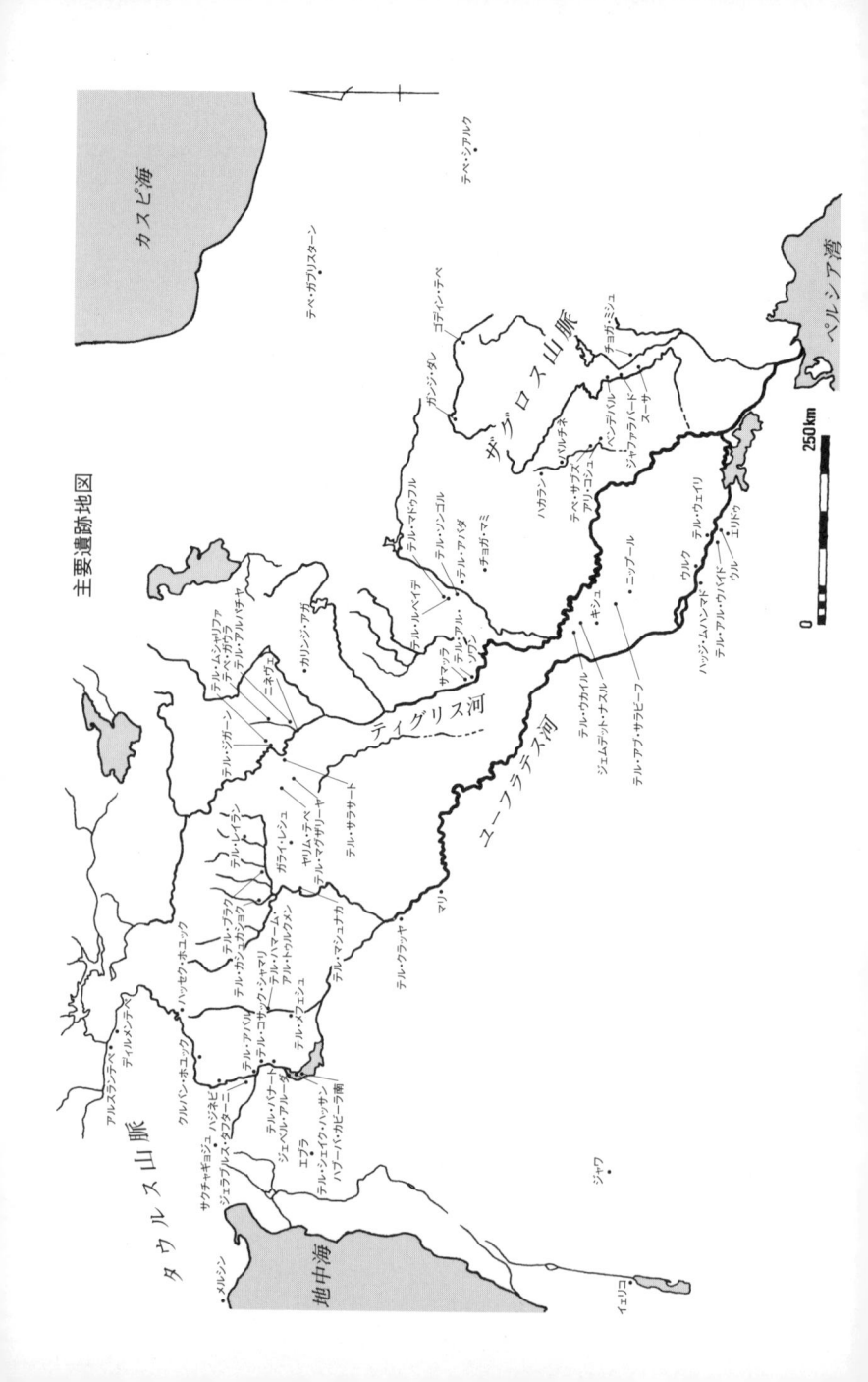

序章　都市化研究に向けて

「都市とは何か」といった一般的な都市論は本書の目的からずれるので、詳しい議論はほかにゆずるとして、考古学的に良く知られた都市の定義についてまず触れておこう。

考古学におけるおもな都市概念としては、チャイルドやM．ビータックの定義がある。チャイルドは1950年に発表した『都市革命』（*The Urban Revolution*）で、新石器時代の村落と最初の都市を区別し、次の10項目から都市を定義した（括弧内は筆者補足）。

1．規模（人口集住）、2．居住者のタイプ（工人・商人・役人・神官によって構成され、なかには農民も含まれる）、3．余剰を神や神聖君主に献上する生産者（租税）、4．記念建造物、5．手工業を免除された支配階級、6．情報記録の体系（文字）、7．純粋かつ実用的な科学技術の発展、8．記念的芸術（芸術家）、9．奢侈品や工業製品の原材料の定期的輸入（長距離交易）、10．世俗役人や神官の政治的・経済的支配下にある在留専門工人（Childe 1950；西アジア考古学勉強会 1994：33）。

また、ビータックは西アジアにおける都市の定義として、以下の9項目を指摘している。

1．高密度の居住、2．コンパクトな居住形態、3．非農業共

同体、4．労働・職業の分化と社会的階層性、5．住み分け、6．行政・裁判・交易・交通の地域的中心、7．物資・技術の集中：資本集中、8．宗教上の中心、9．避難・防御の中心（川西 1999）。

ただ、チャイルド、ビータックの定義は都市構造の解釈に向けた指標の提示であり、これをもってして都市が実際に規定されるものではない。これらの属性を多くもった集落は、都市的性格が強いということを意味する。

都市と並んでよく耳にする「国家」は、一般概念として、地域社会を基盤に形成された統治組織であり、地域社会内のあらゆる集団や組織の上に立って成員全体を拘束する決定を作成し、それを貫徹する統治機構とされる（見田ほか 1994）。社会システム的には、都市は国家的結合の結節点であり、都市化は都市を中枢とする社会システムの拡大する過程を示す。国家段階に至る社会変化をシステム論的にモデル化した研究として、E. サーヴィスと M. フリードが代表される（Service 1962；Fried 1967）。

サーヴィスは、国家とは、経済的格差のついた諸階級でなく、統治階級と被統治階級への分化の結果であるとし、中央集権的指導の恒久性と権力が増加していく状態を社会の複雑化とした。フリードは、国家とは社会的不平等を体系化する手段であり、社会階層秩序の維持を主な仕事とする公的組織であるとした。そこでは、国家とか都市文明がより先入観の排除された複合社会（complex society）に置換されていった様子がうかがえる。一般的に、都市性（urbanism）は国家の空間的な付帯現象としての用語に限定されてきた。本書では、国家という権力行使の主体がいかにして構築されていく

のか、すなわち国家形成という視点からではなく、むしろ都市性の形成、すなわち集落がどのようにして都市化されていくのかという視点から前4千年紀の社会の複雑化を考察する。

メソポタミアの都市化や国家形成についての先行研究は累々とあり、そのすべてを限られた紙面に紹介することはできない。ひとくちに都市といっても、さまざまな視点からの定義が可能であり、どれか一つが絶対的であるというわけでもない。たとえば、古代メソポタミアにおいて、前4千年紀（銅石器時代後期）の研究者の想定する都市性と、前3千年紀（青銅器時代前期）の研究者が描く都市像は同じものではない。前者では時間的にかなり幅のある都市的性格の形成が主題となっているのに対して、後者では限定された時間枠での都市機能や都市間の関係が議論の対象となっている。そこには、考古資料に頼らざるを得ないのか、それとも文献史料も使えるのかといった研究材料の違いも大きく影響してくる。本書ではおもに前者の立場で都市化を追究する。本論に入る前に、メソポタミアの都市化について代表的な先行研究を視点の違いによりグループ化しておこう。おもに経済、人口・セトルメント、システム、交易、ウルク・エクスパンションに大別している。ただし、古代メソポタミアの都市形成に関する研究をすべて網羅したわけではない。同時に、国家形成についての論考もかなり重複しており、異なるテーマでありながら重要と判断された研究もあわせて紹介してある。

経　　済

代表的な研究例は上述のチャイルドで、都市化では非食糧生産者としての専業従事者を養うために余剰生産を適用したと指摘した

が、具体的なメカニズムは説明しなかった (Childe 1950)。また、セトルメントやシステムの視点において、経済活動を重視した研究としては、G. A. ジョンソンが南西イラン高原における地域的生産の統制を都市化とし (Johnson 1973)、H. T. ライトは生産活動の専業化を都市化と定義し (Wright 1977)、M. ゼダーは動物資源の利用から見た都市化を論じている (Zeder 1991)。さらに、工芸の専業化からみた社会の複雑化の研究や (Wailes 1996；小泉 2000 b；西秋 2000)、非エリート段層での専業化と社会の複雑化の関係を分析した研究もある (Wattenmaker 1998)。

人口・セトルメント

　表採（サーヴェイ）資料にもとづくセトルメント研究は都市化あるいは国家形成研究の老舗といえる。R. McC. アダムズとH. J. ニッセンは、南メソポタミアのサーヴェイによりウルク期から初期王朝時代にかけての都市形成のおもな傾向をとらえた。社会的、政治的機構における変化が経済的組織の変化を促進し、都市的凝集は政治的形態としての国家制度に依存していたとした (Adams 1981；Adams and Nissen 1972)。ジョンソンは、初期王朝時代のディヤラ川流域とウルク遺跡周辺におけるセトルメント・パターンを分析した (Johnson 1975)。近年では、H. ワイスが北シリアのテル・レイラン周辺の遺跡分布傾向の変化を追い (Weiss 1986)、T. J. ウィルキンソンとD. J. ツカーは北メソポタミアの集落密度と土地利用を分析し (Wilkinson and Tucker 1995)、A. ルプトンがアナトリアや北シリアへのウルク文化の拡大をプレ・コンタクト／コンタクトとして分析している (Lupton 1996)。

ほかに、人口や遺跡規模を取り上げた研究がかなり多い(Ucko *et al.* 1972；Pollock 1983；Wrigh tand Pollock 1987；Hole 1987；Akkermans 1989b；Vértesalji 1989)。さらに、集落内の空間利用からみた社会の複雑化の研究 (Rothman 1994；Frangipane 1997)、表採資料や発掘資料をはじめとして、植物遺存体や文献史料などからセトルメントと経済活動を分析した研究 (Miller 1990)，村落規模の小集落のセトルメントから社会の複雑化にアプローチした研究 (Wright *et al.* 1980；Alizadeh 1988；Schwartz *et al.* 1994) などもある。

システム

　社会システムの拡大過程として国家形成をとらえるアプローチは、社会の複雑化を研究する上での主流となっている。システムそのものに着目した研究 (Redman 1978a) や首長制を再考した新しい研究 (Earle 1991；Yoffee 1993a；Stein and Rothman 1994) などが中心となる。また、ライトは都市システムとは、地域的に密着した一連の活動、人口維持、特定集団による中央集権であるとし、首長制の意思決定は中央と地方に階層化し、国家の意思決定は中央に集中していたとした (Wright 1969)。さらに、ニッセンは粘土板文書をもとに生産過程・製作技術に焦点を絞り、シュメール文明への発展を追及した。とくに、文字システムの発明が官僚機構、階級社会の出現につながったとし、土器や印章生産の製作工程の分業化、新しい職業の登場や職業分化を指摘した。また、規格のほぼ統一された外傾面取口縁鉢 (beveled-rim bowl) は、公共事業に参加した労働者に対する糧食配給に用いられたとし、ウルク後期～ジェ

ムデット・ナスル期に計量の標準化、すなわち官僚行政システムが出現したとした (Nissen 1988; Nissen *et al.* 1993)。

交　　易

　交易に関する研究も、社会の複雑化研究の一翼を形成している。メソポタミアにおける都市形成に関する交易研究の先駆としては、文明形成における交易の役割についての論集などがある (Renfrew 1969; Sabloff and Lamberg-Karlovsky 1975)。ジョンソンとライトは南西イラン地方 (スシアナ平原) の調査により、土器などの工芸品生産がセンターの工房で大量生産され、地域交換システムのもとで流通したとした。また、集中生産された外傾面取口縁鉢などの製品だけでなく食糧や労働力も中央で集中管理され、ウルク前期に初期国家が誕生したとした (Wright and Johnson 1975)。G. アルガゼは、前4千年紀後半のメソポタミア周辺地域におけるセトルメント分析によりウルク・ワールド・システム (Uruk world system) を提唱し、南メソポタミアや南西イランに共通するウルク文化の拡大を交易経済から追及した (Algaze 1989, 1993)。交易と社会変化の関係についての研究は多い (Oates 1993; Yoffee 1995; 常木 2001)。

ウルク・エクスパンション

　メソポタミア周辺部でのウルク期の発掘調査の成果が集積してくると、さまざまな国際会議で意見交換が行われた。ペンシルバニア研究部会 (1987) ではトルコ、シリア、イラク、イランなどからの最新の発掘成果をもちよって、ウルク期の周辺地域の様相を探り、

地域交易や経済的植民地化の拡大が物質文化に現れているとした（Rothman *et al*. 1989）。ＡＡＡ定例会合（1989）ではウルク期における首長制が再解釈された（Stein and Rothman 1994）。S. ポロックはウルク期をめぐる研究史の整理と新提案を行った。彼女は、グローバル的な視点や高度な法則化や抽出化により理論体系の構築を追及する研究姿勢に疑問をもち、大局的にとらえた社会・文化発展が個々のローカル・レヴェルに与える影響に着目すべきであるとした（Pollock 1992）。上述のスタインとロスマン（1994）は、管理支配構造を強調した同質な中央集権国家についての静的なトップ・ダウン式モデルから、社会組織に着目した異質な政体についての動的なボトム・アップ式モデルへの切り替えを提唱した。サンタフェ会議（1998）では、国家形成期のメソポタミアについて、編年の措定と国家形成期の問題点整理が試みられた（Rothman 1998）。マンチェスター会議（1998）では、ウルク期（国家形成期）における社会の複雑化を考古学的に検証する研究・調査が報告された（小泉 1999）。アナトリア、シリア、北メソポタミア、イランにおけるウルク土器と在地土器の割合比較と土器編年、行政機能を示す遺物（円筒印章・封泥など）の比較分析や図像解釈による空間分析、土器や封泥の産地同定などが発表され、ウルク文化の拡大をそれぞれの地域でより具体的にトレースする方向性が提示された。

　日本では、ウバイド期からウルク期にかけての都市化を通時的に扱った松本の一連の論考をはじめ（松本 1995, 1999）、都市の定型と非定型を比較文化論的にまとめた論考（川西 1999）、「古代オリエントにおける都市形成とその展開」の研究活動（近藤 1999）などが近年の成果といえる。「都市形成とその展開」では、立場の異

なる研究者が都市を議論するときの指標が検討され、青銅器時代の都市展開の理解に向けてさまざまな角度から議論された。

第1章　祭祀統合社会
――ウバイド期の墓制と社会――

　ユーフラテス河下流域のテル・アル・ウバイド遺跡は、1919年にH. R. ホールによって発掘され、シュメール期のものとは異なる、輪積み成形の鈍黄色を呈した彩文・無文土器が発見された。その後、1923年にC.L.ウーリーらが発掘を再開したときに、地山直上でこの手の土器を製作・使用した人びとの住居址を見つけた。そこで、こうした土器、それをともなう時期、さらにはそれに関連するであろう文化に対してウバイドという用語が使われるようになった。そして、ウバイド土器は近隣のウルにおいて長期間にわたって使用され、この文化堆積はウルク期まで断絶なく連続していることが層位的に確認された（Hall and Woolley 1927）。

　ウバイド墓制研究はおもにエリドゥでの墓地資料を中心に進められてきた（Satar *et al.* 1981）。ウバイド期の代表的な墓地であるエリドゥについて、副葬品の土器フォームにもとづく分類（Vértesalji 1984）、遺体の頭位方向、年齢、性別を基準にしたグループ分け（Pariselle 1985）、墓の構造、被葬者の埋葬姿勢、数、性別、年齢、副葬品の性格から総合的に判断した階層性の追究（Wright and Pollock 1987）などが試みられたが、いずれも顕著な格差は認められない。また、コペンハーゲンで開かれたウバイド・シンポジウムでは、ウバイド期の墓制は全体的に画一化され、副葬品の差異は年

表1 ウバイド期のおもな墓一覧

遺跡	基数	立地	構造	遺体数	年齢	姿勢	副葬品
ハマーム	1	床下	レンガ囲い	1	小児	屈葬	―
カシュカショクII	22	墓域	地下式横穴＋レンガ列(2)/土壙(2)	1	成人	屈葬	土器/ビーズ/印章
マシュナカ	23+	墓域(23)/床下(+)	レンガ列(++)/土壙(+)/地下式横穴＋レンガ列(1)/土器(+)	1	成人(23)/幼児(+)	屈葬	土器/紡錘車/投弾/骨製錐
ヤリム・テペVIII	6	床上/床下/中庭	土壙/土器(10)/土壙穴(2)	1-2	幼児/成人(3)	屈葬	土器/ビーズ
サラサート II	27	居住域	土壙(10)/土器(10)	1	幼児/小児(21)/成人(6)	屈葬/伸展葬	土器
ジガーン	2	居住域?	縄土列	1	成人	屈葬	―
ガウラ	67	居住域ほか(24+)/神殿域(13+)	土壙(49)/土器(14)/縄土(1)	1-2	成人(30)/幼児(25)/小児(15)	屈葬/伸展葬(3)	土器/石製容器/石器/石製パレット/ペンダント/印章/紡錘車/トークン/動物形土製品
アルパチヤ	46	墓域(44)/居住域(2)	土壙(44)/地下式横穴(2)	1	成人	屈葬/伸展葬(1)	土器/ビーズ
タルマ	14	床下/中庭	土器	1	幼児/小児	?	―
ビスマヤ	5-7	中庭	土壙	1	幼児	屈葬	―
ヌジ	+下	床下/壁下	土器/壁下	1	幼児	屈葬	―
マドゥフル	1	床下	土壙	1	成人?	屈葬	土器
ハサン	2	居住域	土壙	1-2	幼児	屈葬	土器
ソンゴル A	7	墓域	土壙	1	成人	屈葬	土器/ビーズ/石製容器/石製パレット
サブアティヤ	6	居住域/床下	土壙	1	幼児/小児	屈葬	―
アバダ	127	床下	土壙/土器(5)	1	幼児	屈葬	人物土偶/ビーズ/土器
ウル	36+	墓域	土壙	1-3	成人/幼児	伸展葬	土器/人物土偶/ビーズ/骨製針
エリドゥ	192+	墓域	レンガ囲い	1	成人/小児/青年/幼児	伸展葬/屈葬	土器/ビーズ/人物土偶
シェ・ガビC	+下	床下?	土壙	1-3	幼児	?	木製ビーズ?
シェ・ガビB	8	床下?	土器	1	幼児/新生児	屈葬	―
ギヤン	3	?	土壙	1	幼児	?	―
コザガラン	1	?	土壙	1	成人	伸展葬	―
バルチネ	63	墓域	石囲い(3)/土壙(2)	1	成人/青年(1)/新生児(1)	伸展葬/屈葬(1)	土器/石器/棍棒頭/紡錘車/磨斧
サブズ	5	空地	石囲い(3)/土壙(2)	1	幼児	伸展葬	磨石/円盤石
ベンデバル	10	?	レンガ囲い	1	幼児	?	土器
ジョウイ	2	?	レンガ囲い	1	幼児	?	―
ジャファラバード	5	床下ほか	レンガ囲い(1)	1	小児/新生児(2)/幼児	伸展葬	土器/細石斧
チョガ・ミシュ	1+	居住域	レンガ囲い	1	成人	伸展葬/頭骨葬	土器
タアプル・シェイケン	3	床下ほか	土壙	1	幼児(2)/成人	伸展葬/頭骨葬	土器/未焼成投弾/ビーズ

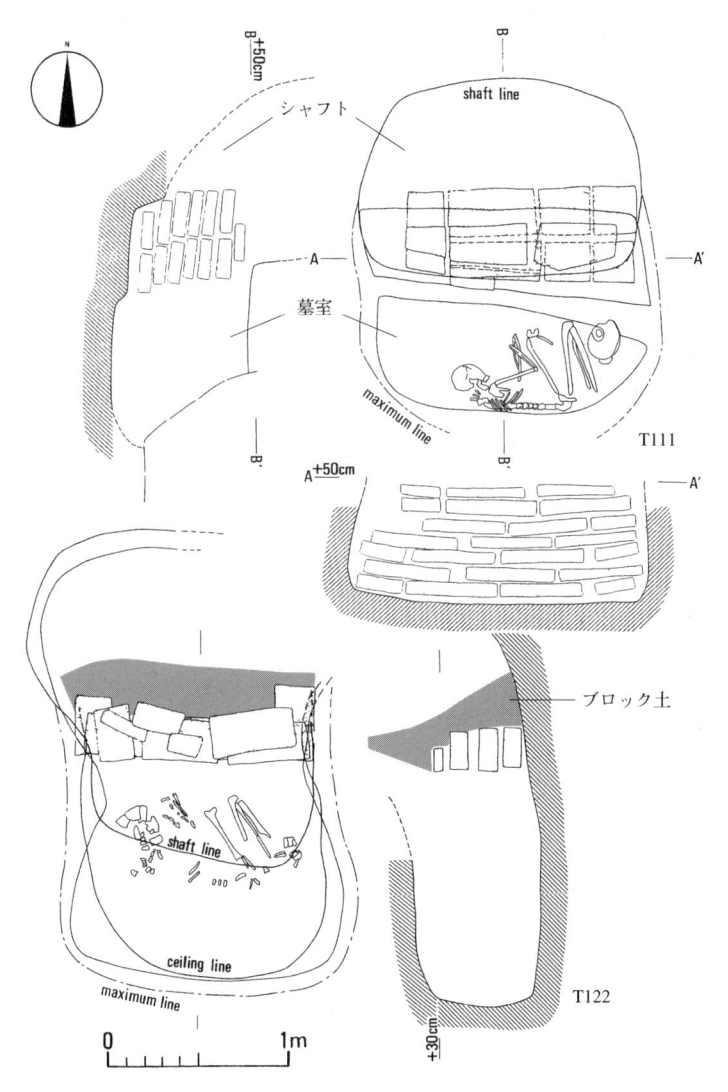

図1 北方ウバイド文化の墓（カシュカショク，Koizumi 1991a より）

齢の違いを反映していたが、ウバイド期終末以降になると墓制が徐々に多様化し、一部には社会内における個人間の格差が副葬品の多寡に現れたとされた（Akkermans 1989b）。また、ウバイド墓制に階層化は認められず、ウバイド期後半までには画一的な葬法が確立され、社会的格差をともなわない「観念の共有」が統合原理として機能していたとされた（Hole 1989）。

エリドゥ以外には、スーサ、テル・アルパチヤ、テル・カシュカショクなどで共同墓地が、テペ・ガウラでは集落内でさまざまな墓が見つかっている（表1）。とくに、テル・カシュカショクⅡ号丘の成果は重要な意味をもつ（Matsutani 1991）。計100基以上の墓が検出され、そのうち64基の墓について個別のデータが記録され、ウバイド期の墓の構造がはっきりと確認された（図1）。カシュカショクⅡ号丘の発掘成果は、北方ウバイド文化の墓制を探る格好の材料となるだけでなく、南北全体のウバイド文化の社会構造をとらえる上で貴重な証拠を提供してくれた。以下、カシュカショクの資料を中心に、他の遺跡の墓を比較しながらウバイド期の墓制を解説する。

埋葬とは、社会のなかで守らねばならない慣例や規制に対して体系的かつ規則的に順応する社会的行動である（O'Shea 1984）。したがって、埋葬行為ほど社会規範に対して敏感かつ従順に適応する行動はないために、考古資料として残存してきた葬法を探ることには大きな意味がある。ただし、そこには埋葬行為を、被葬者の社会的立場を積極的に反映したものなのか、あるいは消極的に反映したものなのかで大きく解釈がわかれる。代表例としては、L. ビンフォードらの葬制の複雑さは社会の階層化を直接的に投影していると

いう立場と、I. ホッダーらの葬制は理想化された社会的関係や非現実的世界を象徴的に表現しているという立場に大きくわかれる（Binford 1989；Hodder 1982）。ただ、実際の埋葬研究では、こういった解釈論の二極間にいくつもの中間的段階がある。筆者は、社会的関係が墓制に反映されていたという説をおおかた支持し、墓制そのものよりもその変化が社会の変化を映し出すと考えている。

なお、本章で扱うウバイド期の墓は、北シリア・メソポタミアから南メソポタミア、南西イランにかけて分布する（主要遺跡地図）。アルパチヤなどの例を除いて、素掘りの土壙墓はとくに対象としない。発掘時の認定作業のむずかしさから、本来レンガ列などの構造があったとしても土壙墓と報告されてしまうからである。ここでは、構造が明瞭に認められた墓を中心にみていき、土器棺は適宜扱う。

1　ウバイド期の墓制の起源

（1）　北方：ハラフ

ウバイド文化は北方と南方に大きくわかれ、北方の墓制の初現としてはハラフ期の墓制の系統が考えられる。北メソポタミアのシンジャル山麓域のヤリム・テペI号丘にはハラフ後期の墓地が展開する（Merpert and Munchaev 1993）。多くの墓は地下式横穴墓のプランを呈し、遺体が屈葬された（図2）。これは以降の北方ウバイド期に普及する地下式横穴墓の祖形となり、近隣のII号丘からも同様な墓が建物の床下から見つかっている。つまり、シンジャル山麓域周辺を源にする「地下式横穴墓＋屈葬」墓制が、北方ウバイド期のカシュカショク、テル・マシュナカなどのハブール川流域などに

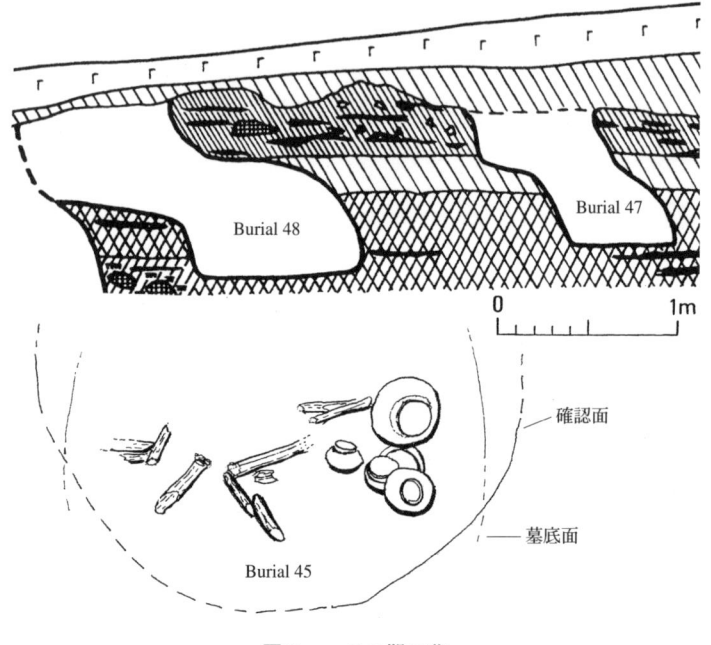

図2　ハラフ期の墓
(ヤリム・テペI, Merpert and Munchaev 1993より作成)

　拡散していったと仮定できる（図1）。たしかに、ヤリム・テペにおいて墓室入口（玄門）の閉塞材は不明であるものの、シャフト（竪穴）と墓室をつなぐ玄門部分にはステップが形成されており、仕切用のスペースは十分にある。シャフトを墓室の北側に設置する、すなわち、北側からシャフトを掘り込んだあとで南側に墓室を形成するという構造も、北方ウバイド期の墓制と密接につながる。

　墓室の入口を塞ぐ材は、当時の住居に使われていた建築材と関連している。メソポタミアにおいて、サマッラ期に初現した日干しレ

ンガ建築物が本格的に普及するのはウバイド期になってからである。したがって、ヤリム・テペのハラフ期では、住居の建築材と同様に墓の閉塞材としても採用されにくかったとようだ。ただ、アルパチヤのハラフ後期の墓（G57）では土壙墓が袋状に張り出し、G58では遺体の上に練土が覆いかぶさっている（Mallowan and Rose 1935）。G57の構造は地下式横穴墓に関連し、G58の練土は後世の壁の基礎が崩落したためと報告されるが、墓室入口の閉塞材の可能性もある。したがって、アルパチヤのハラフ後期においても、ヤリム・テペ同様に地下式横穴墓が部分的に普及し、墓室入口が練土で閉塞されていたかもしれない。

　また、ハラフ期のセトルメント・パターンの研究で、シンジャル山麓域とハブール川流域の密接な結びつきが指摘され（Mallowan 1936）、地域的なつながりは後続の北方ウバイド期になっても継続されていった。ハブール川流域からシンジャル山麓域（ワディ・タルタル流域）にかけての地域では、ハラフ期からウバイド期にかけての墓制も共通していたと類推できる。ハラフ期の閉塞材のはっきりしない地下式横穴墓が、ウバイド期になってレンガ列で閉塞された本格的な地下式横穴墓へ発展しながら、ハブール川流域を中心とした北方ウバイド期の諸遺跡に拡散していった。他方、これらの地域と東方との関係も注目される。ティグリス水系東岸域のアルパチヤではハラフ期の土壙墓が計12基確認された（Mallowan and Rose 1935；Hijara 1978）。先の袋状に張り出す墓室をもつG57やG58、さらに墓室内に板石が立っていたG51などには地下式横穴墓の影響があったと推定される。

　ハラフ期の地下式横穴墓の祖形をたどると、シンジャル山麓域の

先土器新石器時代後半のテル・マグザリーヤが興味深い（Bader et al. 1981）。墓壙には石列（Burials 4, 7）や石囲い（Burials 5, 9）といった構造が観察され、石敷き（Burials 6, 8）や石枕（Burials 4, 7）などの付属施設も墓室内に認められる。ヤリム・テペ同様に、レンガが本格的に普及する前だったので墓室材として石材が盛んに利用され、集落での住居と同じ材料が利用されたようだ。

さらに、住居と埋葬の関係は、北メソポタミア周辺のケルメズ・デレやネムリクといった前8千年紀の先土器新石器時代前半の遺跡にまでたどれる。これらでは、いったん土葬にした遺体から頭骨だけはずして、円形竪穴住居の床下に再埋葬したり、床面に安置したりする特異な埋葬儀礼が認められる。とくに、ケルメズ・デレでは円形竪穴住居が廃棄されたときに、遺体から頭骨がはずされて住居内に再埋葬された（Watkins 1992）。こういった先土器新石器時代の廃屋墓の伝統が、やがて地下式横穴墓の墓制へとつながっていったと考えられる。つまり、かつては廃棄された地下式あるいは半地下式の住居自体が墓室空間として機能したが、しだいに恒常的な墓域に掘られた地下式横穴が新たな墓室空間として代用されていった。アルパチヤ、ガウラ、エリドゥなどでウバイド期の墓の主軸方向は集落における建物の軸線にそろっている場合が多く、そこでは生前の家が墓に置換され、墓が死者の家として観られたという指摘もある（Akkermans 1989b）。

（2） 南方：イラン

南方ウバイド文化の墓制の初現としては、イラン地方からの系統が注目される。ルリスタン東部のマヒダシュト地域に立地するガン

ジ・ダレでは、紀元前7千年紀の Level D から日干しレンガで囲われた箱形竪穴墓が検出された。墓には泥の蓋がされ、成人、青年、小児の3体が伸展葬された（Smith 1972）。レンガ壁で構成された墓室に伸展葬という葬法は、後述する南方ウバイド文化の墓制に酷似する。とくに、ジャファラバードではウバイド1期併行から伸展葬の墓が報告され、ウバイド期の早い段階でスシアナ平原域に伸展葬が浸透していったと推定できる。

　北シリア・北メソポタミアを中心とする大部分の北方ウバイド文化の墓が単葬であるのに対して、ガンジ・ダレで普及している家族葬あるいは多葬の風習がエリドゥやウルなど南方ウバイド文化の墓で認められる。そこで、新石器時代のマヒダシュト地域で登場した「箱形竪穴墓＋伸展葬」を基本とする墓制が、銅石器時代にサイマッレー川からケルヘ川を伝ってスシアナ平原域へ拡散していったと、おおまかに類推できる。もちろん、両者の間にはかなりの時期差があり、ウバイド併行期以前のルリスタン西部地方での埋葬事例が極端に少ない。しかし、限られた資料を整理すると、ガンジ・ダレにおける新石器時代の墓制はルリスタン東部のマヒダシュト地域と南メソポタミア平原のユーフラテス河下流域との関連性を高めており、サイマッレー（ケルヘ）水系ルートの墓制の拡散を仮定できる（小泉 1998）。

（3）　南方：サマッラ

　さらに、南方ウバイド文化の墓制の初現に関して、サマッラ期の墓制も鍵となる。中部メソポタミアのザグロス山麓に位置するチョガ・マミは、灌漑農耕の証拠が見つかっている唯一のウバイド期の

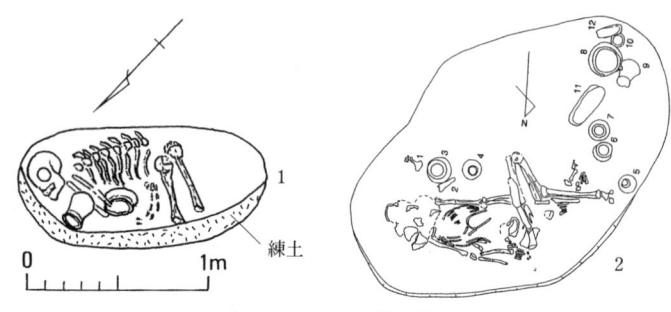

図3　サマッラ期の墓
1：ソワンⅠ層 Room143床下（al-'Adami 1968を改変），
2：ソンゴルA：Grave247（Kamada and Ohtsu 1996より）

集落である。サマッラ期、過渡期、ウバイド期（ウバイド1－2期）という層位編年が設定され、サマッラ期終末はウバイド1期初頭に相当する（Oates 1983）。サマッラ期の埋葬例としてテル・アル・ソワンの墓地と、テル・ソンゴルAの墓壙群を分析してみる（図3）。

ソワンⅠ層（サマッラ前期）の墓壙は大部分が単純な土壙墓であるが、なかには練土で片側を仕切られたり、練土で囲まれた墓も報告されている（al-Wailly and al-Soof 1965）。図面を見たかぎりでは、楕円形あるいは隅丸方形プランの墓壙の片面あるいは三面に練土らしき粘土が配置されている。建物の床下にある墓壙の天井はプラスターでふたたび蓋をしていることから、竪穴を掘ったあとに壁の周囲に練土を貼ったと解釈できる。遺体はすべて屈葬である。また、ソンゴルAのサマッラ期の墓壙（Graves 247, 279）は居住域に立地し、頭位が東向きで屈葬される。副葬品は土器が中心であることから、ソワンⅢ層との比較よりサマッラ中期以降となろう。

いずれも単純な土壙墓であるものの、墓壙の南半分に遺体や副葬品が集中し、北半分には空白部が残されている。報告者はこの北側部分を墓壙造営時の作業スペースとしている（Kamada and Ohtsu 1996）。

　ソワンやソンゴルに代表されるサマッラ期の墓制の共通点は屈葬であり、伸展葬はほとんどない（図3）。また、墓の構造として土壙が主流であるが、なかには袋状に張り出して地下式横穴墓の祖形となり得る墓や、練土が竪穴の壁面に貼り付けられた箱形竪穴墓の祖形といえる墓もある。さらに、ソワンのGrave113の遺体には赤色顔料がかけられている。ソワンにおけるサマッラ期の墓制の変遷は、ソワンⅠ（サマッラ前期）で幼児あるいは小児が練土で囲われたり仕切られたような墓室に埋葬され、ソワンⅢ（サマッラ中期ころ）になると、幼児・小児は石膏容器のなかに、成人は大きめの土壙にそれぞれ埋葬された。つまり、もともと幼児・小児を埋葬する施設として練土構造が採用されていたのが、しだいに練土が石膏へと変化した。同時に、成人用の墓壙が大きめに掘られたのは、ソンゴルAと同様に、袋状に張り出す墓室空間、つまり地下式横穴の構造がつくり出されたことによると筆者は推察している。

　床下土壙、屈葬、赤色顔料という点で、サマッラ期の墓制の初現は南西イランのアリ・コシュで確認された無土器新石器時代から土器新石器時代にかけての墓制と大きく関連するだけでなく（Hole *et al*. 1969）、サマッラ期の墓制は後続のハラフ期の墓制に影響を与えたと筆者は考えている（小泉 1998）。同時に、竪穴構造という点では、サマッラ期の墓制はユーフラテス河下流域やスシアナ平原域における南方ウバイド期の墓制の初現にも絡んでいたのであろう

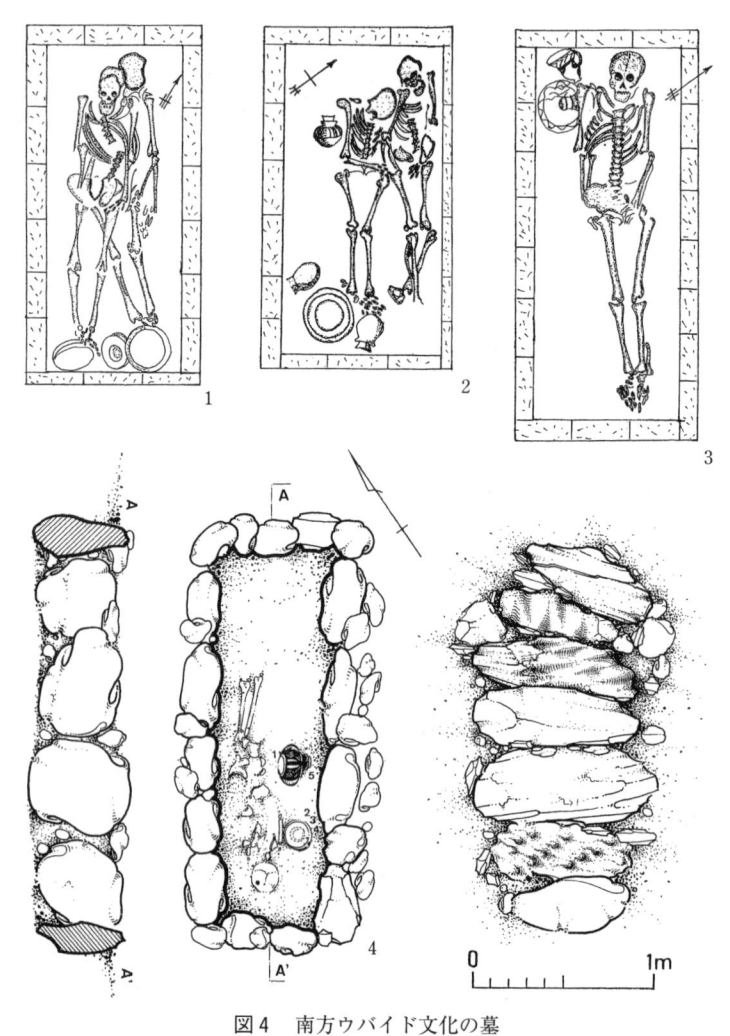

図4　南方ウバイド文化の墓
1, 2, 3：エリドゥ Nos. 71, 30, 132, (Safar *et al.* 1981より作成),
4：パルチネA tomb37 (Haerinck and Overlaet 1996より))

(図4)。ウェイリのウバイド0期から日干しレンガ製のピジョン・ホール (pigeon-holes) や地上式のレンガ製矩形建物が検出されている (図5)。ウバイド0期という古い段階から建物の床下に矩形の間仕切りが施され、湿気を防ぐ機能が想定されている (Huot 1989)。ピジョン・ホールは、その規格 (0.5-1.0m)

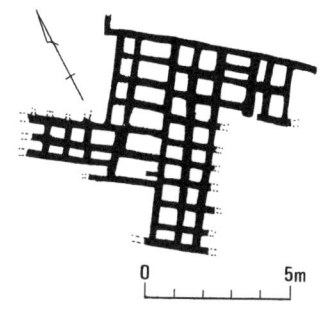

図5 ウェイリのピジョン・ホール (Huot 1989を改変)

と材質（日干しレンガ）から類推して、レンガ囲いの箱形竪穴墓の構築となんらかの関連をもっていたともいえる。また、ガンジ・ダレで見つかっている無土器新石器時代の幼児埋葬は、床下の矩形の区画内に見られる (Smith 1972)。この建築構造上の特徴は、ウェイリのピジョン・ホールの祖形にあたり、床下の小区画内に埋葬するという葬法が南方ウバイド墓制のルーツとも考えられる。あわせて、地上式矩形住居に見られる小規模の矩形プランを呈する部屋そのものが、レンガ囲いの箱形竪穴墓の墓室空間へと変質した可能性もあり、サマッラ文化の建築技法なども重層的に絡まりながら南方ウバイド文化の墓制が形成されていったと筆者は推定している。

したがって、ウバイド期の墓制の起源に関して、北方ウバイド文化の墓制は竪穴（地下式）円形住居が掘られた丘陵の文化を、一方、南方ウバイド文化の墓制は地上式矩形住居が建てられた低地の文化をそれぞれ基礎としていた（小泉 1997, 1998）。

2 ウバイド期の墓制

(1) 画一的な墓制

　一見したところ複雑な墓制の分布は、水系単位の地域圏で容易にとらえることができる（図6）。まず、地域の枠を越えたウバイド期の墓制様式として、日干しレンガあるいは石構造の施設や、墓地での成人埋葬が一般的である。副葬品としては鉢・壺のセット関係（2～3個体）が標準で、とくに平底浅鉢あるいは浅鉢といった特

図6　ウバイド地域圏措定図

定のフォームと連続扇形文やリボン文などの文様意匠の組み合わせは、南北を通じてウバイド文化の墓制様式の指標となっている。さらに、副葬品としての土器フォームは、形態的だけでなく機能的にも北方系統と南方系統の対応関係を明白にしており、南北ウバイド文化に共通の埋葬儀礼様式を示している。ほとんどの副葬品は日常生活用品を主体とし、集団内の社会的な階層を明示する威信財は見あたらない（小泉 1997, 1998）。

（2） 地域間の差異

画一的なウバイド期の墓制には複数の系統を内包する別の側面もあり、南北ウバイド文化に異なる葬法が展開していた。「地下式横穴墓（レンガ列）＋屈葬」を主流とする北方ウバイド文化の墓制と、「箱形竪穴墓（レンガ・石囲い）＋伸展葬」を典型とする南方ウバイド文化の墓制に大別できる（図7）。副葬品としての土器フォームは、北方ウバイド文化で平底浅鉢、鍔状口縁壺、釣鐘型ゴブレット、広口型ビーカーが普及し、南方ウバイド文化では浅鉢、注口・把手付容器、カップ型ゴブレット、細口型ビーカー、高坏が普及している（図8）。また、南方ウバイド文化の墓制では家族葬という特殊な葬法も浸透している。さらに、中部メソポタミア地方では単純な土壙墓に遺体が屈葬されており、どちらかといえば「地下式横穴墓＋屈葬」に近い（図9）。北方ウバイド文化の「地下式横穴墓＋屈葬」墓制の地域的変異がハムリン盆地などで展開したようだ。

より細かい地域差としては、北シリア・北メソポタミアの各地域圏で地下式横穴墓（レンガ列）の出現に微妙な時期差がある（図7）。ウバイド終末期からポスト・ウバイド期あるいはウルク前期併行の

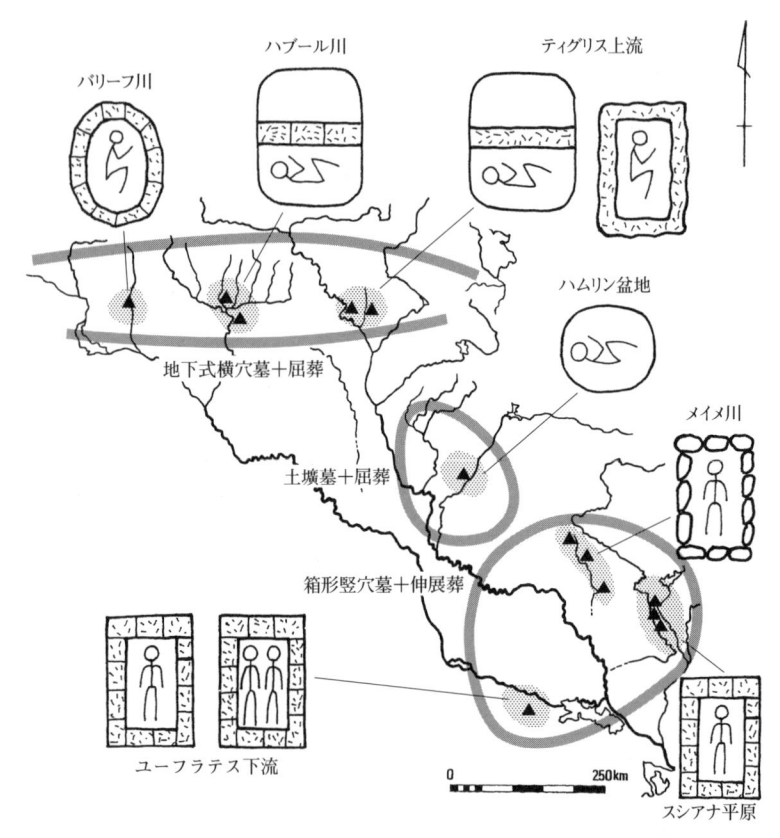

図7 ウバイド期の墓制分布（小泉 1998より）

北方ウバイド文化

南方ウバイド文化

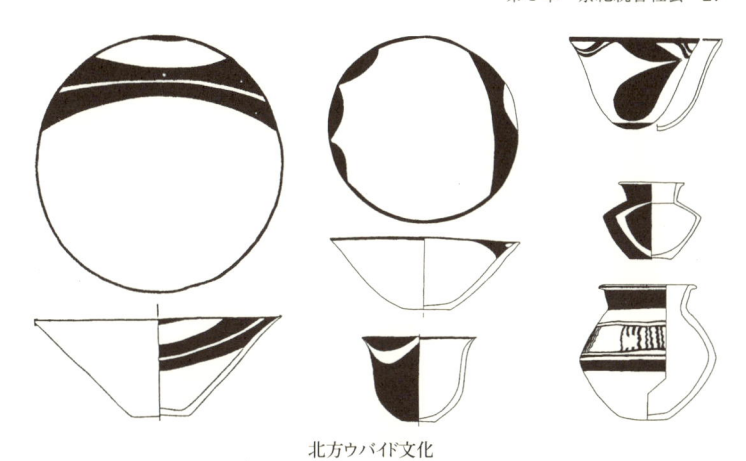

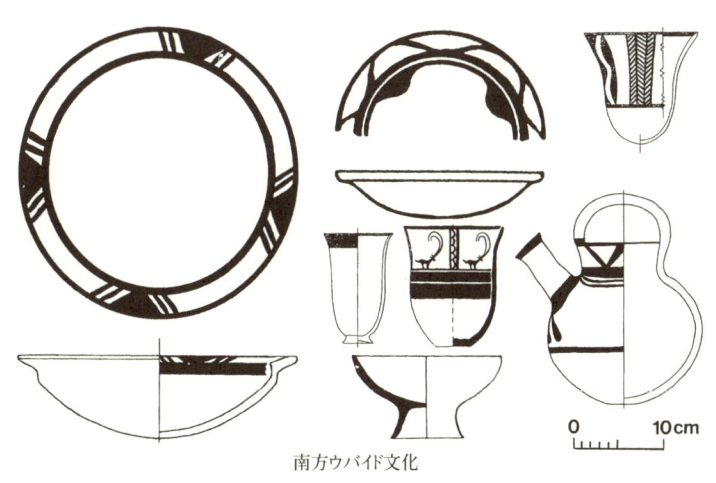

図8　ウバイド期の副葬品
(Koizumi 1991b ; Mallowan and Rose 1935 ; Safar *et al.* 1981 ; Woolley 1955 ; Haerinck and Overlaet 1996 より)

図9 中部メソポタミアのウバイド期の墓
(ソンゴル A, Kamada and Ohtsu 1991を改変)

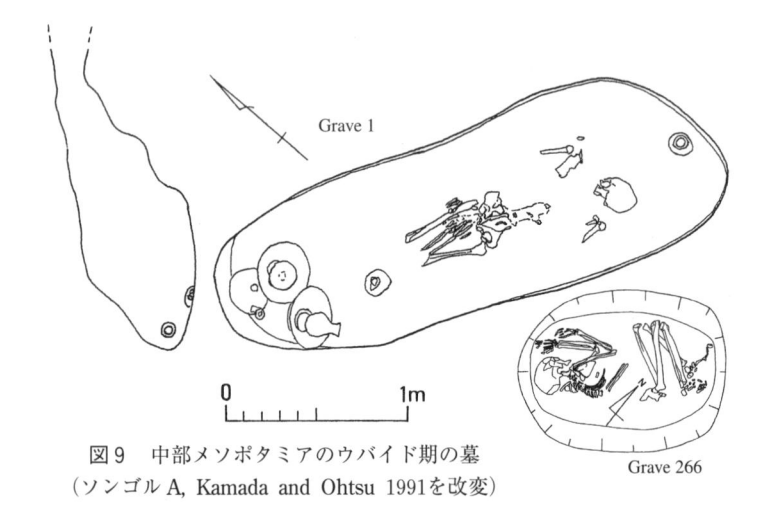

間に、地下式横穴墓の墓室入口をレンガ列で塞ぐという葬法が、時期的段階をへてハブール川流域からティグリス河上流水系の西岸域（テル・サラサート）、さらにはティグリス河上流水系の東岸域（ガウラ）へ波及していった。また、箱形竪穴墓に関しても明瞭な地域差が認められる。南メソポタミアのユーフラテス河下流域に位置するエリドゥや、南西イランのスシアナ平原域に立地するベンデバル、ジャファラバード、スーサ、チョガ・ミシュなどでは、レンガ囲いの箱形竪穴墓が普及している。他方、メイメ川流域のハカラン、パルチネ、テペ・サブズでは、レンガの代用品として板石などが採用された箱形竪穴墓が展開している。とくに後者では、地形的、生態地理的な違いを越えて、メイメ水系を幹線にした均質な「ウバイド」文化、すなわち地域的なウバイド文化が拡がっている（小泉 1997, 1998)。

(3) 墓制の拡散（表2）

 南北ウバイド文化の墓制は微妙な時期差のもとで相互に影響しながら、全体的なウバイド期の墓制を形成していた。ウバイド3期以降の南方ウバイド文化の拡散において、墓制に関しては吸収されやすい要素から順次拡散していく過程がうかがえる。南方ウバイド文化の墓制が北方へ拡散していく状況は、まず、バリーフ川流域のテル・ハマームで確認されている。ウバイド前期後半のハマームIVB層では、住居の床下にレンガを土壙内に楕円形に配列した墓が現れ、やがて、ウバイド終末期にレンガ囲いの箱形竪穴墓が登場する（Thissen 1988）。エリドゥに代表される南方ウバイド文化の墓制が確立された直後に、葬法の一要素としての墓室構造がユーフラテス水系を伝って北進していったと解釈できる。

 墓制以外の文化要素の拡散として、ハブール川流域のテル・ブラクで南方ウバイド2期の土器片が見つかっている。報告数はわずかに3点であるが、内外両面に厚く塗られた細かい意匠、紫あるいは黒の彩色、精緻な鉱物粒の混和材などの諸属性の組み合わせは、北方ウバイド期の土器様式と明らかに異なる。ブラクからはこれらの土器片のほかに、体部が緩やかに開きながら立ち上がり、内面に斜格子文が厚く塗られたハッジ・ムハンマド土器の鉢片（1点）も報告されている（Oates 1987）。この器形は、「口縁部が外反し、底部が竜骨形をした鉢」（松本 1993）、つまりエリドゥのType24である（Safar *et al.* 1981）。

 したがって、ウバイド2期という早い段階でハッジ・ムハンマド土器などが、そして、ウバイド3期後半にはレンガを楕円形に並べた墓などがユーフラテス水系を遡上していった、という南方ウバイ

表2 ウバイド期前後の墓制変遷表

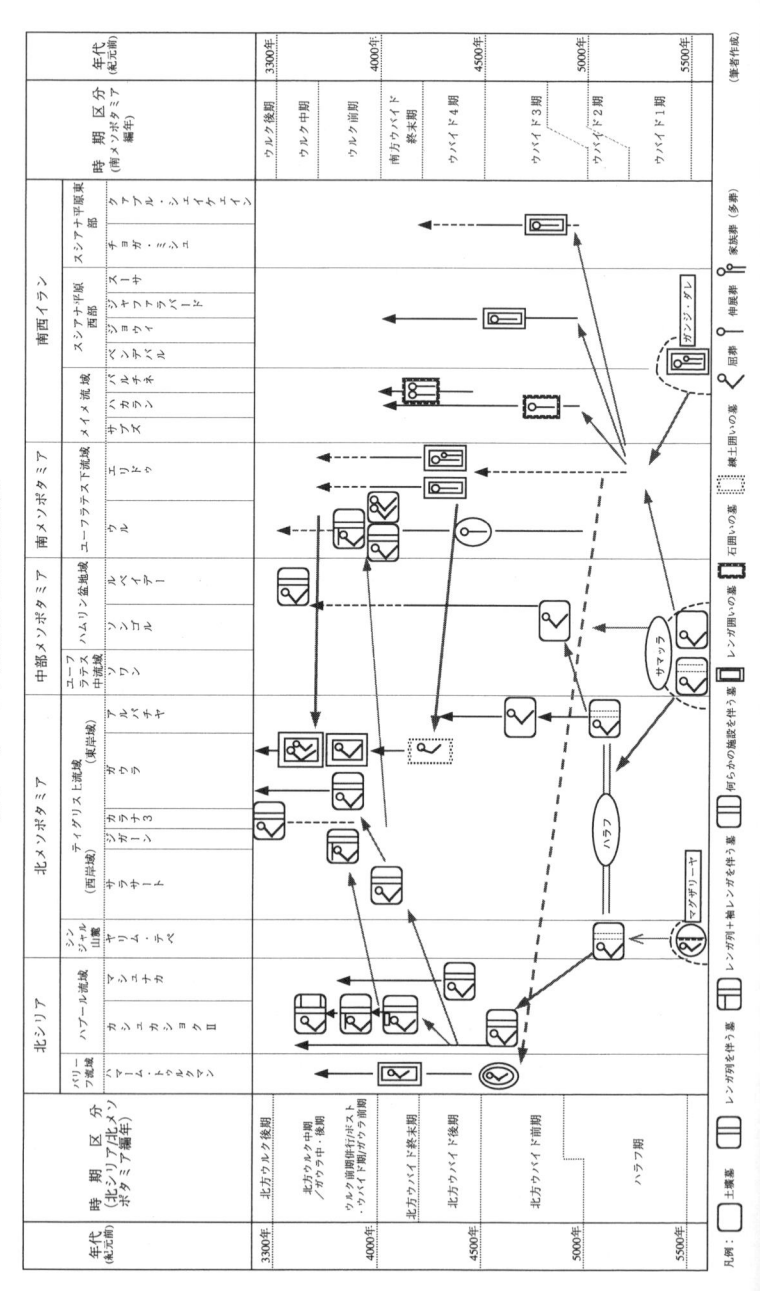

年代(紀元前)	時期区分(南メソポタミア編年)	南西イラン			中部メソポタミア	南メソポタミア	北メソポタミア			北シリア		時期区分(北シリア/北メソポタミア編年)	年代(紀元前)
		スシアナ平原東部	スシアナ平原西部	メイメ流域	ユーフラテス中流域 ハムリン盆地域	ユーフラテス下流域	北メソポタミア上流域(東岸域)	ティグリス上流域(西岸域)	シンジャル山麓	ハブール流域	バリーフ流域		
		チョガ・ミッシュ	スーサ バンデバル ジャフラバード	サブズ カガン	ウルク テペ・ガウラ スワン テルアブ シュシュ	エリドゥ	ガウラ ガラン3	サライ カラート	テル・アムメ・テペ	カショカショⅡ	ハムーカルペン		
3300年	ウルク後期											北方ウルク後期	3300年
4000年	ウルク中期											北方ウルク中期/ガウラ中・後期	
	ウルク前期											ウルク前期移行期/北ウバイド期/ガウラ前期	4000年
4500年	南方ウバイド終末期											北ウバイド終末期	4500年
	ウバイド4期											北ウバイド後期	
5000年	ウバイド3期											北ウバイド前期	5000年
	ウバイド2期											ハラフ期	
5500年	ウバイド1期												5500年

(筆者作成)

凡例: 土壙墓 / レンガ列を伴う墓 / レンガ列+縦レンガを伴う墓 / 何らかの施設を伴う墓 / 石囲いの墓 / レンガ囲いの墓 / 練土囲いの墓 / ガンジダレ / 思葬 / 伸展葬 / 家族墓(多葬)

ド文化の拡散を類推できる。また、ティグリス水系では、南方ウバイド文化の「レンガ囲い＋家族葬」墓制が北方に拡散した際、最初にレンガ囲い構造が南方ウバイド4期（北方ウバイド後期）から南方ウルク前期（ガウラ前期）までに普及し、そのあとに家族葬がガウラ中期ごろに拡がっていった（Tobler 1950；小泉 1998）。つまり、多様な文化要素は受け入れやすい順に拡散していったのである。

3　祭祀による社会の統合

（1）埋葬儀礼

　北方ウバイド前期初頭には、日干しレンガ列で地下式横穴墓の墓室を塞ぐといった手の込んだ葬法が普及し、閉塞材は現世の居住施設を反映し、副葬品は生前の日用品が中心であった。こうした儀礼には死後の来世の観念が密接にかかわり、レンガ列を境界として、シャフト部が現世、墓室が来世という精神世界上の領域区分が認知されていたと想像される（図1）。墓室内には来世での生活に必要と考えられていた品物が副葬された。そして、ニネヴェ5期の一部の墓で見られるように、シャフトに土器などを理納するという墓前空間としての利用は以降の埋葬儀礼の起点となった（図10）。

　他方、南方ウバイド4期のエリドゥなどでは、日干しレンガ製の箱形竪穴墓で追葬が行われた（図4）。やがて、初期王朝時代に墓の構造が竪穴から横穴へと変化して追葬が容易になり、墓前空間に供物などが埋納されるようになった（図11）。つまり、前3千年紀以降のメソポタミアでは南北ウバイド文化の墓制が融合して、追葬をともなう横穴墓の墓前空間に供物が捧げられるという埋葬儀礼が

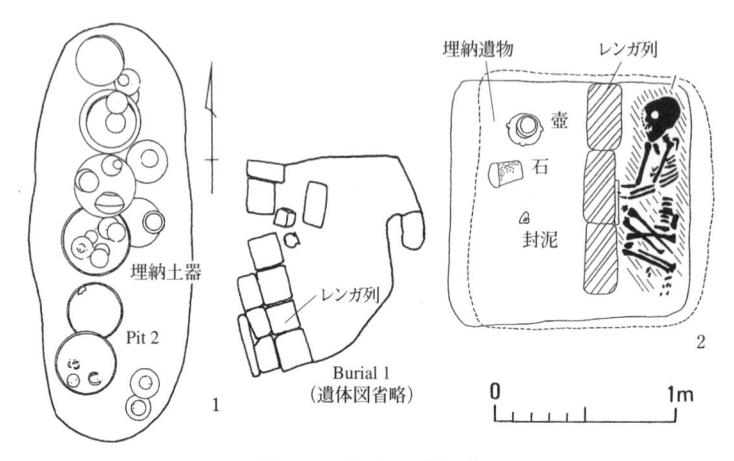

図10 ニネヴェ5期の墓
1：レイランIIIc層（Schwartz 1988より作成），2：ムハンマド・アラブ
2〜3層50V：28（Green in pressより）

確立された。すでに、埋葬された人を供養する風習がはじまり、やがては祖先崇拝の祭祀へとつながっていったといえる（小泉 1997，1998）。たとえば、前2千年紀イシン・ラルサ期のウルでは、個人邸宅の地下に私人墓がつくられ、焼成レンガ製の横穴墓が普及した。地下墓には家族が追葬され、墓前空間では豊富な供物が捧げられて、祭祀の痕跡が指摘されている（Woolley and Mallowan 1976）。そこでは、いわゆる冥界へ下るときの扉として墓室入口が象徴されていたと考えられる。

祭儀や神殿の場面を示す資料として、アルパチヤのハラフ期の墓（Grave 2）から興味深い副葬品が見つかっている。この土器の内外面には祭儀を暗示する一連の意匠が描かれ、底部外面には神殿らしき図柄が表現されている（図12）。Grave 2はトロス建築（Phase

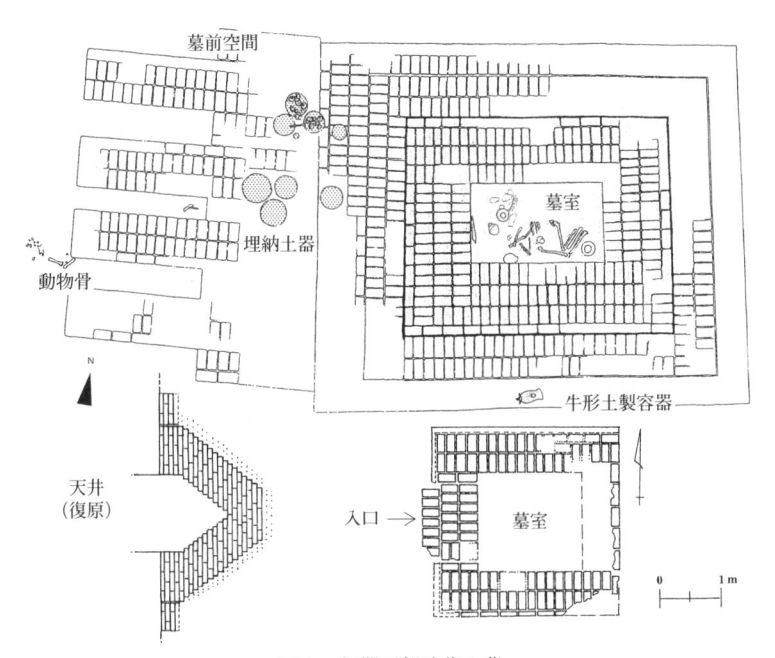

図11 初期王朝時代の墓
(ヘイト・カシムⅠ：Tombe N19Loc. 1 ほか，Forest 1984，1996 より改変)

2：Level Ⅵ)に関連した墓であり、Level Ⅵ以降になるとアルパチヤでは一般的な生活残滓がなくなり、トロス建築物だけが継続してつくられていった。しかも、後続期 (Phase 3：Levels V–IV) のトロス建築物の基礎には、近隣のホスル川流域から集めた河原石が大量に使用されていることなどから、Phase 2 の途中からアルパチヤは単なる居住集落ではなく地域の祭祀場として機能し、祭祀はトロスで行われたとされる (Hijara 1978)。

ウバイド期の類例として、ガウラ XIII 層の東神殿出土のビーカー土器に、三角形や線状のネガティヴ文で神殿らしき建物の扉と壁

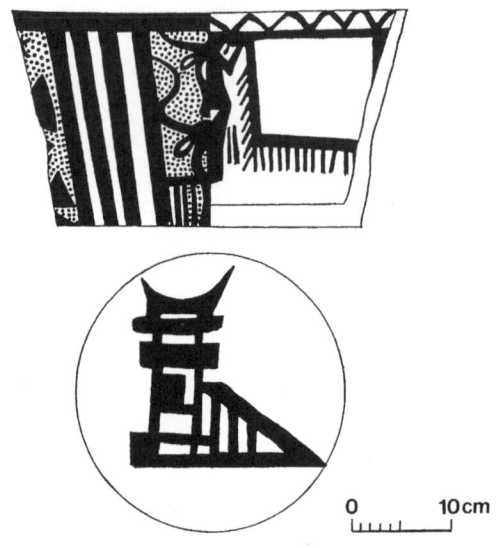

図12 ハラフ期の祭祀場
（アルパチヤⅥ層 Grave 2 出土彩文土器, Hijara 1978より）

面ファサードが表現されている（図13）。扉と壁面ファサードから構成された彩文は、聖なる空間と俗世界との境を暗示する儀礼的な偽扉として描かれていると筆者は想定している。全般的にビーカーフォームは祭儀の場で使用されたようで、ガウラ出土の資料は神殿の様子を知る手がかりとなる。ビーカーが出土したウバイド後期には、レンガ列で墓室空間の閉塞される地下式横穴墓が普及しており、ビーカーに描かれた儀礼的な偽扉は、墓のレンガ列とあわせてウバイド文化の祭祀や宗教観を表徴する貴重な証拠である（小泉 1998）。

同時に、この神殿からは香炉形土器も見つかっており、神殿で行われた儀礼用の祭具とされる（図13）。器面には先のビーカーに描

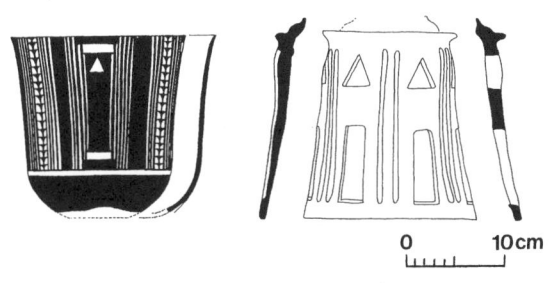

図13　ウバイド期の儀礼的な偽扉モチーフ
（ガウラⅩⅢ層東神殿出土ビーカー土器と香炉形土器，Tobler 1950より）

かれた文様に似た三角窓と矩形透しが施され、現存しない神殿の壁面装飾を復原する貴重な手がかりにもなっている。類似文様として、ガウラⅩⅡ層の石製容器に三角形と矩形の文様が刻まれ、ガウラⅨ層の神殿北側から出土した骨製パイプにも類似文様が刻まれる。前者はⅩⅢ層の神殿をモチーフにした祭具がⅩⅡ層に継承されたもので、後者はⅨ層の神殿をモデルにした文様とされる（Tobler 1950）。

なお、スーサではウバイド終末期からウルク前期に併行するスーサA期に、15haにもおよぶ広大な墓地が展開していた。墓地は階段状基壇（神殿）の周囲に広がり、祭祀センターとして機能していたスーサでは、神殿を中心とした祭祀が特権的な祭司集団によって行われたとされる（Hole 1983；Pollock 1989；小泉 1998）。副葬品のビーカーには儀礼の場面らしきモチーフが描かれる（図14）。器面には鋤を両手に握りしめる抽象化された人物像や、鋤が屹立している様子が描かれたり、人物像に頭飾りが付くものや、それが簡略化されて頭飾りだけ描かれた文様意匠も見られる。壁面ファサードを象徴するような文様区画のなかに、祭壇あるいは偽扉らしき場

図14 ウバイド終末期ころの儀礼場面
（スーサ墓出土土器の彩文，Hole 1983より）

所に立つ祭司や祭具などが表現され、文様構成的に先のガウラ出土資料と似ている。しかも、図14：1，2は文様帯上端に逆位の連続三角形文が塗彩されており、この文様意匠はウバイド期の墓制の指標である連続扇形文と深く関係していると筆者は考えている。

（2）祭司の墓

エリドゥⅧ層の神殿で、祭壇背後の偽扉付近から亀形土器が出土し、なかに魚骨が収まっていた（図15：1）。南メソポタミアにおいて魚骨は古くから祭儀に用いられ、ニッチ状の偽扉とともに亀形土器もなんらかの祭祀と関係していたとされる。一方、北方のガウラⅩⅦ層では、亀形土器の完形品がトロス形建物に隣接した部屋から出土している（図15：2）。同建物は、北方ウバイド期に一貫した神殿建築様式にのっとりテル東側に立地していた。したがって、エリドゥやガウラの亀形容器は、神殿で行われる祭祀儀礼に必要な祭具であった可能性が高い。なお、亀形土器は、ソンゴルAの土壙墓(Grave 1)の副葬品としても出土している(図15：3)。

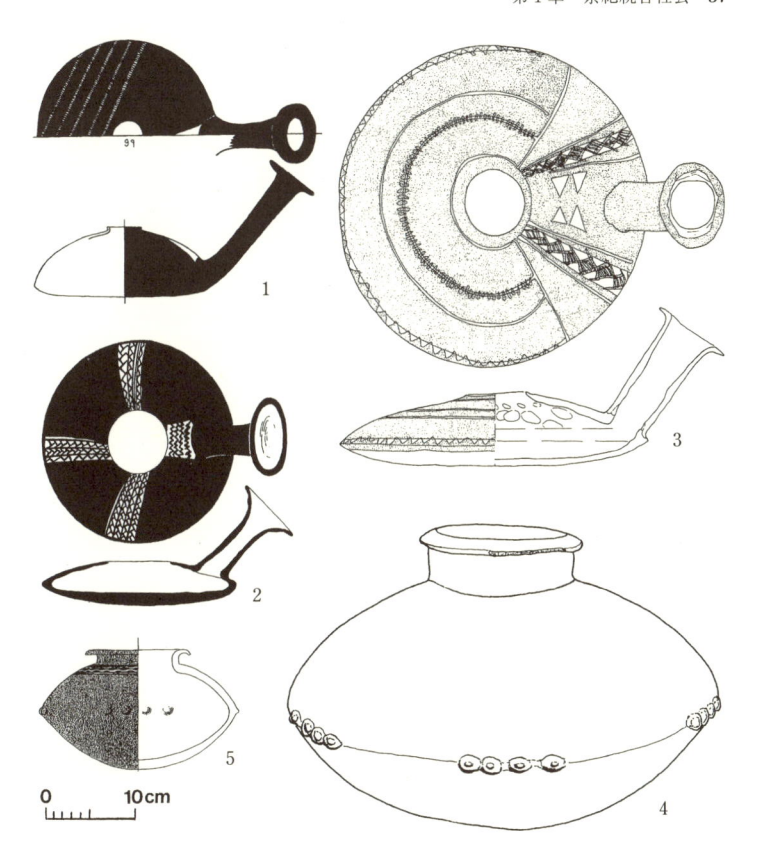

図15 ウバイド期の祭祀用土器
1, 4：エリドゥ VIII 層, XI 層神殿出土 (Safar *et al.* 1981 より作成), 2：ガウラ XVII 層トロス脇部屋出土 (Tobler 1950 より), 3：ソンゴル A Grave 1 出土 (Kamada and Ohtsu 1991 より), 5：アルパチヤ G21 出土 (Mallowan and Rose 1935 より)

また、エリドゥ XI 層の神殿より出土した鍔状口縁壺には、鋭い稜をもつ胴部に四連突起が均等に 6 カ所に配置される（図15：4）。これは、アルパチヤの G21 より見つかった副葬品によく似ている（図15：5）。注目すべき点として、この墓はアルパチヤで唯一の仰臥伸展葬であり、被葬者は南方からの移住者とされる（Mallowan and Rose 1935）。北方ウバイドでは屈葬が一般的であるが、数少ない伸展葬はガウラでも確認されている。XVII 層のトロス建物近くに立地する土壙墓（Locus 7 -58）には成人が伸展葬され、彩文壺とトークン（幾何学形土製品）が副葬された。彩文壺は長頸タイプの球状壺で、ガウラのウバイド期にはあまり見かけない器形と文様の組み合わせとなっており、搬入品と思われる（図16）。伸展葬と搬入品といった点から、Locus 7 -58の被葬者はガウラに派遣された人物で、トロス建物に近い立地から、その職能は祭祀関係であったとも推定できる。さらに、ガウラ XVI 層の集落東側に位置する土器生産施設の近くでは、土壙墓（Locus 7 -47）に成人が伸展葬され、数点の彩文壺と白色大理石製ペンダントが副葬された。とくに、壺のひとつは中部メソポタミアのハムリン盆地との関連を想起させる器形と文様の構成になっており、搬入品のようだ（図16）。したがって、ガウラ XVII～XVI 層のこうした搬入品をともなう伸展葬は、ウバイド前期後半ころに南方などからやってきた人物の墓と考えられる。

　エリドゥ XI 層の神殿は、南方ウバイド様式の 3 列構成プランを呈する最初の形態であり、以降の神殿建築様式の基礎となった。ウバイド 3 期になってこうした本格的な神殿建築様式が南メソポタミアで確立されると、ガウラ XIII 層の神殿やアルパチヤ上層の墓（G

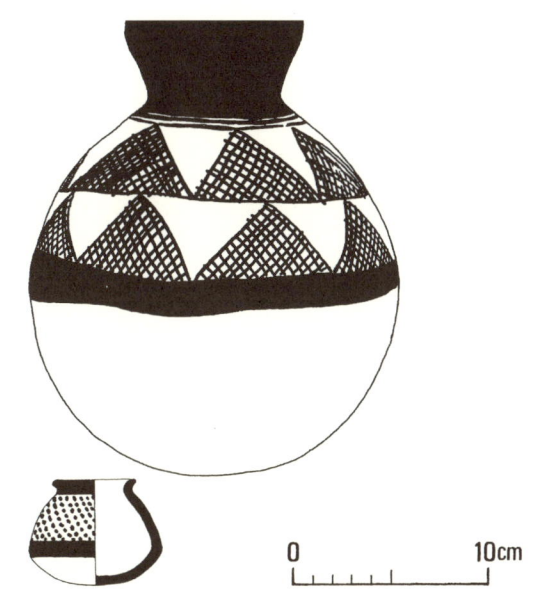

図16 移入者の墓に副葬された土器
(ガウラ XVII 層 Locus 7 -58, XVI 層 Locus 7 -47, Tobler 1950より作成)

21) などで見られるように、ウバイド3期末から4期(北方ウバイド前期末から後期)にかけて神殿建築様式だけでなく人びとも北メソポタミア周辺に拡散していった。亀形土器と四連突起付鍔状口縁壺はエリドゥで神殿出土であるのに対して、アルパチヤやソンゴルAでは副葬品として発見されている。よって、南方ウバイド文化において神殿の祭儀を執り行っていた祭司が北方へ出張あるいは派遣され、当地で死去した後に埋葬されたと推定できる。

ウバイド3期以降の文化の拡散では、共通様式の神殿建築や数多くの祭具からなる祭儀が大きな役割をはたし、指導的存在だった祭司も実際に各地へ出向いていったといえる。埋葬儀礼もしだいに普

及したが、現実生活に密着した祭儀の場としての神殿にくらべて、よりイデオロギー的な性格の強い埋葬儀礼の受け入れには、ある程度の時間を要した。先に論じたように、こうした時間差が南方ウバイド2－3期の土器様式（ハッジ・ムハンマド土器あるいはエリドゥType24土器など）、同3期の神殿建築様式（3列構成プラン）、同4期の埋葬儀礼様式（レンガ囲い）の段階的な拡散に反映された（小泉 1998）。

(3) 平等主義と役割分化

ウバイド期の成人は墓地に、小児・幼児は住居床下に埋葬される場合が一般的であるが、墓制における年齢による違いは先行期にすでに現れていた。土器新石器時代のプロト・ハッスーナ期以降、集落内で小児が埋葬される傾向が強い。とくに、サマッラ期のソワンでは小児あるいは幼児が床下に屈葬された（Youkana 1997）。ハラフ期の墓制において、幼児や小児は一般的に土葬されるのに対して、火葬（ヤリム・テペ、メルシンなど）や頭骨埋葬（ヤリム・テペ、アルパチヤなど）といった特殊な葬法は青年や成人に限定されている（Akkermans 1989a）。小児は居住空間に単体で土葬され、副葬品もほとんどともなわない。一方、成人は集落外の共同墓地に副葬品をともなって埋葬される。さらに、火葬という特殊な葬法から小児は排除されていることから、ハラフ期の墓制では成人と小児の年齢差が明示されている。

そして、ウバイド期には集落外に共同墓地が本格的につくられ、埋葬場所での年齢差がより明確になる。カシュカショク、マシュナカ、アルパチヤ、ウル、エリドゥなどでは共同墓地に成人が埋葬さ

れ（Koizumi 1991a；Thuesen 2000；Mallowan and Rose 1935；Woolley 1955；Safar *et al*. 1981）、テル・アバル、ハマーム、マシュナカ、レイラン、ガウラなどでは居住域に小児・幼児が埋葬される（Hammade and Koike 1992；Thissen 1988；Schwartz 1988；Tobler 1950）。ハラフ期の傾向はウバイド期でも継続し、ウバイド社会における成人と小児・幼児の社会的役割の違いが墓制にもはっきりと反映されたと考えられる。

　ウバイド期の墓制には年齢差以外に埋葬場所の区分も観察される（表1）。カシュカショク、マシュナカ、ウル、エリドゥといった共同墓地では、画一的な構造に日用品としての土器セットが副葬されるのが一般的で、被葬者は共同体の庶民（一般的な構成員）であったようだ。例外的に、ソンゴルAのGrave 1などでは非日用的な副葬品が出土している。上述の通りGrave 1の被葬者は南方から派遣された祭司だとすると、ほかの一般庶民とは区別されていたことになる。しかし、一般的なウバイド墓制の傾向として、副葬品に社会的な役割の違いが反映されることはほとんどない。他方、集落内で神殿域に埋葬された人物は、生前に祭祀関係の役割をはたしていたと推定できる。たとえば、ガウラⅩⅧ層の神殿東側に埋葬された墓群は明らかに神殿を意識している。ただ、後述するLocus 7-80を除いて目立った副葬品はなく、依然として役割の違いが副葬品に反映されていない。概してガウラのウバイド期以降では、共同体の庶民が埋葬されたと想定される共同墓地と、祭司たちが埋葬された神殿域が明確に区分された（Tobler 1950）。他の遺跡でも同様に、カシュカショク、ウル、エリドゥなどの共同墓地には共同体の庶民が埋葬され、構造・副葬品においてとくに格差は読み取れない。

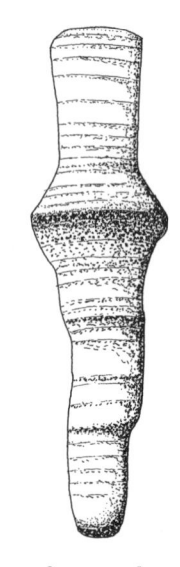

図17 サマッラ期の特異な副葬品(ソワンⅠ層 Grave 34出土石製容器, al-Wailly and al-Soof 1965より作成)

つまり、ウバイド期では社会的役割の違いが共同墓地と神殿域という埋葬場所の区分に現れているだけで、構造・副葬品には社会的な格差が生じていないことから、画一化された均質な社会が展開していたといえる。なお、ウバイド墓制では性差についての有意な資料が得られておらず、現況では性差から社会的役割の相違を推論するのはむずかしい。

(4) 祭司集団による統合

サマッラ期のソワンで特異な墓(Grave 34)が見つかっている。たいてい、細かく仕切られた部屋の床下には幼児が埋葬されたが、Grave 34には成人男性が屈葬されていた(al-Wailly and al-Soof 1965)。石製人物像、石製容器(3点)、石製品が副葬され、なかでも石製容器は明らかに非日用品である(図17)。集落内で幼児埋葬が一般化していたなかで、唯一成人が埋葬され非日常的な品物が副葬されている点から、この成人男性は集落のなかで特異な役割を担っていたと想像できる。ただ、その特異な立場は地位の違いを示すのではなく、役割の違いを反映するに留まる。ソワンではGrave 34を除けば副葬品でとくに格差は見出しがたく、構造においてもほとんど差はない。概して、サマッラ期の墓制は階層化を積極的に示す証拠に乏しく、平等主義

的な性格が濃い。つまり、サマッラ期の社会は、役割が地位に結びつくような段階にはいたらず、社会的格差は未分化であったと筆者は推察している。

　前6千年紀後半のハラフ期に墓制は多様化した。単純な土壙墓に被葬者が単葬あるいは多葬され、地下式横穴墓が登場し、土器以外のさまざまな副葬品をともない、火葬も限定的に見られる。住居床下の埋葬はハッスーナ期と似ているが、集落で成人の埋葬例が極端に少ないことから、成人は集落外の墓地に埋葬されたようだ。明瞭な墓地はヤリム・テペⅠで見つかっている。集落内の墓は空閑地、あるいは先行期の建物が廃棄された場所に立地し、廃屋墓の伝統がハラフ期にも継続されたという（Akkermans 1989a）。ハラフ期でも年齢差以外に顕著な格差を見出しがたく、平等主義的な社会を基調としていたといえる。

　ウバイド期の社会は、サマッラ期やハラフ期の伝統を継承しながら複雑化していった。ウバイド期に葬法の画一化、神殿建築様式の確立、祭具の普及など本格的な祭祀体系が整った。とくに、人の死に際して行われた埋葬儀礼こそ、体系化された祭祀の実演の舞台であり、祭司たちが指導的な役割を発揮する場であった。サマッラ期やハラフ期の墓制で観察された一部の特異な被葬者が祭祀の役割を担当し、ウバイド期の墓制がこの伝統を継承していたとするならば、ウバイド期の祭司はほかの一般庶民から区別され、生前の活動と縁のある場所に優先的に埋葬されたと考えられる。そこでは、祭祀ネットワークというイデオロギー的な求心力が作用し、この社会的紐帯により、広範に展開する文化要素がたがいに似通っていた（第5章）。ウバイド期の祭祀は人びとの生活を精神的に支え、社会的な

求心力としても大きな役割をはたしていた。

ウバイド4期のエリドゥでは、1つの箱形竪穴墓に成人の男性と女性が埋葬される家族葬が多く、3体目が追葬される場合は小児に限定されている (Safa *et al.* 1981)。ウルでも成人と推定される2体の多葬 (Graves M,T) や成人らしき遺体と幼児の多葬 (Grave U) がウバイド4期で認められる。よって、エリドゥやウルの南方ウバイド期の社会では、一夫一婦婚の単婚制度が基本となっていたと推定できる。ところが、北方ウバイド期の遺跡では単葬が支配的で、多葬はほとんどない。これは南方ウバイド期の墓制では箱形竪穴墓が一般的で、一方、北方ウバイド期の墓制では地下式横穴墓が標準的であったためと考えられる。箱形竪穴墓では追葬が容易であるが、地下式横穴墓では追葬は非常に困難なため、こうした地方差が生じている。もともとウバイド期の社会集団は、北方・南方のいずれにおいても核家族が基本的な単位となっていたようだ。

以上より、ウバイド期の社会では、成員の出自原理について不明であるものの、核家族を基礎とする親族集団が構成単位となっていたと推定される。神殿、倉庫、集会場などの共同施設は人びとの社会的奉仕活動による産物であり、その協業体系は祭司たちに任せられていた。手の込んだ墓を主体とする共同墓地の造営でも、祭祀たちの指導のもとで親族集団が就業単位として機能したのであろう。筆者は別稿にて、墓制の動態を指標とした分析にもとづき、ウバイド期は「祭祀統合社会」であると提唱したので (小泉 2001)、以下にまとめなおす。

祭祀統合社会の再分配的機能として、供託された余剰食糧などが共同体の倉庫あるいは神殿で管理され、祭司集団により埋葬儀礼な

どの祭儀の場で消費され、共同体間の交換財としても運用された。供託された余剰の運用は、共同体における祭司集団に委託されていた。彼らは日常生活では庶民と同様に農耕・牧畜に従事し、必要に応じてその役割を演じた。現況では社会的格差を明示する住居や墓などがないことから、祭司集団は格差の明瞭な社会的地位に就いた首長集団とはいえない。

　したがって、ウバイド期の社会では、庶民から祭司という特定個人に余剰が供出されるというよりも、祭司も含めた庶民全員から非人格的な共同体そのものに余剰が供託されていた。余剰の経済的な運用を実際に任されていたのは、政治的権力を恒常的に行使できる支配者ではなく、日常では一般庶民と同等に世帯単位で生活していた祭司集団であった。共同体所有の余剰の管理・運用は、共同体の庶民から信頼を得た祭司集団に委託されていた。余剰の経済的な運用の維持にあたり、祭祀の実演によって浸透していたイデオロギー的な紐帯関係が機能し、地域共同体の社会的求心力として作用していた。イデオロギー的な紐帯関係は、祭祀ネットワークにより地域共同体からなる地域圏、さらにはウバイド・ホライゾンを形成し、そこでは非首長制的な祭祀統合社会が展開していた。

第2章　祭祀から政治へ
——ウバイド終末期の墓制と社会——

1　ウバイド終末期における墓制の変化

（1）　格差初現

　ウバイド終末期になると、これまで画一的であった墓制に変化が起きる。ガウラやカシュカショクでは墓の構造や立地場所が少しずつ変化する。ガウラXII層では、練土で墓室の四方を囲まれた箱形竪穴墓が公共施設とされる建物（Rooms 26, 28）に集中してくる（Tobler 1950）。ただ、練土囲いの墓には威信財は副葬されていないため、墓の構造と立地場所に関しての格差に留まる。カシュカショクの共同墓地では墓の構造に変化が起き、従来のレンガ列をともなう墓に加えて、片袖レンガをともなう墓も出現する（図18）。

　同時に、さまざまな種類の品物が副葬され、土器以外の非日用品としての副葬品に威信財も見られる（図19）。南西イランのウバイド4期から終末期に併行するハカランA, B墓地やパルチネB, C墓地では、棍棒頭あるいは磨斧が副葬された。スーサの墓地では、スーサA期（ウバイド終末期〜ウルク前期併行）の多くの墓に土器が副葬されたが、なかには銅製の斧や穿孔円盤なども副葬された。これらの特殊な副葬品は威信財であり、ウバイド終末期ころに芽生

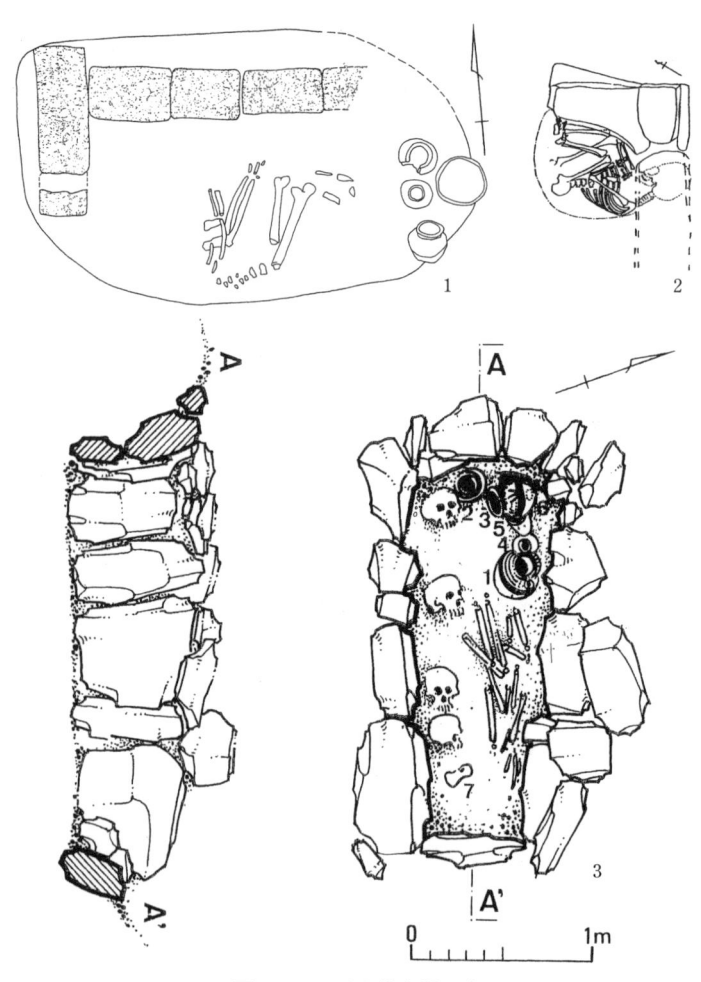

図18 ウバイド終末期の墓
1：カシュカショク T18（Koizumi 1991a より），2：サラサート No. 38
（Fukai *et al.* 1970より），3：ハカラン tombA23（Haerinck and Overlaet
1996より）

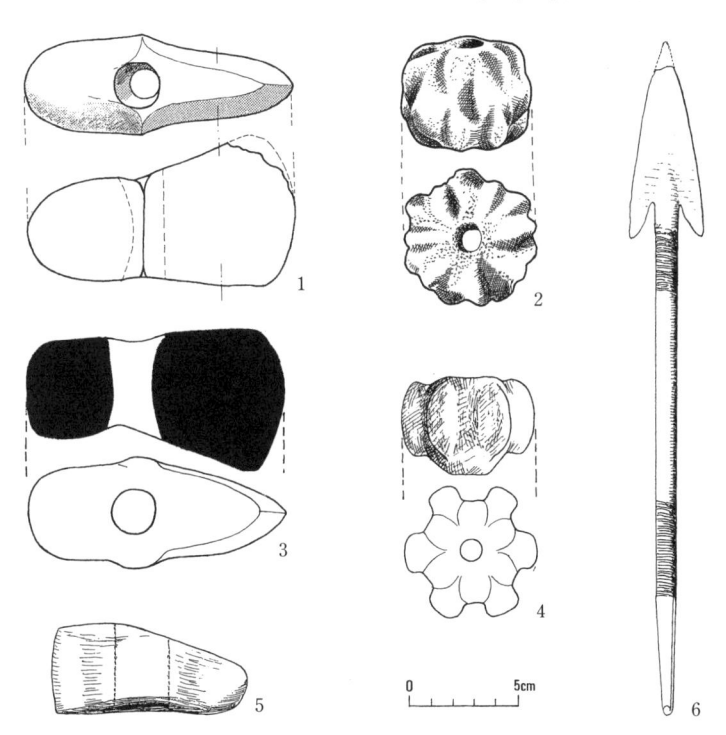

図19 ウバイド終末期の副葬品
1：ハカランA tomb 23出土磨斧，2：パルチネB tomb 60 出土棍棒頭，3，4：パルチネB tomb60 出土磨斧, 棍棒頭(Haerinck and Overlaet 1996より), 5，6：ウル Grave F 出土磨斧, Grave G 出土銅製槍先（Woolley 1955より）

えた社会的格差の証拠とされる(Hole 1983；Pollock 1989)。ただ、スーサにおけるウバイド終末期ころの墓制をウバイド期そのものの墓制と履き違えて語られることが多々あるので注意を要する。スーサの墓はウバイド終末期が主体で、ウルク前期にまでおよぶ。

ウルでは、日干しレンガ列の端に片袖レンガの付いた墓（Grave

D）が検出されている。層位的にウル-ウバイドIII層に位置し、遺体は屈葬された（Woolley 1955）。ウル-ウバイドIII層の墓壙群には、棍棒頭（Grave E）、磨斧（Grave F）、銅製槍先（Grave G）などの武器が目立って副葬されていた（図19）。これらの武器は威信財として象徴的な品物であっただけでなく、軍人の職能も示していた可能性がある。よって、ウバイド終末期ころには、ウルの人びとの社会的地位がしだいに分化し、その身分格差が副葬品の武器として象徴的に表現されたようだ。

なお、ここで層位の問題として、ウル-ウバイドII層とIII層の間における時期的な断絶はすでに発掘者によって指摘されていた（Woolley 1955）。後者に帰属する墓壙（Grave G）には、ウルク前期に特徴的な赤色土器（Red Ware）が副葬されていることも勘案すると、ウル-ウバイドIII層についてはウバイド終末期からウルク前期にかけての時期幅を再設定する必要がある。筆者は、ウル-ウバイドIII層をウバイド終末期～ウルク前期として扱う。

(2) 多様化

カシュカショクでは、墓室入口の閉塞レンガ列を補強する目的でシャフトにブロック土の充填された墓がウバイド前期から普及し、ウバイド終末期に補強手段として袖レンガが新たに登場する。ウバイド終末期以降の両者の意識的な区別は、分布状況からも明らかである（図20）。袖レンガを有するグループ（T137, T110, T102, T109）とブロック土の付設されるグループ（T116, T114, T128, T113）はほぼ平行に並ぶ。T137とT116はポスト・ウバイド期（ウルク前期併行）前半に、T110とT114、T102とT128などは同後半に

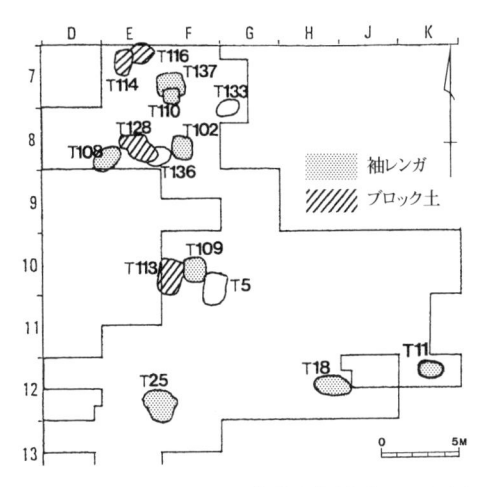

図20 カシュカショクの墓群分布（小泉1998より）

それぞれ帰属し、T109とT113なども近隣の時期に属する。よって、袖レンガあるいはブロック土という異なる付属施設を有する墓が短期間のうちに相次いで掘られ、それぞれのグループは直線状に並んだことになる（小泉 1994, 1998）。

両者の副葬品を比較すると、袖レンガをともなうグループではおもに土器が副葬される。他方、ブロック土の充填されたグループでは、土器以外に棍棒頭（T128）、ラピス・ラズリ製ビーズ（T114）、骨製品（T113）が副葬されている。土器だけのT116では鉢および壺という通常の器種構成と異なり、壺だけが3点副葬されている。概して、ブロック土の充填された墓には土器以外の副葬品が目立ち、ウバイド終末期〜ポスト・ウバイド期（T113）、ポスト・ウバイド期前半（T116）、同後半（T114, T128）と幅広い。同一時期のT114とT128も、ポスト・ウバイド期後半のなかで時期幅をもつようだ。

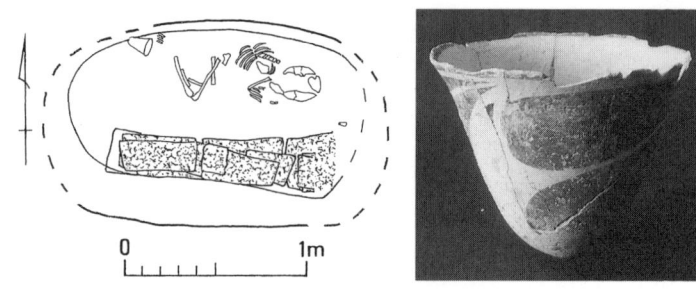

図21 外来者の墓と副葬品（東京大学総合研究博物館提供）

これら副葬品の時期は、袖レンガの発達していった各段階にほぼ同調している。したがって、袖レンガをともなう墓やブロック土の充填された墓には、ウバイド終末期以降に特定の個人が意図的に区別されて埋葬されたといえる。T114には小児が埋葬されていることから、ブロック土の充填された墓群はとくに成人と小児の差を意識しておらず、成人の単葬されたT108にはブロック土と袖レンガの両方が観察されることから、性差では区分できそうにない。そこで、袖レンガをともなう墓群とブロック土の充填された墓群の区別原理として出自の違いを仮定したい。

また、レンガ列の配置方向でも明らかに特殊な例が観察される。カシュカショクでレンガ列のほとんどは墓室の北側に配置され、北向きの方角がかなり意識されている。例外的に、墓室の南側にシャフトとレンガ列の設けられた墓（T125）がある（図21）。副葬品のカップ型ゴブレットは、同フォームの他資料にくらべて大柄な幾何学文を配し、内面底部には低速回転ロクロを併用した成形痕が残っている。使用痕の明瞭な器面と精緻な胎土も他の資料にくらべて際立つ。したがって、墓の特性も勘案して、この被葬者はよそからや

ってきたと類推している（小泉 1998）。

2　統合から支配へ

（1）役割分担から地位分化へ

　ガウラでは、XIII層（ウバイド後期）からXIIA～XII層（終末期）をへてXIA層（ウルク前期併行）にかけて、神殿域あるいは公共域（公共施設）や行政域（指導者邸）などの周辺に練土囲いの墓やレンガ囲いの墓が集中し、この空間利用の傾向はVIII層（ガウラ中期後半）にいたるまで継続された（第4章）。ウバイド終末期以降に神殿などの周辺に特殊な構造の墓が意図的につくられていった。とくに、神殿域での特異な構造の墓が目立ち、神殿とのつながりの深い人物の埋葬を類推できる。また、ガウラXIII～VIII層の神殿の軸方向と、レンガ囲いの墓の軸方向とがほぼ一致しており、神殿と墓のコーナー部はそれぞれ実方位を向くように配置されていた。よって、両者の立地場所だけでなく、それぞれの軸の向きにおいても神殿とレンガ囲いの墓は密接な関係にあった。こうした神殿域には、祭儀を執り行っていた祭司が埋葬されたとされる（Tobler 1950）。なお、ガウラXII層以降の集落構成の変遷において、集落内の神殿に留まらず工房などさまざまな施設も区画に沿った配置により主軸が一様にそろえられるため、レンガ囲いの墓と主軸方向の一致する建物は神殿に限定されなくなる。

　ガウラの限られた事例によると、ウバイド後期の神殿域に加えて公共施設や物見の塔などがウバイド終末期に出現し、とくに公共施設（Rooms 26, 28）に練土囲いという特殊な構造の墓が集中する。

そこでは、立地場所と墓の構造に関しての格差が本格的になり、被葬者の社会的役割（立場）だけでなく、その社会的地位の違いも示されたといえる。したがって、ウバイド終末期には社会的役割の違いが身分の格差へと変質していったと考えられる。

同時に、ウバイド終末期には副葬品の格差も明白になる。スーサ墓地ではいくつかの墓に銅製円盤が副葬された。時期的にやや遅れるが、スーサ出土のウルク期の印影には、僧衣を着た人物が首から円盤をぶら下げている図柄も確認されている（第5章）。ヤギの頭飾りを付けたこの人物はスペード（鋤）の間にたってヘビをつかんでいる。これらの円盤は祭司の首にかけられていたメダリオンで、宗教儀礼に用いられた祭具とされる（Hole 1983）。スーサの銅製の斧や穿孔円盤などの威信財をともなう墓の被葬者は、世俗的な指導者というよりも、むしろシャーマンあるいは祭司であったとされる。スーサで定期的に開催された饗宴の期間だけ、氏族あるいはリニッジの長たちが宗教的な指導力を発揮していたとする説がある（Hole 1983, 1987）。他方、政治的にあるいは強制的に走ることなく、人びとが宗教的な求心力の元にスーサに集められ、さまざまな公共事業にその労働力が投入されたという仮説もある。その背景には、スーサA期において社会的不均衡がすでに存在し、社会的関係における人びとの行動は、権力への指向や威信財の獲得といった動因に帰結するとされる（Pollock 1989, 1999）。たしかに、スーサA期においてもウバイド期に一貫する祭祀的紐帯が色濃く観察され、スーサの宗教的役割説が有力である。しかし同時に、階段状基壇の建設や威信財の副葬などから、スーサA期には祭司の身分が支配者としての地位へと高められていたとも考えられる。

第 2 章　祭祀から政治へ　55

　筆者はスーサはウバイド期のころからすでに季節的な祭祀センターであったと想定している。そして、ウバイド終末期には祭司も庶民と同じく共同墓地に埋葬され、祭司の墓には威信財が副葬されるようになった。ガウラのような神殿域に特殊な立場の人物を埋葬するという墓制とはやや異なるものの、共同体の庶民と祭司を明確に区別する原理は共通している。おそらくスーサには、祭祀の場としての高い価値が与えられていたために、たとえ共同墓地であってもそこに埋葬されるという行為自体が、神殿域に埋葬される行為とほぼ同格の意味があったともいえる。たしかに、シャーマンあるいは祭司が埋葬されたとおぼしき墓は、特異な副葬品という点を除けばその他大勢の墓にくらべてわずかな差しかない。しかし、その社会構造においては明らかに平等主義的な関係が崩れており、祭祀の役割と社会的な地位が密接に結びつきはじめていたようだ。

　このようにスーサ墓地では一般的な構造の墓に威信財が副葬され、共同墓地における伝統的な墓制系譜上で威信財が選択されていった。ウバイド終末期のスーサでは、旧来の平等主義的な組織体制に社会的格差が生まれ、祭司などの特殊な役割関係が序列化された身分へと結びついていった。共同体内の庶民と明確に区別する原理が墓制に現れ、非平等的な祭司の社会的な地位が積極的に墓制に反映されていったと筆者は推定している。

（2）集団拡散

　祭祀ネットワークにより結合していたウバイド期の社会はウバイド終末期に緩やかに変質していった。カシュカショクでは、ウバイド終末期に袖レンガで補強された墓（T18）、3列のレンガ列で墓

室空間の閉塞された墓（T5）、墓室南側にシャフトとレンガ列をともなう墓（T125）、骨製品の副葬された墓（T113）などが登場した。ウバイド終末期には従来の画一的なウバイド墓制に変化が生じ、多様な葬法が採用されるようになった。とくに、袖レンガをともなう墓群とシャフト部に堅く締まったブロック土の充填された墓群配置の並列する点が目立つ。上述のように、両墓群にはウバイド終末期以降に特定の集団が順次埋葬されたと解釈した。したがって、ウバイド終末期のカシュカショクにおける葬法の多様化は、従来の墓制様式を共有する集団に新たな集団が加わり、葬法の異なる複数の集団が同じ集落に共存するようになった結果といえる。筆者は、この葬法の区別原理として被葬者の出自の違いを想定している。

ウバイド終末期の葬法の多様化として成人の多葬例も見られる。ウル、ハカラン、パルチネなどにおいて3体以上の成人が同一の墓に多葬された（表3）。これは、ウバイド終末期ころの外来集団の出入りが起因となり、ウバイド社会において世帯を形成する家族集団（複数の核家族）がその同族意識を強化する目的で多葬されるようになり、テル・マドゥフルで認められたような居住コンテクストにおける世帯構造（Roaf 1989）がしだいに埋葬コンテクストにおいても表現されるようになったためであろう。この傾向はガウラⅩ層（ウルク中期前半）の成人多葬にもつながる。家族葬というもともと南方ウバイド文化に特有の墓制がウルク中期ころに集団とともに北方へ拡散し、外来の集団の出入りによって共同体における家族のつながりがいっそう意識されるようになったと推定される。

他方、北方から南方への文化の広がりもウバイド終末期以降に進行していった。北方ウバイド期全般を通してレンガ列構造の墓が展

表3 ウバイド終末期のおもな墓一覧

遺跡	墓数	立地	構造	遺体数	年齢	姿勢	副葬品
ハマーム	1	居住域	レンガ囲い	1	幼児	?	――
カシュカショクII	12	墓域	地下式横穴+レンガ列(9)/地下式横穴+レンガ列+袖レンガ(2)	1	成人	屈葬	土器/骨製品
サラサート II	4	床下	レンガ列	1	成人	屈葬	――
ガウラ	120	居住域(89)/公共域(31)	土器(102)/土壙(9)/練土(8)	1-2	幼児(76)/小児(25)/成人(19)	屈葬	土器
マドゥフル	3	床下	土器(2)/土壙	1	小児(2)/幼児	屈葬	――
ウル	13+	墓域	土壙/レンガ列/レンガ列+袖レンガ	1-8	成人	屈葬	土器/石灰製容器/棍棒頭/石斧/銅製槍先/ビーズ
エリドゥ	1+	墓域	?	1	成人	伸展葬	棍棒頭/石製容器
シェ・ガビB	2	墓域?	土器	1	小児	屈葬	
ハカラン	36	墓域	石囲い	1-4	成人	伸展葬	土器/棍棒頭/紡錘車/印章/磨斧/石器/ビーズ/石製容器
パルチネ	98	墓域	石囲い	1-6	成人	伸展葬	土器/石器/棍棒頭/紡錘車/印章/磨斧/磨石/石杵/石球/石製容器
ジャファラバード	2	?	レンガ囲い	1	幼児	伸展葬	土器/印章
スーサ	2000+	墓域	レンガ囲い/土壙?	1-?	成人/小児	伸展葬/屈葬/再埋葬	土器/銅斧/銅円盤/棍棒頭

開しているが、ウバイド終末期ころにはレンガ列本体に袖レンガの付設された墓がウルで登場した（表3）。袖レンガをともなうレンガ列構造である点のほかは不明だが、筆者は地下式横穴であったと推定している。つまり、レンガ列をもつ墓はウバイド期には北方に限定されていたが、ウバイド終末期になると南方のウルなどへ波及していった。しかも、南方で主流であった伸展葬がこの時期になると屈葬へと大きく変化した（Woolley 1955；小泉 1998）。レンガ列（袖レンガをともなうものも含む）構造の墓に屈葬されるという北方ウバイド文化の墓制が、ウバイド終末期からウルク前期にかけて南方に拡散していった。

したがって、ウバイド終末期からウルク期にかけての構造、埋葬姿勢、埋葬者数といった葬法の重層的な拡散は、北方と南方における集団の移動と密接に連動していたようだ。こうした考察から上述のカシュカショクにおけるウバイド終末期以降の葬法の多様化も再解釈でき、葬法の異なる集団の区別原理として出自の違いがあらためて有力視される。したがって、ウバイド終末期には、外来集団（よそ者）との共存により葬法が多様化し、共同体の統治システムが変質して、同じ出自の親族集団の枠組みを超越した新しい社会組織体制が整備されはじめたといえる。

（3）　祭司による支配

ウバイド終末期の社会では役割の違いがしだいに地位の分化と結びついて、今まで未分化であった身分が少しずつ序列化され、集団統合や行政運営などの社会的需要に呼応しながら社会階層が形成されていった。スーサ、ウル、カシュカショクなどの共同墓地に共同

体の庶民が埋葬されつつ、墓の構造や副葬品に格差がつけられていった。共同墓地における墓の構造上の格差は、先に論考したように外来集団との共存により起きた葬法の多様化が原因であった。また、共同墓地における威信財の選択は、旧来の平等主義的な組織体制に社会的格差が生じていった様相を示している。他方、ガウラでは多様な施設が建てられ、特定の社会的立場にいた人物との結びつきがうかがえる。ガウラの公共施設には練土囲いという特異な構造の墓が集中し、なんらかの役割を担っていた人物が埋葬された。立地場所と墓の構造の格差は単なる被葬者の社会的立場だけでなくその社会的地位の違いも示していた。その人物の社会的な立場は序列化された身分と結びついたため、庶民とは異なる形態で埋葬されたと筆者は想定している。そこでは、従来の祭司集団による統治から祭司個人による支配へ緩やかに変化し、世俗的な個人指導者が出現する素地が形成されていたと考えられる。

　このようにウバイド終末期の社会において平等主義的な性格がしだいに変質し、いわゆる首長制的な構造に移行していった。また、被葬者の年齢に関しては、先行期と同様に成人と小児の差が継続していることより、世襲的な役割や地位の受け渡しが未熟な段階であった。つまり、ウバイド終末期は、継続的な社会の統治機能として祭司を中心にした余剰の再分配が行われつつも、安定的な社会の統治機能として世襲的な地位の移譲が行われていない段階の首長制社会であったといえる。祭司（祭祀的首長）という社会的な立場は、共同体における単なる役割関係を越えて、序列化された身分と結びつき、庶民とは格差がついていた。その社会的な統治においては、祭司からなる集団指導体制から、祭司個人による支配をへて、世俗

的な個人指導者による政治的な支配に向けた緩やかな移行がはじまったと筆者は推定している。ここで、T. K. アールらが提案した首長制構造の多様性を理解するための図式にあえて従えば（Earle 1991）、ウバイド終末期は「段階的な階位システム」が機能していた単純な首長制社会で、「食糧財」が各種サーヴィスへの報酬として利用されていた経済機構のもとで、集団志向型の政治体系から緩やかに個人エリート出現に向けた移行段階として位置づけることができる。

　ウバイド終末期の社会発展を整理するとつぎのようになる。ウバイド期の社会での意志決定は祭祀を取り仕切る祭司集団に任されていた。ウバイド終末期になると、意志決定が特定の指導者に一任される首長制社会へとしだいに変化していった。社会的な統治において、祭司からなる集団指導体制から、世俗的な個人指導者による政治的な支配に向けた緩やかな移行がはじまったのである。生産経済においては、集落内の親族を単位とする協業体制から、集落内外の個人から構成された専業体制へと発展していった。これらの背景には、出自の異なる非血縁的な社会的関係、すなわち外来集団としての「よそ者」を共同体に受け入れるための社会組織の自助変化があった（第6章）。

第3章　政治支配社会
―― ウルク期の墓制と社会 ――

　南メソポタミアを中心とした南方ウバイド文化はウルク文化へ移行し、一方、北メソポタミア・北シリアの北方ウバイド文化は後続期に諸地域で多様に展開する。北シリアのカシュカショクでは、ウバイド終末期からポスト・ウバイド期（ウルク前期併行）にかけて共同墓地で墓制の格差が本格化し、身分の階層化が観察された（Koizumi 1991a, 1996, 小泉 1994, 1997, 1998）。カシュカショクではウバイド期には認められなかった社会的格差が墓制に反映されていった。北メソポタミアのガウラでは、集落内のさまざまな空間に先行期とは異なる墓が現れ、共同墓地が未検出でありながらガウラ期（ウルク期併行）の貴重な資料を提供している（Tobler 1950）。現況では、北方の資料にくらべて南方ではまとまった事例に欠けるため、ガウラで見つかった特異な墓制を軸にしながら論を進める（表4）。

1　ウルク前期の墓制と社会

（1）階層化社会の出現

　ウルク前期併行になると、墓の構造や副葬品の格差が本格化し、身分の差が墓制に反映されていった。そこでは、ウバイド終末期に

表 4 ウルク期のおもな墓一覧

遺 跡	基数	立 地	構 造	遺体数	年 齢	姿勢	副 葬 品
カシュカショクII	14	墓域	地下式横穴+レンガ列+袖レンガ(7)/地下式横穴+レンガ列(6)	1	成人/小児(1)	屈葬	土器/ビーズ/棍棒頭
レイラン	1	床上	土器	1	幼児	?	—
ガライ・レシュ	1	居住域	土器	1	幼児	?	—
サラサート II	6	居住域	土器(4)/土壙(2)	1	幼児・小児(6)	屈葬	土器
ジガーン	2	居住域?	レンガ列+袖レンガ	1	成人	?	土器
モハンマド・アラブ	1	居住域?	土壙	1	?	?	土器
カラナ 3	4	床下ほか	土器(3)/レンガ列(1)	1	幼児(3)/小児(1)	屈葬(1)	ビーズ
ガウラ	199	居住域ほか(120)/神殿域(59)/各種施設(20)	土器(101)/土壙(76)/レンガ列(14)/礫土(6)	1-2	幼児(112)/小児(66)/成人(25)	屈葬/伸展葬(1)	棍棒頭/金製品/ビーズ/骨角器/トークン
テペ・ガウラ	80	居住域ほか(21)/神殿域(19)/工房ほか(16)	レンガ囲い(73)/石囲い(7)	1-3	成人(25)/幼児・小児(4)	屈葬/伸展葬(2)	石製容器/土器/金製品/棍棒頭/骨角器/銅製/黒曜石刃/石核/印章/ビーズ/ペンダント/ハット/シンボル/石球/石鏃
アルパチャ	1	墓域	土器	1	幼児	?	土器
ルベイラ	1	生産域?	土壙+レンガ列	1	成人	屈葬	土器
ジェムデット・ナスル	1	居住域?(mound B)	土壙	1	成人?	屈葬	土器/石製容器
ウバイド	3	墓域?	土壙	1	?	屈葬(1)	土器/石鏃/クレイ・ネイル/石製容器/石製パレット/骨製針/ビチュメン球
シュ・ガビ B	2	墓域?	土器	1	小児	屈葬	—
ファルファーバード	+	居住域	?	?	?	?	?
スーサ	+	墓域	レンガ囲い/土壙?	1-?	成人/小児	伸展葬/屈葬/再埋葬	土器/銅斧/銅円盤/棍棒頭

始まった社会的地位の分化がいっそう進行していた。まず、墓の構造において、カシュカショクの本格的な袖レンガの付設された地下式横穴墓の登場や、ガウラXIA層におけるレンガ囲いの箱形竪穴墓の初現など、共同墓地としての墓域だけでなく神殿域などにおいても墓制の格差が明瞭になる（図22）。袖レンガをともなう墓の類例としてジガーンのG3，5などがある。

つぎに、副葬品には非日用品としての威信財が目立ってくる（図23）。ガウラXIA層（ガウラ前期＝ウルク前期）の若い成人の土壙墓（Locus 238）には棍棒頭が副葬され、類例はカシュカショク（ポスト・ウバイド期後半＝ウルク前期後半）のT128でも認められる。カシュカショクのT11（ポスト・ウバイド期前半＝ウルク前期前半）では、袖レンガをともなう構造の墓にラピス・ラズリ製のビーズも副葬された。これらの副葬品は、ウバイド期にはみられなかった特異な非日用品であり、社会的地位を示す威信財と読み取れる。他方、南方のウル－ウバイドIII層（ウバイド終末期～ウルク前期）の成人の墓には、先に述べたように棍棒頭、磨斧、銅製槍先などの武器が副葬され、これらは威信財としてだけでなく軍人の職能も示していた。エリドゥの共同墓地では成人男性の墓（Grave 21）に棍棒頭と石製容器が副葬され、ウルク前期の墓とされる（Safar *et al*. 1981）。これもウルと同様にウバイド終末期からウルク前期の幅でとらえられ、エリドゥでもウルク前期までに威信財が副葬され、旧来の平等主義的な社会に格差が生じていったようだ。

同時に、北方のウルク前期併行では、墓の立地場所と構造、さらに副葬品の組み合わせにおいても格差が目立ってくる。ガウラXIA層の北神殿（Rooms 75～77）にレンガ囲いの箱形竪穴墓（G36－

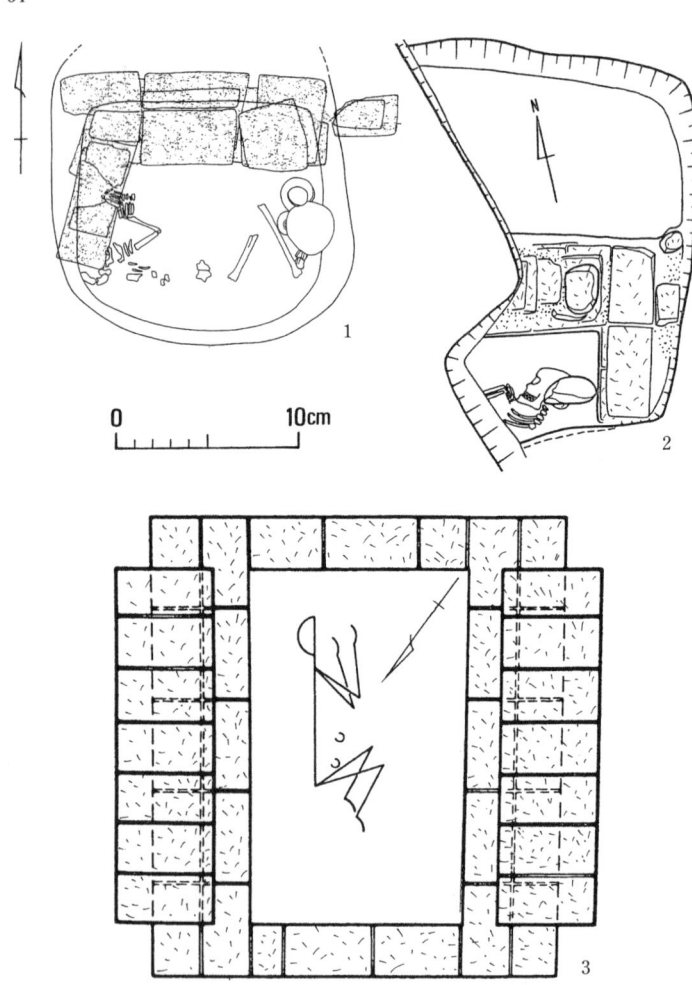

図22 ウルク前期ころの墓
1：カシュカショク T109 (Koizumi 1991a より), 2：ジガーン G 5 (井・川又 1984-85 より), 3：ガウラ Tomb 107 (Tobler 1950 より作成)

第3章　政治支配社会　65

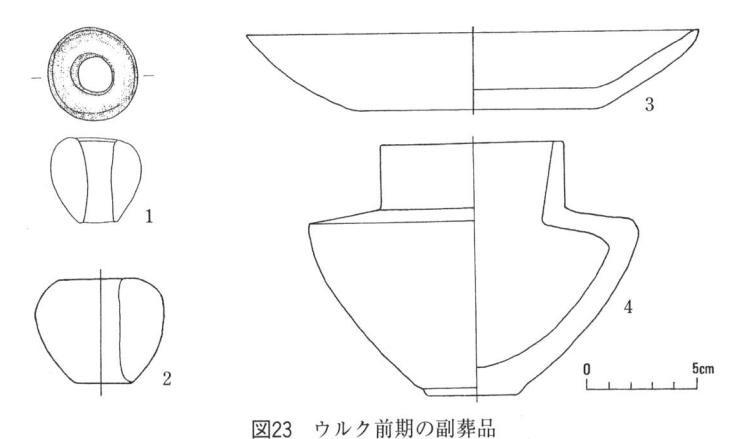

図23　ウルク前期の副葬品
1：カシュカショク T128（Koizumi 1991b より），2〜4：エリドゥ Grave 21（Safar et al. 1981より）

155）が掘られた（図24）。特異な構造の墓が神殿内に出現した背景には、祭司という役割に社会的な身分が与えられ、階層化の進行していった様子がうかがえる。ガウラ XIA 層の神殿域以外では、北東住居や北空地（No. 88）にレンガ囲いの竪穴箱形墓がある。前者の G36-151 には小児が埋葬され、後者の G36-150 には成人が埋葬された。ここで G36-155 の例にならえば、北東住居もなんらかの地位についていた人物が住んでいたといえる。ガウラ XI 層では集落北東に位置する神殿内の主室（Room 4）に土壙墓（Locus 181）が掘られ、金製品が副葬されている（図25）。神殿内の墓に威信財が副葬されている状況から、XIA 層の G36-155 同様に、Locus 181 の被葬者は社会的地位の高い祭司と推定できる。ただ、Locus 181 は小児の墓であることから、すでにウルク前期ころから、祭祀という執行部門に限定された社会的地位の世襲がはじまったとも想定で

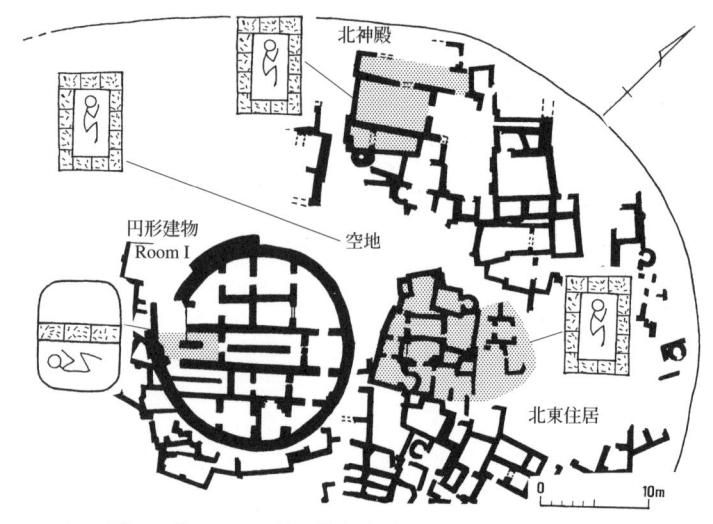

図24　ガウラ XIA 層の墓立地（Tobler 1950より作成）

きる。本格的な地位の世襲は後述のガウラ X 層（ウルク中期前半）に顕著になる。なお、神殿に埋葬された人物は人身御供とされるが、筆者は空間利用における執行部門としての関係に着目し、犠牲説の立場は取っていない。

（2） 執行部門の分掌化

ウルク前期併行のガウラでは行政施設や軍事施設などが出現し、祭祀以外の執行部門として行政や軍事も本格的に分掌されていった。ガウラ XIA 層には軍事的な性格の強い円形建物がテルの中央に位置し、部屋(Room I)の床下にはレンガ列をともなう墓（Locus 7 - 30）が掘られ、成人が屈葬された（図24）。これは、共同墓地以外の特別な空間に特異な形態で埋葬された墓として重要である。

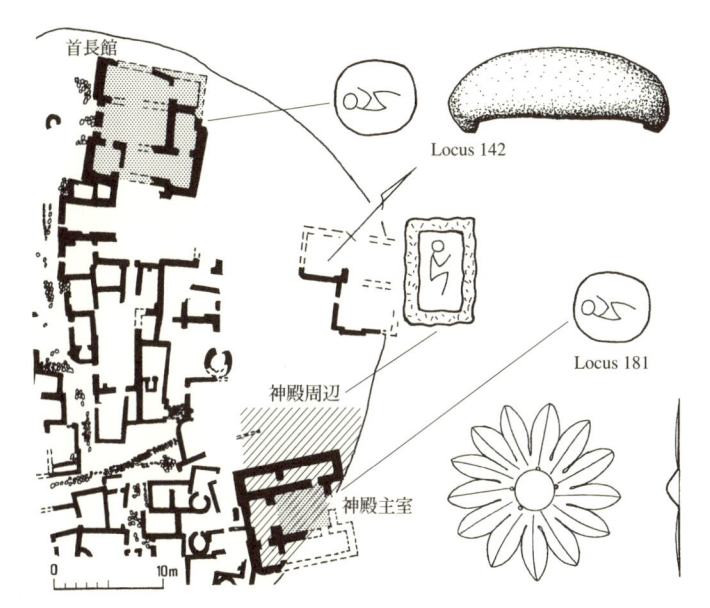

図25 ガウラ XI 層の墓立地と副葬品 (Tobler 1950より作成)

軍事的な性格の強い施設に関連した社会的地位が出現し、軍事面専門の執行部門が分掌され、職能としての軍人が Locus 7-30 に埋葬されたと類推している。

 ガウラ XI 層になると集落の北側に行政を担当する首長館が建てられ、ウバイド終末期にみられた祭司とは異なる立場の首長が共同体の指導者になったと考えられる（図25）。この施設に関連した土壙墓（Locus 142）には若い成人が埋葬され、棍棒頭と金製品が副葬された。ガウラ XI 層の行政域に埋葬されたこの人物は祭司以外の首長級の指導者であり、ウバイド期とは異なる意思決定構造を暗示している。つまり、ガウラのウルク前期ころには祭司に代わる世

俗的な首長が登場し、神殿域ではなく行政域でその指導力を発揮するようになったといえる。

ガウラXI層の集落東端に位置する神殿域には、練土囲いの箱形竪穴墓が集中する（図25）。G36-39, G36-80, G36-81ではいずれも目立った副葬品はない。ガウラXII層（ウバイド終末期）でも練土囲いの墓の多くは公共施設の周辺に集中し、とくに副葬品はなかった。よって、練土囲いの墓は公共施設や神殿という立地場所に限定されることで、被葬者が特定の執行部門を担当したという社会的な役割の違いが示されたようだ。同時に、練土囲いという特異な構造に埋葬されることで、被葬者の社会的地位の格差までも表現されたと想定している。

このようにガウラXIA〜XI層（ウルク前期併行）では集落内に多様な施設が出現し、それぞれに関係した人物が特異な構造や威信財をともなって埋葬された。これは、ウルク前期ころの社会が祭司、軍事、行政などの執行部門に分掌化した過程を示している。各部門の責任者はそれぞれの施設に関連しながら、相対的に地位の低い一般庶民とは区別されて埋葬された。したがって、ウルク前期ころの社会には、身分の階層化と執行部門の分掌化が進行し、意思決定の中枢が世俗化しはじめたと推定できる。

2　ウルク中期以降の墓制と社会

（1）　執行部門の格差

ウルク中期〜後期になると、ウルク前期よりもさらに墓制の格差が明確になる。ここではガウラX〜VIII層の墓制を分析していく。

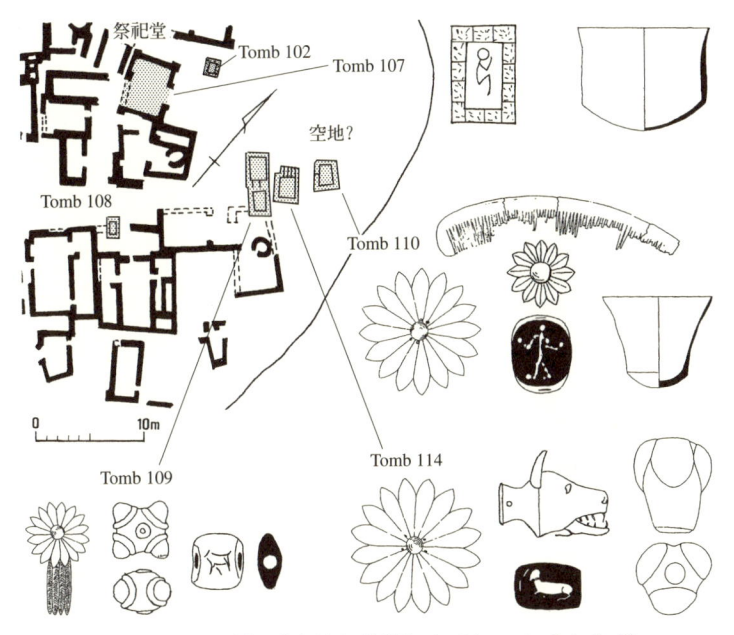

図26 ガウラⅩ層の墓立地と副葬品（Tobler 1950より作成）

まず、ガウラⅩ層（ウルク中期前半）では、墓の立地場所と構造・副葬品の組み合わせにおいて先行期との違いが顕著になる（図26）。集落北側に立地する建物（Room 1003）の床下に、レンガ囲いの箱形竪穴墓（Tomb 107）が掘られ、石製トークンが副葬された。この建物でビーカー土器が3点出土し、ガウラⅩⅢ層（ウバイド後期）の神殿で類似器形が見つかっていることからも、同施設はなんらかの儀礼が行われた祭祀堂とされる（Tobler 1950）。よって、Tomb 107に埋葬された成人は祭司であり、単なる土壙墓から区別されたレンガ囲いの墓に埋葬されることにより、他者との身分の違いが示されたと解釈できる。

ガウラⅩ層の北東空地にはかつてない豪華な副葬品をともなうレンガ囲いの墓群が見つかっている。Tomb 114 には棍棒頭、ラピス・ラズリ製印章、各種金製品、オオカミの頭の形をしたエラクトラム製鋳造品などが副葬された（図26）。すぐ近くの Tomb 109 には各種金製品をはじめ、ラピス・ラズリ製ビーズやペンダント、石製容器、黒曜石の石核などが副葬された（図26）。Tomb 109 の北西側には Tomb 111 が接し、金製のペンダントとビーズが副葬された。いずれの墓にも成人が埋葬され、高い地位についていた人物が集落の東端部に集中して埋葬されたようだ。建物との関連が不明のため、その職能はわからない。

ここで、集落の空間利用から類推すると、Ⅹ層の東端部には空地が確認され、後続のⅨ層でもその傾向はつづく（Rothman 1994）。よって、後世の撹乱・侵食などにより、本来あったはずの地区が削られてしまい、建物が残らなかったとも考えられる。あくまで仮説の域を出ないが、東端部にはほかの地区で未確認の首長館などの行政施設が建っていて、豊富な副葬品を有するレンガ囲いの墓群が形成されたとも想定できよう。さらに、黒曜石の石核やラピス・ラズリなど、明らかにほかの地域からの輸入品が副葬されていることから、これらの副葬品は高い階層のシンボルとしての威信財と推定できる。たしかに、こういった類推は今後の検証を必要とするが、祭司以外の職能が台頭し、Tombs 109, 111, 114 などに社会的階層の著しい格差が反映された構図は十分に考えられる。よって、これらの墓の被葬者は、共同体のなかで首長級の地位についていた人びとであったと推定している。

さらに、ガウラⅩ層では、集落の東側に立地する建物内にレン

ガ囲いの墓（Tomb 108）がある（図26）。小児が埋葬され、石製ビーズのみ副葬されていた。建物と周辺には土器工房としての機能が想定されることから（Rothman 1994）、Tomb 108は土器工人の子どもの墓であった可能性もある。これらの墓以外にも、同建物近辺には墓がかたまっているが（Tobler 1950）、いずれも目立った副葬品は見当たらない。もし、これらの墓が土器づくりに関連していた人びとのものであるならば、ガウラⅩ層における土器工人の社会的地位はそれほど高くなかったと類推できる。

（2） 地位世襲の本格化

先に述べたガウラⅩ層の祭祀堂外側には、小児が埋葬されたレンガ囲いのTomb 102があり、棍棒頭・石製容器が副葬されていた。同層の北東空地に立地する墓群（Tombs 109, 111, 114）には、小児の墓（Tomb 110）も見つかっている。Tomb 110はレンガ囲いの箱形竪穴墓で、各種金製品、棍棒頭、ラピス・ラズリ製ビーズ、石製容器などが副葬され、隣接する成人の墓群の副葬品と同様に豪華な内容となっている（図26）。この被葬者は高い地位についていただけでなく、その地位が世襲されていた可能性が高い。共同体での社会的な役割を十分に果たせる成人とは異なり、小児はまだ未熟で期待に応えるには無理がある。小児の墓に成人と同様の威信財が集中している状況から、その小児には成人とほぼ同格の社会的地位が与えられていたと考えられる。つまり、社会的地位が本人の技量によって獲得されるのではなく、世襲制によって生まれつき保証された社会がガウラⅩ層（ウルク中期前半）には整備されていた。先のTombs 109, 114の推定もあわせて、Tomb 110の被葬者は祭司

以外の職能についていた首長級の人物の子どもであったと筆者は想定している。

つぎに、ガウラIX層のほぼ中央に位置する神殿内のRoom 901にはレンガ囲いの墓（Tomb C）があり、小児が埋葬され、ラピス・ラズリ製ビーズや、ペンダントが副葬されていた（図27）。同神殿内の主室（Room 900）を挟んだ反対の側室（Room 903A）には、幼児の埋葬された土壙墓（Locus 47）が見つかっている。この墓には金製の頭飾りやラピス・ラズリ、金、紅玉髄でできたビーズのネックレスが副葬された。さらに、Locus 47は単なる土壙墓ではなく、石板で蓋がされており、こうした構造の墓はガウラでは類例がないとされる。神殿内にラピス・ラズリや紅玉髄などの交易によって手に入れた威信財をともなう幼児・小児が埋葬されていることから、ガウラIX層ではX層同様に身分が階層化し、一部の特別な地位は世襲されていたと考えられる。たしかに、神殿に埋葬された人物が祭司の子どもであると仮定すると、先行期と異なり職能としての祭司がその地位を一時的に盛り返したことになる。しかし、ここでは祭司の社会的地位の復権として

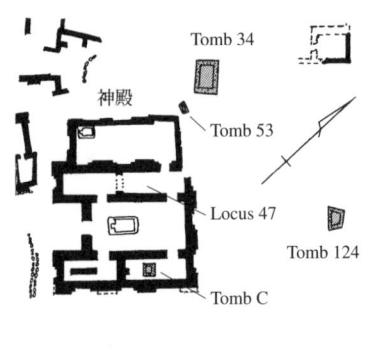

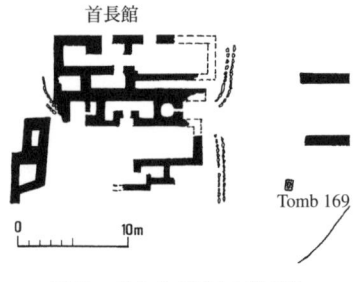

図27　ガウラIX層の墓立地
（Tobler1950より作成）

ではなく、特定の地位の世襲制が強化された例としてとらえている。

神殿の西側に幼児の土器棺墓（Locus 52）が埋葬されるが、目立った副葬品は報告されていない。神殿北側に隣接してレンガ囲いの墓（Tomb 53）がある（図27）。Tomb 53には小児が埋葬されたようで、遺体はマットでていねいに包まれていた。後述するVIII層の類例とあわせて、これらの埋葬処理の施された被葬者は高い地位にあったようだ。また、神殿の北側空地にはレンガ囲いの墓（Tomb 34）が掘られ、成人が埋葬されていた（図27）。大理石製の棍棒頭片（4点）や象牙製の櫛などが副葬された。この空地に隣接していたであろう建物は残っていないため、Tomb34の被葬者の職能については不明であるが、墓の構造と副葬品から社会的地位は高かったと推定している。そして、それらの副葬品は神殿内に埋葬された小児の墓群（Tomb C, Locus 47）にくらべて明らかに異なるため、Tomb 34に埋葬された成人は祭司以外の職能についていたといえる。

ガウラIX層の北側空地にはレンガ囲いの墓（Tomb 124）があり、金製品、土器、トルコ石製ビーズが副葬された（図27）。被葬者は小児のようで、Tomb C, Locus 47などの幼児あるいは小児の墓と同様に、威信財としての副葬品が認められる。また、レンガ囲いの墓（Tomb 169）が東端の空地に位置し、土製紡錘車が副葬された。人骨は残っておらず、紡錘車以外の副葬品が見当たらないことから、この墓は盗掘を受けたとされる。大きさから見てTomb 169は小児の墓であったと推定され、本来ならば貴重な威信財が副葬されていた可能性もある。よって、ガウラIX層（ウルク中期前半）では、墓制で見るかぎり小児に対する扱いに明らかな格差が現

れ、威信財としての副葬品から判断して社会的に高い地位が世襲されたと考えられる。ただ、具体的な職能については不明な点が多い。

これらの証拠により、ガウラでのウルク中期前半は社会内で個人間の格差が広がり、ウバイド期で見られた単なる成人と小児の年齢差を越えた格差が副葬品に反映されたといえる。X層のTombs 102, 110や、IX層のLocus 47にはラピス・ラズリ製ビーズや各種金製品などの威信財が副葬された。一方、ウルク前期で墓地形成の終了したエリドゥでは、ラピス・ラズリなど威信財と認定できる副葬品は小児の墓からは未検出である。ほかに、カシュカショクの小児の墓（T114）にラピス・ラズリ製ビーズが副葬されていた。ガウラやエリドゥとの比較により、T114はポスト・ウバイド期末、すなわちウルク前期末にほぼ併行する（小泉 1998）。したがって、ポスト・ウバイド期（ウルク前期併行）末ころのカシュカショクや、ガウラ中・後期（ウルク中期）のガウラでは、成人だけでなく小児の墓にも明瞭な威信財が副葬された。つまり、ウルク中期までには、社会的地位が本人の技量によって獲得されるのではなく、世襲制によって生まれつき保証された本格的な首長制社会が整備されたと推論できる。

（3） 世俗的支配者の台頭

さらに、ガウラ VIII 層（ウルク中期後半）になると、集落内の墓制格差がさらに明瞭になる。ガウラ VIII 層のレンガ囲いを中心とした墓群は、集落内での各区画ごとにかたまって分散しており、それぞれの空間における職能が副葬品に表れたようだ。共同体における職能分化や社会的な地位の違いが、副葬品などの墓制の格差に

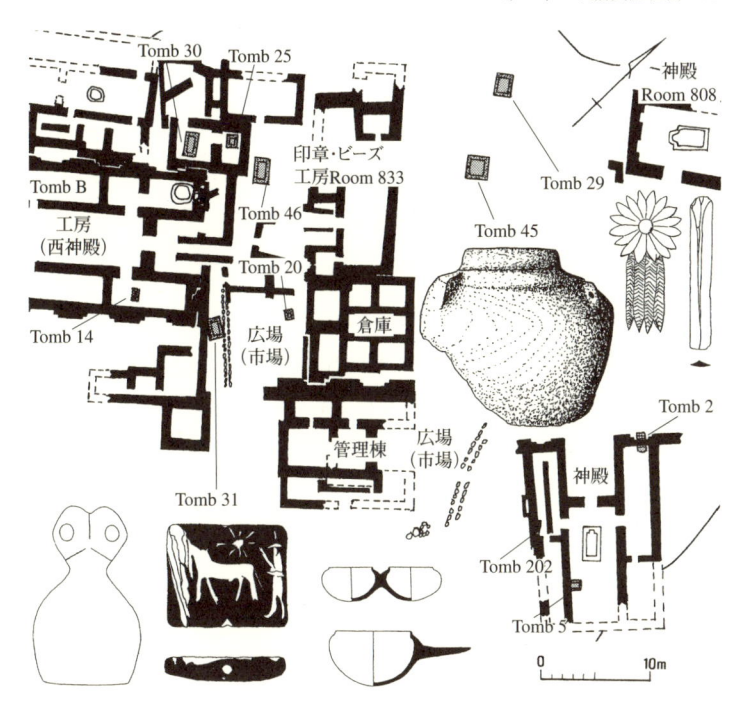

図28 ガウラⅧ層の墓立地と副葬品 (Tobler 1950より作成)

積極的に反映されていったと読み取れる。

　集落中央には倉庫が建てられ、南西側に隣接する広場にはレンガ囲いの墓がいくつか掘られた（図28）。Tomb 31 は成人の墓で、各種金製品、石製ハット・シンボル、石製容器、象牙製印章や櫛などが副葬されていた。とくに、ハット・シンボルは、前4千年紀のアナトリアから北シリア、北メソポタミアにかけて広く分布する遺物で、土製品と石製品が普及していた（第5章）。ガウラで副葬されたのは Tomb 31 出土の2点だけでいずれも石製品である。また、

Tomb 31に副葬された象牙製印章は矩形で、印面にはウシあるいはコブウシと手を上げる人物が彫られている（図28）。神の前に犠牲獣を捧げるという宗教的な儀礼の場面とされる（Tobler 1950）。

倉庫の東南側に隣接する3列構成の建物の入口付近には、多くの種類の印影が見つかっていることから、この建物には倉庫を管理する責任者が生活していたとされる（Rothman 1994）。印影の集中分布は倉庫南西側の広場にも見られる。倉庫に隣接するこの広場は、管理棟入口付近の広場と同様に商品取引の市場（いちば）として活用されたと推定できる。よって、Tomb 31の被葬者は倉庫管理や市場運営の責任者であった可能性が高い。また、Tomb 31の副葬品はガウラVIII層でもっとも豪華であるため、首長級の人物が埋葬されたと考えられる。さらに、犠牲獣の描かれた印章も副葬されていることから、この首長は牧畜管理にもかかわっていたといえる。ガウラVIII層になると従来の執行部門に加えて、市場運営あるいは牧畜管理といった新たな職能が墓制にも反映されていったようだ。

同時に、この広場のより倉庫に近接した場所に、レンガ囲いの墓（Tomb 20）がある。この墓には小児が埋葬されたようで、とくに目立った副葬品は報告されていない。先のTomb 31と同様に、広場に立地していることから、市場運営と関係のあった人物の子どもが埋葬されたと考えられる。副葬品がまったく見られない状況から、ひょっとしたら本来あったはずの豪華な副葬品は盗掘されてしまったかもしれない。また、Tomb 31の被葬者にはマットが掛けられ、Tomb 20の被葬者はマットに包まれてていねいに扱われていた。マットや布に包まれるという埋葬処理の類例はガウラVIII層に急増し、Tombs 16, 30, G36－36など副葬品のほとんどないレンガ囲い

の箱形竪穴墓に限定される。いずれも神殿以外の建物に関連して分散しているのが特徴である（図28）。これは集落内の執行部門の分掌格差が本格化し、祭司以外の世俗的な部門の要職についていた個人やその子どもが手厚く埋葬されたためであろう。

集落東端に立地する神殿の主室（Room 802）にはレンガ囲いの墓（Tomb 5）があり、小児が埋葬された（図28）。とくに目立った副葬品は認められない。同神殿の外壁の直下には石棺墓（Tombs 2, 202）が位置し、いずれも小児が埋葬され、石製ビーズが副葬された。ガウラでは7基の石棺墓が見つかっており、VIII層に4基が集中する。ガウラVIII層の石棺墓はいずれも建物の壁体直下に位置し、場所的に日干しレンガで囲われた構造ではその荷重に耐えられないため、意図的に石材が選択されている。北神殿の石棺墓には祭司の子どもが埋葬されたと推定され、副葬品に威信財が認められない点から、ガウラVIII層（ウルク中期後半）の祭司の地位は相対的に低くなったようだ。

ガウラVIII層の集落南西側に「西神殿」と報告された建物があり、側室（Room 873）の外壁直下にレンガ囲いの墓（Tomb B）がある（図28）。小児が埋葬され、アラバスター製の壺が副葬された。同建物の主室（Room 874）を挟んだ反対の側室（Room 876）では、レンガ囲いの墓（Tomb 14）に小児が埋葬され、石製ビーズが副葬されていた。この建物では、出土遺物の分析から織物や木材加工などの作業が行われ、神殿としてよりも居住空間をともなう工房としての機能が復原されている。発掘者のフィールドノートによれば、建物内の小部屋には炭化した穀物が数十cmもつもり、そばには外傾面取口縁鉢に類似した大型鉢（フラワー・ポット）が積み重

ねられていた (Rothman 1994)。おそらく、穀物などを配給するために保管してあった貯蔵部屋と推定される。

この建物の北東側には別の建物が配置され、Room 833は木や骨、軟らかい石などを加工して印章やビーズを製作していた工房とされる (Rothman 1994)。工房入口の空地にはレンガ囲いの墓 (Tomb 46) があり、成人が埋葬されていた (図28)。金製装飾品と金、石、貝などでできたビーズが副葬されていることからも、ビーズ製作などに関連した工人の墓と想定できる。

印章・ビーズ工房と集落北端に立地する神殿 (Room 808) の間には空地が広がり、レンガ囲いの墓が検出されている (図28)。Tomb 29には成人と幼児あるいは小児が1体ずつ埋葬され、金製装飾品と黒曜石製の石刃が副葬された。成人と幼児あるいは小児の多葬例はTomb 30でも見られ、1つの墓に成人が多葬される例はTomb 25で認められる。成人の多葬はガウラX層のTomb 111 (成人3体) に初現した。成人と幼児あるいは小児との多葬例は、ガウラXVII層のLocus 7-66 (成人と幼児)、XI層のG36-122 (成人と幼児2体) やG36-39 (成人と小児) などがある。すでに述べたように、北方ウルク文化の墓制における多様化の一側面として、もともと南方ウバイド文化の墓制の特徴であった家族葬がしだいに北方に普及していった。同時に、別の側面として、ウバイド終末期以降に始まった「よそ者」の増加により、集落内の人間関係に変化が起き、それまでの血縁を軸にした親族関係をより強く意識するようになった。これらの傾向のなかで、ガウラで成人の多葬が出現したといえる。

やや集落中央よりのTomb 45の被葬者は小児とされ、石製容器

が3点副葬された。とくに、大理石製の壺は鼻状四耳壺（four-lugged jar）フォームであり、南方ウルク土器のフォームに合致する点が重要である。鼻状四耳壺フォームの石製容器は、ハブーバ・カビーラ南で出土し、同フォームの土器も大量に見つかっている（Sürenhagen 1986）。北メソポタミアのウルク中期後半と北シリアのウルク後期で類似した石製容器が分布していることから、南方のウルク文化が北方へ拡大するウルク・エクスパンションの過程で、地域により時期差があったことがわかる。このように、Tombs 29, 45は南方からウルク文化の拡大する過程において、実際に移動してきた人びとが埋葬された墓として想定することも可能であろう。

（4） 政治支配化

以上ウルク期の墓制からみた社会の考察をまとめてみる。ウルク前期における階層化は、共同墓地だけでなく神殿域、行政域、公共域など多様な空間における墓制に認められ、とくに高い地位を示す証拠が神殿以外の区画（行政域など）で観察される。ガウラⅪ層で見られたように、指導者の館が集落に建てられるようになり、先行期において一般的であった祭司とは異なる立場の首長がこういった館に居を構えた。つまり、ウルク前期ころになると、祭司に代わる世俗的な首長が行政域で指導力を発揮していった。棍棒頭や金製品などの威信財が副葬された行政域の墓には、社会的地位の高い首長級の人物が埋葬された。集落内の身分階層が本格化したことにより、一般庶民とは差のついた特異な墓制が先行期よりもさらに目立ってきた。

　この傾向はガウラⅩ層（ウルク中期前半）以降にも継続し、祭

祀以外の執行部門が相対的に力を増して世俗的な首長が台頭していった。ウルク期併行のガウラでは、IX層を除けば総じて祭司の地位は相対的に低かった。大局的には、意思決定の中枢が祭司個人から世俗的個人に移行していったのである。そして、ガウラVIII層（ウルク中期後半）には、集落内での空間利用がより明確に区画化され、それぞれの職能分化が墓制、とくに副葬品の格差となって表現されていった。

同時に、ガウラのウルク中期以降になると、特定の階層における社会的地位の継承が本格化し、それぞれの職能を担当する成人からその子どもなどに身分が世襲されていった。集落内でそれぞれ特異な職能の区画において、明らかに格差を示す威信財が個人やその子どもの墓に副葬された。そこでは、社会の身分格差が拡大し、地位の世襲される階層が限定され、階層の頂点についていたであろう世俗的な首長個人が集落を政治的に支配するようになったと想定される。こうした筆者の墓制からみた社会変化のシナリオは、先行研究において確認された社会の変化とほぼ合致する。ガウラX～VIII層では、墓の副葬品が増大する富の格差を示すようになり、社会の階層化が少しずつ現れていったとされる（Forest 1996；Rothman 1994；Rothman and Peasnall 2000）。

もちろん、これらはガウラでの墓制から得られた考察結果であり、北メソポタミアや北シリア全体のウルク期相当の社会を語っているわけではない。ガウラという地域センターで確認された墓制は、北メソポタミアのティグリス川上流の東岸域に展開していた地域的文化の一側面を説明しているが、より広範囲に広がる文化ホライゾンの指標とするにはよりさらなる検討が必要となる。しかし、この地

域的な様相は、現時点でウルク期の社会構造を復原する上でもっとも有効な仮説的枠組みを提供していると考えている。今後、資料の増加により説明可能な地域的文化の範囲が少しでも広がっていくことがのぞましい。

なお、北メソポタミア、北シリアでウルク期に後続するニネヴェ5期の埋葬事例に関しては、資料数が少ないため墓制から階層化を論証することはむずかしく、現在ある証拠もたまたま社会階層の低い階梯を反映しているだけと解釈する傾向が強い(Schwartz 1986)。ニネヴェ5期の墓制が南メソポタミアの墓制に比較して貧弱なのは社会構造を直接反映したためか、あるいは現況の資料が貧富の格差を正確に伝えていないためという指摘もある（Green in press）。

第4章　集落構成の変遷

つぎに、集落における各施設の空間配置を分析し、空間利用の変遷について考察してみる。メソポタミアでの発掘では遺跡の一部を掘るトレンチ方式が一般的で、集落の大部分を明らかにした例はほとんどない。そのなかで、ガウラの成果は北メソポタミアにおける集落構成の変遷について良好な情報を提供してくれている。ここでは、ガウラでの事例を中心に集落変遷を比較する（図29～31）。

1　工房と倉庫

（1）　土器工房

ウバイド期の集落には居住空間と微妙に混じり合いながら土器生産施設が設置された。ガウラXVII層（ウバイド前期）の土壙墓（Locus 7-68）には彩文壺と皿、石製鉢、石製パレット、上石などが副葬され、工人の墓とされる（Tobler 1950）。墓のそばに設置された窯は土器焼成用と推定され、一般の住居に土器窯が付随して、世帯単位の土器生産が行われていたようだ。類似資料はXVIII層でも見られ、神殿と住居の間にある空地で見つかった土壙墓（Locus 7-80）には、彩文壺以外に彩文の顔料をとくのに使ったとされる石製パレットが副葬された（図29）。また、ガウラXVI層の集落東側

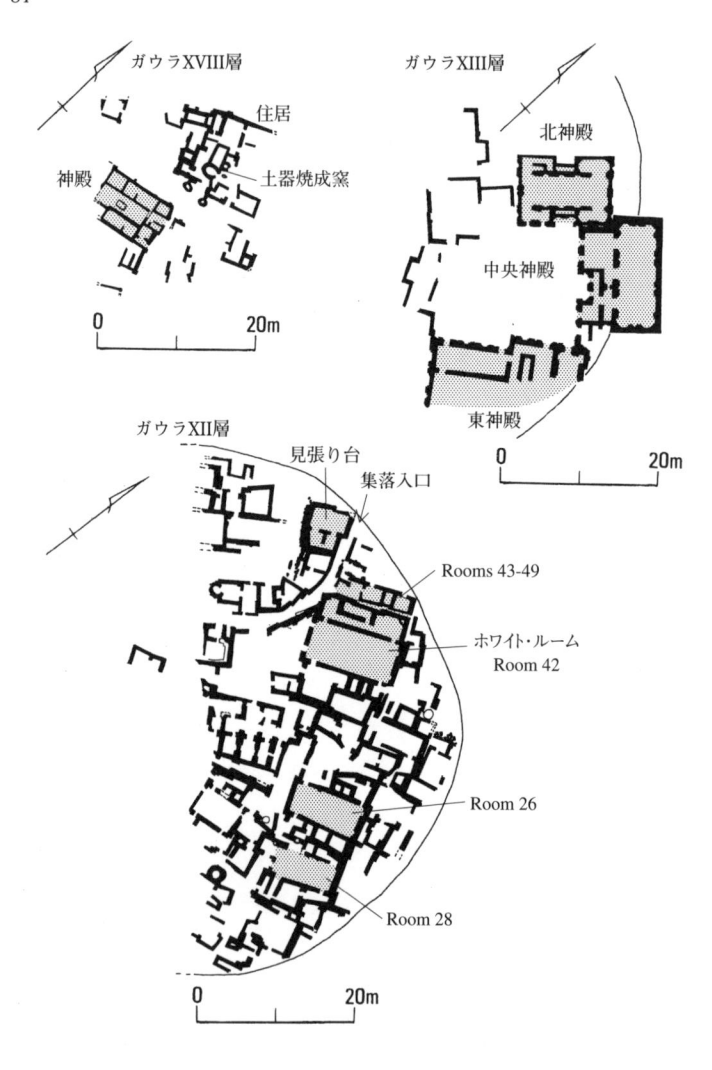

図29　ガウラのウバイド前期〜終末期の集落（Tobler 1950より作成）

第4章　集落構成の変遷　*85*

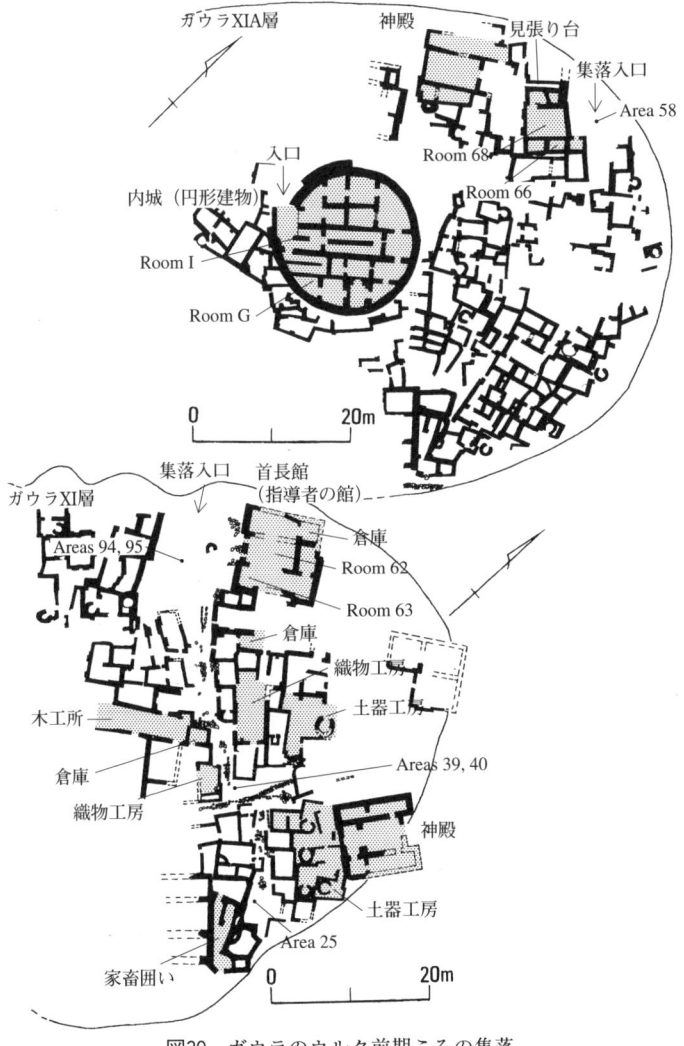

図30　ガウラのウルク前期ころの集落
(Tobler 1950；Rothman 1994より作成)

86

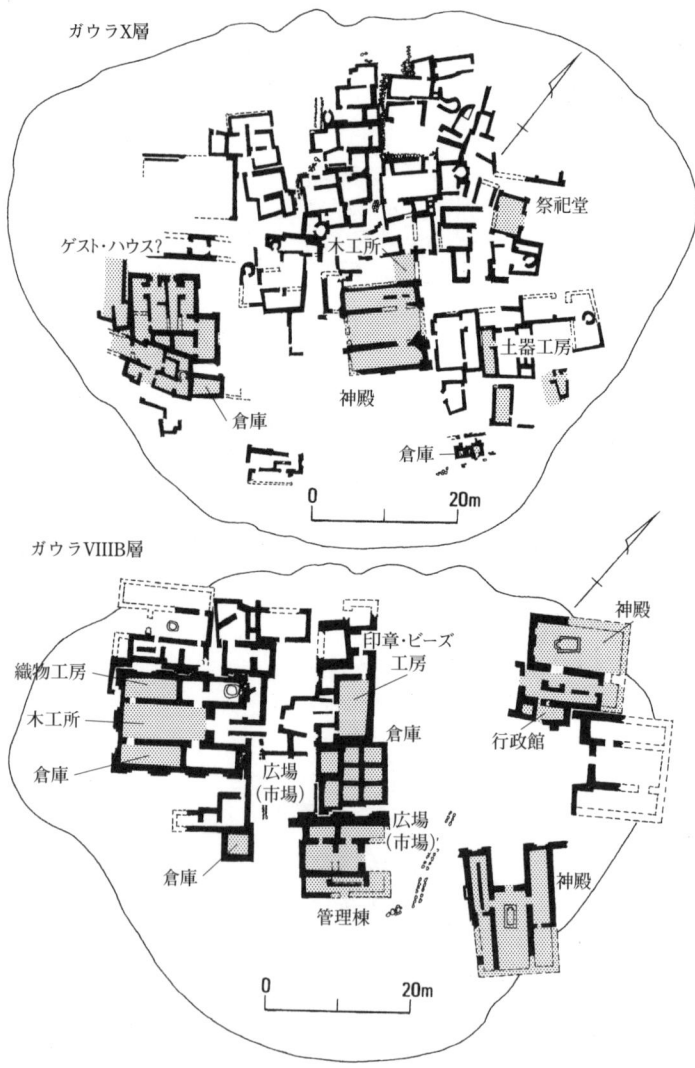

図31 ガウラのウルク中期ころの集落
(Tobler 1950 ; Rothman 1994より作成)

に立地する建物は「陶工の家」とされるが、一般の居住空間に土器窯などが付設されたと考えられる。さらに、ガウラXV層の集落北端に立地する土器生産施設は居住域から独立しているとされるものの、集落東側の土器窯は住居と想定される建物間の空地に立地している（図32）。

総じて、ウバイド期では、集落内の空地や建物の中庭などに土器窯が配置され、居住空間に付随して土器生産施設が立地する傾向が強いようだ。同様の工房配置は、アバルやサラサートなどでも見られる（Hammade and Koike 1992；Fukai *et al*. 1970）。テル・アバダⅡ層の集落北側に立地する建物Gは、未焼成の土器乾燥室を有する土器工房である。ただ、三方を建物に囲まれ、とくに西北側には住居Hが隣接し、同工房は一般の居住空間と絡んでいる（図33）。

やがて、ウルク期ころになると、それまで居住空間と融合していた土器生産施設が集落周縁に隔離されたり、集落内の独立区画に設置されたりして、本格的な土器工房が普及してくる。土器工房の隔離および独立化の原因としては、需要増大に触発された本格的な生産設備の必要、粘土や燃料の搬入経路の効率化、人口が増加してきた集落内での火災防止、住民への煙害回避といった理由が考えられる。

テル・コサック・シャマリのポスト・ウバイド期（ウルク前期併行）の工房は、明らかに集落の東南端に位置し、はじめは溝により、のちに街路としての石敷によって集落内の居住域と土器生産域が隔離されていた（図34）。溝の機能としては、当初、土器窯から排出される灰の捨て場所としての役目もはたしていたが、やがて灰の排

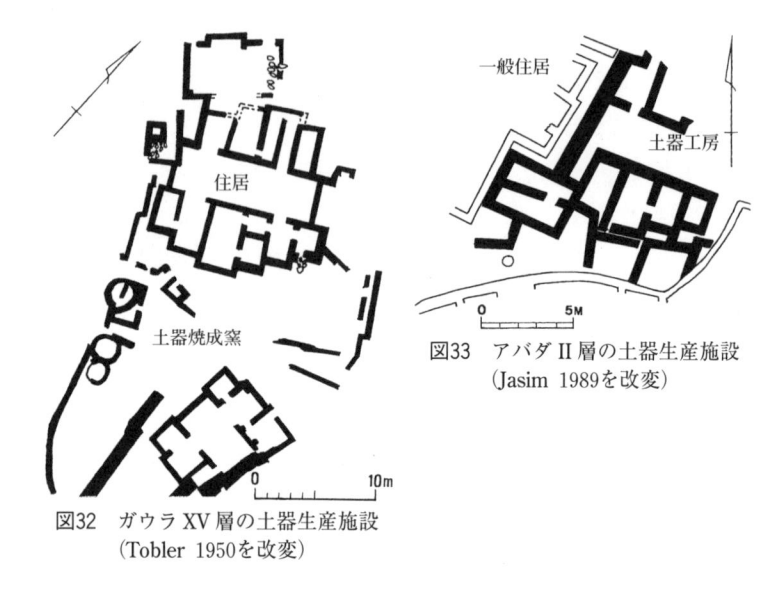

図32 ガウラ XV 層の土器生産施設
（Tobler 1950を改変）

図33 アバダ II 層の土器生産施設
（Jasim 1989を改変）

　出量が増えるとともに溝が埋まり、その上に石敷面が新たに形成された。また、昇焔式土器窯 B601の東側窯壁には、日干しレンガを敷き詰めた空間が接していた。この空間は、時期が異なるものの、フェニキア期のサレプタの類似例と比較して（Anderson 1987）、土器を窯に詰めるための作業用搬入路と筆者は推定している。さらに、窯 B601の焚口に接する小部屋からは遺物がほとんど出土していないため、同空間は残りにくい燃料が一時的に収納されていた燃料置場としても考えられる。こうした土器生産施設の拡充は、まさにウルク期の初頭において、集落内の一般的な居住空間から生産域として土器工房が分離していった過程をはっきりと物語っている。

　また、テル・ムシャリファのA区1c層（ウルク期前半併行）では、土器製作に関係すると思われる建物が小石を敷き詰めた街路に

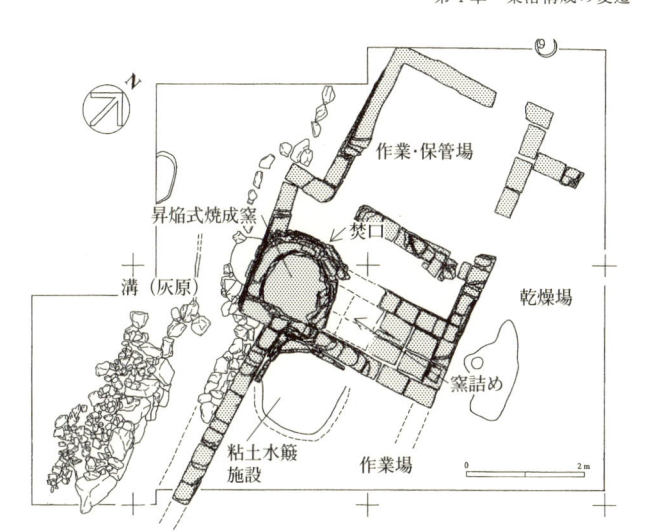

図34 コサック・シャマリB区6層の土器工房(Koizumi *et al*. 2001より)

より区画されている (Oguchi 1987)。ほぼ同時期のガウラ XI 層では、集落東端に石敷で区画された土器工房が設けられ (図30)、集落北東側には独立した建物が土器工房として機能していた (Rothman 1994)。ガウラ X 層の集落東端でも、独立した区画に土器工房らしき建物が立地している (図31)。類似例は、カリンジ・アガやテペ・ガブリスターンなどのウルク前期併行の遺跡でも見られる (al-Soof 1969)。とくに、ガブリスターン9層の土器工房群は、集落内で居住域から隔離された生産域に位置し、しかも、銅工房群と街路を挟んで対に配置され、集落内での生産域が産業地区として本格的に機能しはじめていた (Majidzadeh 1989)。さらに、ウルク後期のハブーバ・カビーラ南では、市街地に各種工房からなる生産域が設定され、そのなかに独立区画の土器工房も含まれていたと推定

される (Strommenger 1980)。チョガ・ミシュでも、排水溝をともなう街路によって区画された空間に土器生産施設が立地している (Alizadeh 1996)。

(2) 倉庫としての空間

　工房で生産された土器などの製品のなかで、日常生活用の余剰品や交換用の商品はいったん倉庫に保管されたはずである。ウバイド期の集落では、独立した倉庫棟あるいは大きな施設に付随した倉庫が認められる。同時に、ウバイド期の神殿には地域共同体の親族集団を共同事業に向かわせる装置としての機能もあったようで、神殿の建築作業、祭儀執行への奉仕、食糧保管などが考えられる（小泉 1998）。たとえば、アッカーマンは、北メソポタミアではガウラ期になって神殿の助けを借りて支配者の地位が確立され、一方南メソポタミアではウバイド・ウルク期の神殿は統一のシンボルとして機能していたと想定した (Akkermans 1989b)。また、スタインはスーサを念頭においた南方ウバイド文化について、神殿は農作物の銀行として機能し、地域的な余剰を蓄え、必要があれば扶養人口に食糧を分配したとしている (Stein 1994)。

　ガウラXVIII層の神殿は3列構成で、主室の脇には小部屋が並ぶ（図29）。類似した部屋割りはガウラ期の神殿群にも一様に認められ、とくにXI層の神殿の脇室から印章や封泥も出土しており、倉庫としての機能が付加されていた可能性が高い（図30）。それに対して、サラサート、ソンゴルなどでは、本格的な神殿建築が認めがたく、むしろ倉庫としての機能を有する独立棟がウバイド期の古い段階から建てられていた (Fukai *et al*. 1970；Matsumoto and Yokoyama

図35 サラサートXIII層の倉庫（Fukai *et al*. 1970より作成）

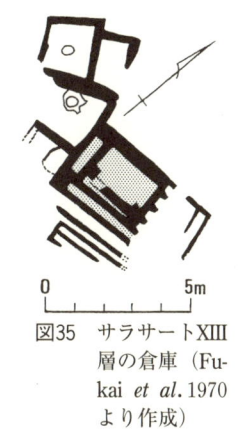

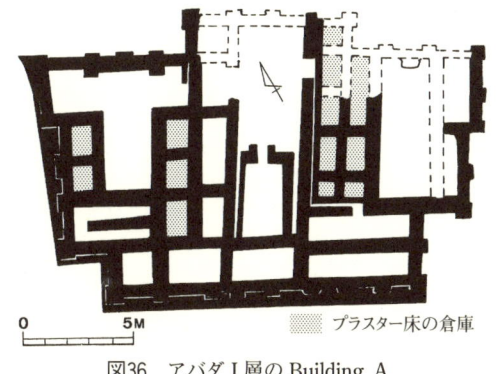

図36 アバダI層のBuilding A（Jasim 1989より作成）

プラスター床の倉庫

1995)。サラサートXIII層では、独立した建物E3が基礎に通風孔を有する穀物倉として報告されている（図35）。さらに、後述するアバダI層のBuilding Aでは、石膏プラスターの貼られた小部屋が複数確認され、貯蔵用の部屋とされる（図36）。したがって、ウバイド期の遺跡で本格的な神殿が建築されている場合には、神殿内の脇室などが倉庫としての機能を部分的にはたし、他方、本格的な神殿が未発達の場合には、独立した建物や公共施設内の脇室あるいは付属部屋などが倉庫として使われたと考えられる。

以上を整理すると、ウバイド期の神殿や集会場などの公共施設は、地域共同体の親族集団を一致団結させて共同事業に向かわせる装置としても機能していたと推定できる。まず、神殿や公共施設の建築作業そのものが組織的な労働力を必要とし、協業体系のもとで親族集団の就労が統率されていたのであろう。神殿や公共施設ができ上がると、神殿で執り行われる祭儀や公共施設で実施される行事に関連して、周期的な奉仕が集落構成員に要求されていった。さらに、

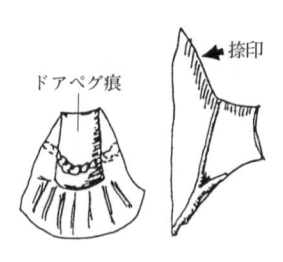

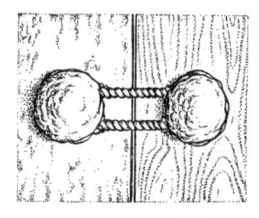

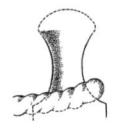

図37　ドア封印模式図
（Rothman 1994；ローフ 1994を改変）

こうした施設は、供託された余剰生産物を集めて保管する倉庫としてだけでなく、余剰の流通や交換において経済的な役割も担いはじめていた。ただ、ウルク期に本格的に展開したような経済主導の統治体系はウバイド期には未熟であった。

　ウバイド終末期になると、ディルメンテペ7層、ガウラXII層、タル・イ・バクーンAIII層などで、倉庫などの入口のドアが封印されはじめる（図37）。ウバイド期の委託運営による余剰の等価交換とは異なり、財が再分配されていったようだ。財の再分配はウルク期で本格化し、ウルク前期～中期のガウラやウルク後期のアルスランテペなどでドア封泥が認められる（Esin 1983；Rothman 1994；Frangipane 1994）。とくに、ガウラXI層では集落内の建物が職能別の専業空間に分化しはじめ、それぞれの倉庫に製品が保管されていった（図30）。この傾向はVIII層に継続し、集落中央に立地する倉庫には、細かく仕切られた小部屋にさまざまな種類の道具が保管されていた。（図31）。これは、商品としての道具類を市場へ供給するための倉庫として機能していった。ほぼ同時期の類例として、テル・シェイク・ハッサン7層の倉庫もある（Boese 1995）。

第 4 章　集落構成の変遷　93

図38　アルスランテペ VIA 層の倉庫（Frangipane 1997を改変）

　ウルク後期のアルスランテペ VIA 層では、壁と壁の間の空間（A206）に数千点にも及ぶ封泥が見つかっている（図38）。A206に収納されていた封泥片はそれぞれ、壺・袋・ドアなどの封印されるべき入れ物別に、かつ押捺された印影のモチーフ別に束ねられていた。封をする入れ物だけでなく、担当していた個々の行政官も明確に識別されていたとされる。A206とは別の倉庫（A340）には、100点以上のフラワー・ポット型のカップと130点の封泥が見つかり、封泥には30種類の印影が認められている。A340からは先のA206で出土した封泥とまったく同じ印影が見つかっていないことからも、部屋別の業務の違いが推測されている。そして、近隣の Temple A でも大量生産された小型のカップとともに大型容器が出土し、いずれも炭化穀粒が検出されていない。よって、A340などの倉庫で一時保管されていた大型容器から、小型カップを使って液体、粉、肉などが分配されたとされる（Frangipane 1997）。

小型カップあるいは外傾面取口縁鉢、さらにはフラワー・ポットなど、特定の器種を利用した食糧などの分配方法は、ガウラVIII層で認められた状況と類似している（第3章）。さらに、チョガ・ミシュでも同様な配給に関する証拠が見つかっている（Alizadeh 1996）。テル中央東寄りに立地する部屋R17：313では、壁際の棚に外傾面取口縁鉢が伏せた状態で2列に並べられていた。列中には製粉用のすり石と片口鉢も出土している。よって、その部屋では収穫したムギ類を製粉して、片口鉢を用いて外傾面取口縁鉢に当量に分配していたと筆者は推定している。なお、外傾面取口縁鉢の機能については諸説あるが、こうした状況証拠から推定すると、物資を計量したり配るための使用法がもっとも妥当に思える。

2　墓地と神殿

（1）共同墓地の立地

ウバイド期に共同墓地が本格的に造営された。共同墓地は同時期の居住域から隔離されたり、あるいは前時代の遺構の廃絶された空間に設定され、特定の方角が意識されていた（表5）。いずれの墓地もテルの南西〜西斜面に集中している。カシュカショクでは計4つのテル群のなかで、II号丘の西斜面にウバイド期の墓地が設けられ、III号丘は居住域として利用された。たしかに、墓域は居住域の北側にあるが、II号丘のテル中央から見ると南西から西斜面に位置する。他の遺跡の空間利用も比較してみると、単一のテルの場合にはテルの南西〜西斜面に、複数のテルから形成される場合には、居住域として利用されたテルとは別のテルにおいて、やはり南西〜

表5　ウバイド期の共同墓地の方位規制

遺　跡	遺丘数	墓　域	居住域	時　期
カシュカショク	4	Ⅱ号丘西側斜面	Ⅲ号丘	ウバイド前期後半-ポスト・ウバイド後期
マシュナカ	1	南西斜面	西～中央部	ウバイド後期
アルパチヤ	1	西側斜面	中央部	ウバイド前期-後期
ソンゴル	3	A号丘南西斜面	C号丘	ウバイド2-3期
ウル	1	南西部	中央部？	ウバイド4期-ウルク前期
エリドゥ	7	1号丘南西斜面	1号丘中央部	ウバイド4期-ウルク前期？
ハッサン	1	南～南西斜面？	東斜面	ウバイド3期

西斜面に墓域が立地している。ウバイド期の墓地の検出例が少ない原因は、こういった空間利用の特性にあるようだ。単一のテルの場合には、居住域に対して南西～西側に墓域が位置するために、墓域はテルの裾野に形成されることになり、ときには氾濫源にまで広がる。したがって、相対的に標高の高い居住域を発掘することは容易であっても、標高の低い墓域を見つけることはむずかしい。ただ、複数のテルからなる遺跡の場合には、カシュカショクⅡ号丘などのようにテル全体が墓域として利用されることもあり、墓地の発見される可能性は高い。

　カシュカショクⅡ号丘における墓地形成過程をたどると、まずテル西斜面の南半より墓が掘られ、時期をへるごとに北寄りに墓域が移行していった（図39）。ウバイド期の墓地形成に関する証拠は、ウルでもわずかながら認められる（Woolley 1955）。ウルのウバイド期の墓地は、場所的には後世のテメノス聖域の南部に位置する試掘坑Fの下層から検出されている。ウルでは新バビロニア時代の建築物がテルを覆っているため、いくつかの試掘坑から得られた情報をもとにウバイド期の空間利用を復原することになる。筆者の推定によれば、ウルのウバイド期の墓地は、小さなテル群のひとつの

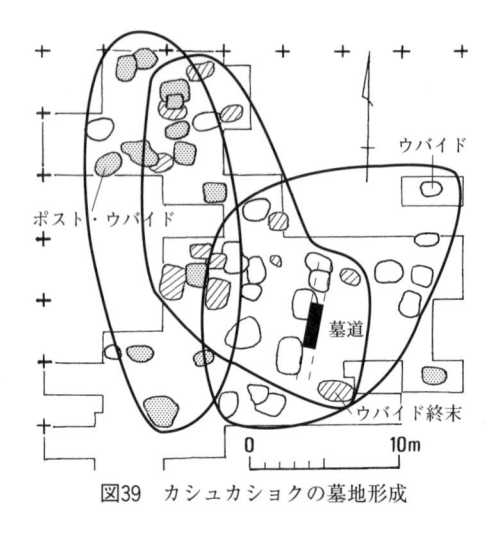

図39　カシュカショクの墓地形成

およそ南西側周縁に位置していたと類推できた（小泉 1998）。本来はいくつかの小さなテルにわかれていた遺跡が、数千年におよぶ自然あるいは人為の土砂堆積により、しだいに大きな単一のテルへと成長していったようだ。

ウバイド期の墓地にはレンガ列や石列を敷いた道が見つかっており、これは墓地に進入するための墓道と考えられる。エリドゥでは1号丘の中央付近からテル南西端への緩斜面に、日干しレンガの敷き詰められた土手道が検出され、ウバイド期の墓域の北東端につながる（Safar *et al* 1981）。アルパチヤでもテル中央やや西寄りから南西斜面にかけて石敷の道が設置されている（Mallowan and Rose 1935）。石敷きの道は途中で寸断された格好になっているものの、ウバイド期の墓域の北東部分へつながっている。さらに、カシュカショクでもテル西斜面に日干しレンガの敷かれた面が残っており、

墓道の可能性がある（図39）。

　ウルク期になると墓の検出例が極端に減り、ウバイド期にくらべて資料がかなり乏しい。これは発掘された場所の空間利用と大きく絡んでいる。今まで調査されてきたウルク期の遺跡は、いずれも神殿域、居住域、生産域などが主体であり、墓域そのものが発掘された例はほとんどない。ウルク期の墓域は、ウバイド期の墓域よりもいっそう沖積低地あるいは氾濫原に近づいて立地していたと思われる。ウルク期は先行期にくらべて一般的に人口が増加し、センター的性格をもつ遺跡へ人口が集住し、テル上での人口密度が高くなったと推定される。そこでは、ますます大規模になっていく神殿域、さまざまな施設からなる公共域、専門分化していく多様な工房域などがひしめきあい、テル上の空間利用範囲が相対的にかぎられていった。そして、テル斜面においてもおそらく大量のゴミが捨てられていたため、もはや共同墓地を形成するだけの空閑地は残されていなかったであろう。必然的にテルの周縁部分でより標高の低い場所、あるいは居住域などの密集したテルから離れた場所が墓域とされたと想定できる。したがって、ウルク期の埋葬例がウバイド期にくらべて激減するという現象を、短絡的に人口減少や人口移動、あるいは埋葬儀礼の変化（Pollock 1999）などと結びつけるのではなく、テルという限られた空間へ人口が集中し、さまざまな空間利用目的が生じてきたために、われわれの目には触れにくい場所に墓域が推移していったと考えている。

（2）　神殿の配置

　先に分析したように、ウバイド期の墓域は居住域の西側から南西

側に形成されていき、墓域の設定は社会的な規制を受けていた。その背景には落日点との一致や太陽信仰などが考えられるが、集落内の空間利用を分析すると相対的にその理由を類推できる。とくに、テルにおける神殿域がどの方角に立地していたのかが、墓域の立地規制と大きくかかわっているようだ。管見では、一般的にウバイド期の集落構成において、中央〜東側に神殿域、西側〜南西側に墓域が形成されている。

エリドゥの神殿の祖形はウバイド1期のXVII層にまでさかのぼり、正方形プランの中央に供物台らしきレンガが配置された。報告者が神殿と認定しているのはXVI層の建築遺構からで、プランは祭壇と奥壁にニッチが見られるだけの簡単な構造であった。後続のXV層以降、まったく同じ場所に神殿が造営され、この空間利用の傾向はウルク期にいたるまで継続されていった(Safar *et al*. 1981)。いずれの神殿もテルのほぼ中央部に立地していたが、エリドゥ1号丘は580×540mもある巨大なテルであることから、居住利用を開始したウバイド1期ころには現況と異なる景観だったと想像される。報告者もエリドゥにおける最初の住人は砂丘の上に居住したとしている。つまり、近接しながら散開していた小丘群は、何千年にもわたる自然の堆積作用と人工的な残滓堆積および整地作業の繰り返しの結果、しだいに1つの大丘へと発達していったと考えられる。テル中央西寄りの小丘では、中央部から東南斜面にかけてウバイド期からウルク期の神殿群が集中し、ウル第3王朝時代には同小丘の中央にジッグラト（聖塔）が建てられた（図40）。

エリドゥのウバイド期の居住域は1号丘のほぼ中央で確認され、神殿域は居住域に対して西側に立地する。この神殿域は、大丘を形

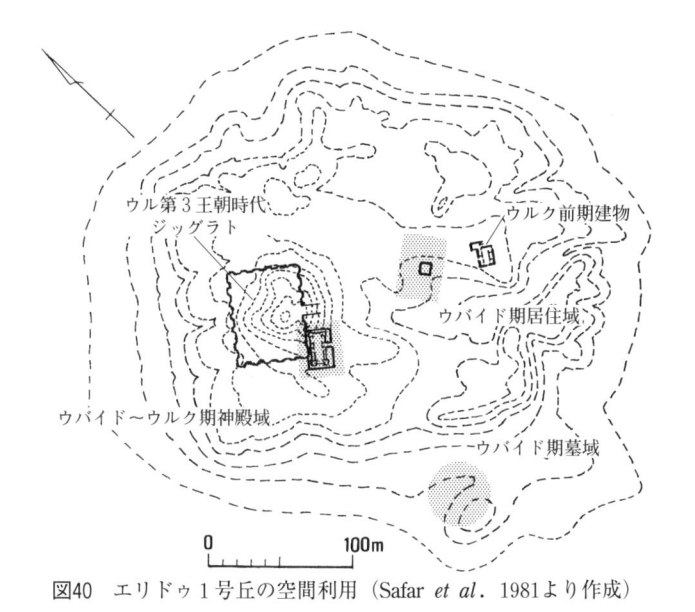

図40 エリドゥ1号丘の空間利用 (Safar *et al*. 1981より作成)

成する小丘群のなかで最も標高の高い丘に、しかもその中央から東南側に設定された。たしかに、居住域と神殿域の関係は特異な状況であるが、居住域と墓域の立地関係は崩れていない。つまり、テル中央の居住域に対して墓域は南西の方角に位置していた。そして、ウルク期になると1号丘は神殿域になり、居住域は北側の2号丘に移ったとされるが、当期の墓域は不明である。

ガウラでは、ハラフ－ウバイド過渡期に相当するXX層にトロス（円形プランの建物）がテル東側に建てられた。ウバイド前期のXIX～XVIII層には「角型祭祀堂プラン」の神殿が出現し（松本 1988）、XVII層ではふたたびトロスが現れるが、いずれも先行期のトロスと同じ空間に立地していた（Tobler 1950）。さらに、ウバイド後期

のXIII層になると南方ウバイド様式の3列構成プランを呈する神殿建築群が登場し、やはり同じテル東側に立地空間を占めていた(図29)。ところが、ウバイド終末期のXII層にはテル北側に公共的な利用を目的とした「ホワイト・ルーム」が建てられ、生活用品が部屋から出土していることなどから判断して、神殿よりもむしろ公共利用のための施設とされる。ガウラXIA層(ウルク前期併行)になるとさらに北寄りにガウラ様式の祖形的神殿が、同時にテル中央部には内城がそれぞれつくられるようになった(図30)。ガウラXI層(ウルク前期)にはガウラ様式の神殿がふたたびテル東側につくらた。やがて、ガウラX〜VIII層(ウルク中期)ではテル中央部にガウラ様式の神殿が相次いで建てられ、VIII層にはテル北側と東側にガウラ様式の神殿群が建てられた(図31)。

　ガウラにおける神殿域の配置変遷を整理すると、ウバイド期を通してテルの東側が選択されていたが、ウルク前期併行になるとテル北側も活用されていき、ウルク中期ころにはテル中央部が主体となっていった。ガウラにおいて、ウバイド期には一貫して神聖な空間としてテルの東側が意識され、ほとんど同じ場所に神殿が継続して建てられていった。同じ場所に神殿域が継続する傾向はエリドゥと同様である。そこで、消去法で推理すると、ガウラでのウバイド期の墓域はテルにおいて神殿域と反対側の空間を占めていたと推定できる。これは、アルパチヤ、エリドゥなどで確認された墓道がテルの南西〜西斜面を中心に設けられている点とも整合しており、テルの南西側から西側にかけて墓域を設定するという方位規制がガウラでもはたらいていたようだ。

(3) 公共施設

ウバイド期の集落には神殿のほかになんらかの儀礼を実演する公共施設もあり、埋葬儀礼を行った斎場がウバイド期の集落で想定できる。アバダでは、II層（ウバイド2期）からI層（ウバイド3期）にかけて、Building A の床下に合計57基の幼児の土器棺墓が埋設された（図36）。これだけ多くの土器棺が同じ建物の床下に埋葬されるのは、きわめて希有な例である。Building A は左右対称の平面プランを呈し、規格は約20×12.5mで、外壁にはほぼ等間隔に扶壁（バットレス）が設けられた（Jasim 1985）。日常生活用の土器がユニット3に集中し、いくつかの部屋ではさまざまな大きさと形のトークンが土器のなかに納められていた。これらトークンについて報告者は、床下に埋葬される幼児の数を記録するためか、あるいはなんらかの取引の記録に用いられたのではないかと推測している。

報告者はさらにつづけて、トークンは他の建物から未検出であるという事実と、大量の土器棺墓の存在とを結びつけて、Building A はアバダでの宗教的な機能をはたしていた建物としている。もし、報告者の推測に従って Building A が宗教的建築物であるならば、祭具あるいは儀器が見つかりそうなものであるが、Burial no. 68 から土製の人物像が1点出土しているだけである。また、Building A 出土の多くの遺物は、他の Buildings から出土した遺物となんら質的な差異は認められないため、そこには埋葬以外の機能は見出しがたい。したがって筆者は、Building A は集落内の埋葬用の公共施設であり、葬儀を集中的に行う斎場として解釈している。

類似施設はガウラ XII 層（ウバイド終末期）に見られる（図29）。上述のホワイト・ルーム（Room 42）から構成される施設には、

幼児あるいは小児の土器棺埋葬が25基も密集している（Tobler 1950）。この施設には、ホワイト・ルームを中心にいくつかの小部屋が両側に配置され、ホワイト・ルームといくつかの部屋（Rooms 42-49）に土器棺が集中している。一方、これら側室には、土器、印影、紡錘車、石斧、黒曜石製道具、石製容器など日常生活用品が出土している。よって、この建物は神殿と異なり、宗教的な儀礼が行われた空間ではなく、日常生活空間が同居した公共施設とされる。筆者は、この公共施設はアバダと同様に斎場として使われたと想定している。また、ガウラ XII 層の集落北東側には、ホワイト・ルームの小型版とされる建物（Rooms 26, 28）が立地している。ここでも、土器棺が集中分布するだけでなく、日常生活用品も認められる。しかし、練土囲いの墓がこの建物に限定して集中することから（第2章）、この施設はホワイト・ルームと異なる機能をもった公共施設と考えられる。

3 行政館と軍事施設

(1) 指導者の館

ウバイド期にはいわゆる首長館は未確認で、ウルク期になると集落内に一般住居とは格差のつけられた館が建てられる。ガウラではその傾向が明瞭に観察され、ガウラ XI 層の集落北端に堅牢な建物（Rooms 58-63）がつくられ（図30）、建物は周囲の建築物から独立した区画に立地し、指導者の館とされる（Tobler 1950）。

ガウラ X 層（ウルク中期前半）には集落南西端に大型建築物が配置される（図31）。外壁が厚く、入口が通りに面して2カ所設け

られているという点がほかの建物と大きく異なっていることから、社会的地位の高い人物が住んでいたとされる。また、武器に相当する土製投弾や工具類が見当たらず、食卓用の精製土器や調理容器が出土しているため、この建物の主は集落内で階層の高い地位にいたとされる (Rothman 1994)。しかし、明瞭な威信財や、社会的地位の格差や世襲などを示す墓制が未確認のため、この建物が首長館であるという根拠はやや薄い。むしろ、集落の南西側の入口付近に立地し、武器などの軍事的要素や生産関連の道具類に欠け、食卓用の精製土器がそろっているという点から、この建物は外来の人びとを平和的にもてなすゲスト・ハウスのような機能をもっていたかもしれない。

　ガウラIX層（ガウラ中期前半）では、集落東側に神殿と同じようなていねいなレンガ建築の建物が配置される（図27）。神殿とこの建物の間はレンガ敷きの街路でつながっていることから、この建物は祭司や神殿の世話をする聖職者たちの住まいともされる。しかし、建物の堅牢なつくりと、集落のほぼ中央という立地から考えて、この建物は首長館と考えられる。ガウラVIII層（ウルク中期後半）には、集落中央の倉庫の脇に独立した管理棟が建てられた（図31）。このころになると集落の中心はもはや神殿ではなく、世俗的な建物に移行していた。

　なお、ウバイド期からウルク期にはまだ宮殿はつくられなかった。世俗的な指導者の権威を示すモニュメントとして宮殿が台頭してくるのは、ウルク期よりあとになってからである。初期王朝時代の中ころにキシュ、エリドゥなどで、神殿とは明らかに異なる治世者の住まいとして宮殿が初現する。宮殿は同じ場所に建て替えられるこ

とはなかったという点が、神殿との顕著な差である。ただ、後世の宮殿地区には、王の居住をはじめとして儀式や執政の空間だけでなく、倉庫や工房、さらには神殿も含まれている。宮殿の登場した初期王朝時代の後半以降、建築様式においても神殿と宮殿は中庭形式の点で共通し、両者は密接な関係にあったことがわかる。さらに、ウル第3王朝時代には、複数の基壇の上に聖堂をのせたジッグラトが登場する。ジッグラトは、従来の神殿よりもいっそう権威的なシンボルとしての機能が強くなった。こうしたモニュメントはおもにメソポタミアで建設され、類似施設は北シリアでも認められる（口絵）。

（2）軍事施設

ガウラXII層（ウバイド終末期）の集落北端には、見張り台とされる施設が立地している（図29）。この施設は3つの部屋（Rooms 54-56）から構成され、西側には大きくカーブする街路が隣接する。集落の西北側の入口から街路を通って侵入する者を、見張り台で監視していたとされる。街路の位置する区画にはスペード文の印影が押捺された封泥が見つかっており、南メソポタミアなどの地域との交流が推定される（第5章）。

ウルク期になると明らかな軍事施設が登場し、ガウラXIA層（ウルク前期併行）の集落北端にはXII層と同様の施設が建てられた（図30）。この施設はいくつかの部屋（Rooms 65-70）からなり、とくに東側の外壁は分厚く、隣接する区画（Area 58）にはレンガ敷きの街路が設けらている。そして、Rooms 66, 68からは大量の土製投弾が出土していることから、この施設は集落北端の入口を防御する

ための見張り台とされる。同時に、集落中央に位置する円形建物は、径約19mもあり、日干しレンガ製の外壁は約1mの厚さを有する。入口は西側の斜路にひとつだけ設けられ、内部は計17の部屋に仕切られている。さらに、部屋内から多くの石斧、棍棒頭や石鎚などが出土していることも考えあわせて、この円形建物は軍事的な性格をもつ内城とされる。また、部屋Ⅰには成人の墓があり、軍事部門を分掌していた人物が埋葬されたと推定され（第3章）、部屋Gの壁には炭化穀粒が検出され、円形建物の食糧庫とされる。

　ガウラⅪ層（ウルク前期併行）には、集落北端に「指導者の館」(Rooms 58-63) がつくられた（図30）。建物内のRooms 62, 63より大量の土製投弾が出土していることから、集落を防御する施設としても機能していたといえる。先行するⅫ〜ⅪA層と同様に集落北端に市門（ゲート）が設けられ、こうした施設が目抜き通りへの侵入を見張っていた。

　ガウラⅩ〜Ⅸ層（ウルク中期前半）になると、先行期にくらべて集落を防御する施設の痕跡はほとんど見られない。集落の入口に配置される市門などを護る見張り台や、武器庫のような軍事施設は確認されていない。Ⅹ層の集落南西端に位置するゲスト・ハウスあるいは首長館にも、武器としての土製投弾などがまったく出土していない。つまり、この建物がゲスト・ハウスあるいは首長館のどちらであれ、Ⅹ層の集落では総じて平和的な性格が強くなる。この傾向はガウラⅧ層（ウルク中期後半）になっても継続する。やがて、いくつかのウルク後期の遺跡では軍事的要素がふたたび強くなり、本格的な塁壁や武器がつくられる（第6章）。

第5章　社会的関係の拡大

　ウバイド期からウルク期にかけての社会変化を、さらに視野を広げて集落間あるいは地域間の関係から考察してみる。

1　祭祀ネットワーク

（1）ウバイド期のシンボル文様

　ウバイド期の墓に副葬された土器にはシンボルとしての彩文意匠も認められる（図41）。カシュカショク出土の内彎鉢、半球状鉢には6単位の円文が水平に配置され、鍔状口縁壺には同心円文が描かれている。これらの文様は、同じハブール川流域のテル・ブラク CH 22〜20層（北方ウバイド後期）や、マシュナカなどから出土した資料に類似している。また、バリーフ川流域のテル・メフェシュでは、いわゆるメフェシュ・ボウルと呼ばれる釣鐘型ゴブレットに、数単位の円文が水平に各文様帯に配置されている。さらに西方のユーフラテス河流域のアバルやコサック・シャマリでは、主として鉢器形に「目＋まつげ」文様が施文される。そして、ブラクではウルク後期の「眼の神殿」から300個体以上もの「眼の偶像」が発見され、祭儀にともない神殿に奉納されたとされる（Oates and Oates 1976）。こうした目を象徴する意匠が祭祀儀礼を暗示しているならば、ウバ

ガウラ

カシュカショク

ブラク

マシュナカ

アバル

メフェシュ

図41 北方ウバイド文化の「目の文様」
(Tobler 1950 ; Koizumi 1991b ; Oates 1987 ; Hole and Kouchoukos in press ; Mallowan 1946 ; Hammade and Koike 1992より)

イド期の「目の文様」はなんらかの祭祀を示唆するシンボルとして解釈できる（小泉 1998）。「目の文様」がハブール川流域にとどまらず、バリーフ川流域、ユーフラテス河上流域にまで広がっている状況は、複数の地域圏に特定のシンボルを共有する祭祀儀礼が普及していたことを示している。つまり、ウバイド期において目のシンボルをともなう祭祀ネットワークが広く浸透し、このイデオロギー的な紐帯により広範な地域に展開するウバイド期の文化要素がたがいに似通っていた。ウバイド期の祭祀は人びとの生活を精神的に支え、統合的な求心力として大きな役割をはたしていた（第1章）。

同時に、ユーフラテス河下流域とスシアナ平原域で普及していたヘビの文様や土製品なども、南メソポタミアと南西イランを結びつける祭祀ネットワークの証拠としてとらえられる（図42）。エリドゥでは神殿でヘビに関連したさまざまな遺物が見つかっており、ヘビを象徴化したなんらかの祭祀儀礼が行われていたようだ。エリドゥⅥ層の神殿では、ヘビ文様のレリーフが内面3カ所に施された浅鉢も出土している。とくに、エリドゥⅦ層の神殿の供物台より見つかった中空のヘビ形土製品は、明らかにヘビを祀った儀式がウバイド期の古くから確立されていたことを示している。これは後世のヘビに関連する神殿やヘビの装飾された土器の原形をなし（Safar, *et al.* 1981）、初期王朝時代の前半にユーフラテス河上流域のジェラブルス・タフターニで出土したような「ヘビ壺」（snake jar）へとつながり（Peltenburg *et al.* 1995）、この祭祀伝統はさらにアッカド時代にまで引き継がれたとされる（Hole 1983）。

スーサやチョガ・ミシュでは、ヘビ文様の彩色されたビーカー土器などが見つかっている（図42）。ビーカー土器に描かれたヘビ文

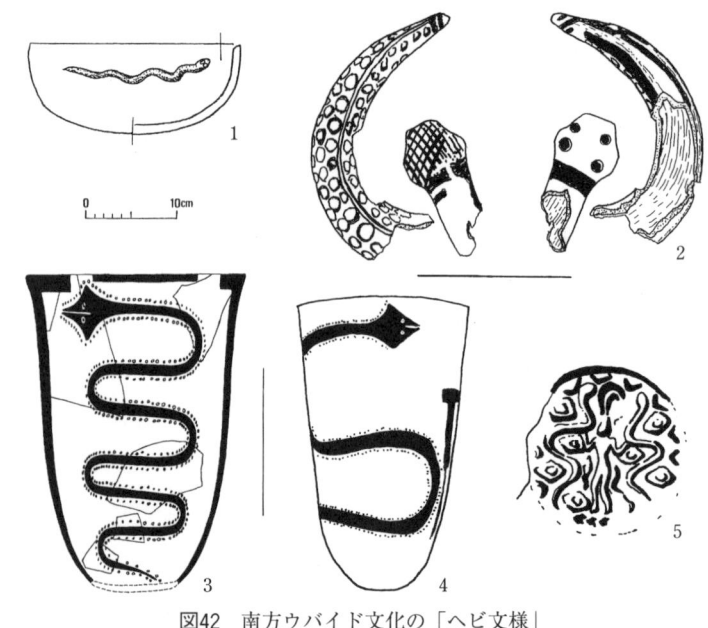

図42 南方ウバイド文化の「ヘビ文様」
1，2：エリドゥⅦ〜Ⅵ層（Safar *et al*.1981より作成），3：チョガ・ミシュ（Alizadeh 1996より），4，5：スーサ（Hole 1983, 1984より作成）

様は、両者とも細部にいたるまで同一の様式を示している。ビーカー器形とヘビ文様の組み合わせはスシアナ平原域における地域的特性を表現しており、ヘビへのこだわりはエリドゥに通ずるところがある。また、スーサのアクロポリス25層（ウバイド終末期〜ウルク前期）のスタンプ印章の印影には、ヤギの角冠を付けた人物がヘビを両手につかんでいるモチーフがある。したがって、スーサなどで見つかったヘビに関する意匠は、エリドゥと同様の祭祀儀礼がスシアナ平原にも普及していた証拠であり、ヘビをシンボルとした祭祀

ネットワークがユーフラテス河下流域とスシアナ平原域に展開していたと筆者は考えている（小泉 1998）。

他方、北方ウバイド文化でヘビに関連した遺物として（図43）、鉢の内面にヘビ形土製品の装着された高台付の半球状鉢がコサック・シャマリで出土している。ヘビ形土製品という祭祀的な属性は、高台という土器の形態属性とあわせて南方ウバイド文化に特徴的な要素であり、ユーフラテス水系を幹線とする南北ウバイド文化の密接なつながりを想定できる。そして、コサック・シャマリで出土したこのヘビ形土製品の装着された鉢は、土器の保管されていた建物の一室で見つかっており、ヘビに関する屋内祭祀も推定できよう。なお、北方ウバイドでのヘビ文に関するもう一つの起源としては、ハラフ土器に現れていた形象文様も考えられるが、とぐろを巻いたような形態が南方系の文様と大きく異なり、ウバイド期のヘビ文様との系譜は不明である。ウバイド期以降には、北シリアのアムクＦ期（ウルク前期〜中期併行）でヘビ形骨

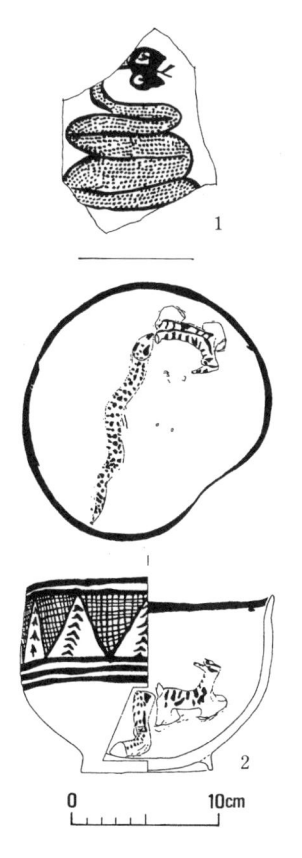

図43 北方のヘビ文様
１：アルパチヤ（Mallowan and Rose 1935より），
２：コサック・シャマリ（Nishiaki *et al*. 1999より）

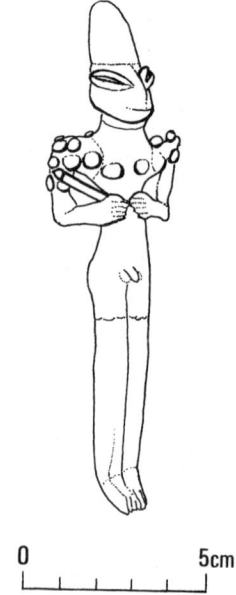

図44　ウバイド期の人物土偶（エリドゥ副葬品, Safar *et al.* 1981より作成）

製ペンダントが見つかっている。

　さらに、ユーフラテス河下流域のエリドゥの墓地では、魚骨が副葬品といっしょに供えられていた墓がある（Nos. 30, 106）。ハムリン盆地域のソンゴルAのGrave 1からは、南方ウバイド期に共通する浅鉢フォームが副葬品のひとつとして見つかっているが、この土器の内面には魚の文様が描かれている（Kamada and Ohtsu 1991）。そこでは、ユーフラテス河下流域と同様に、ハムリン盆地域における漁労活動が十分に推定できる。こういった埋葬コンテクストにおける魚に関する証拠は、南メソポタミアや中部メソポタミアに限定され、北メソポタミアや北シリアではとくに見当たらない。そして、エリドゥVIII層の神殿で、祭壇背後の偽扉付近から亀形容器が出土し、なかに魚骨が収まっていた（図15）。南メソポタミアにおいて魚骨は古くから祭儀に用いられたとされる。したがって、埋葬・祭祀コンテクストにおける魚の文様意匠や魚骨などは、中部・南メソポタミアの祭祀ネットワークの設定に有効な指標となりうる。

　くわえて、人物土偶も祭祀を示唆する遺物として解釈されてきている。エリドゥの成人女性の墓Burial 68では、浅鉢、ゴブレット、

丸底球状壺といった土器フォームやビーズ腕輪のほかに人物土偶が副葬されていた（図44）。この土偶は男性像で、類例はウルのウバイド3期相当の居住コンテクストから発見されているものの、ウバイド文化では希少な資料である。たいてい人物土偶は女性像で、古くから地母神像とよばれてきている。また、ウルのウバイド4期の墓壙には女性土偶が副葬されている（Woolley 1955）。こういった人物土偶はなんらかの祭祀と関連したとされ、サマッラ期の墓制やハラフ期の墓制で見られたように、このような儀器を用いた埋葬儀礼がウバイド期にも行われていたと推察できる。

ほかに、祭祀を連想する証拠としては、埋葬における赤色顔料の使用を指摘できる。ただし、これはウバイド墓制できわめて例外的であり、今のところウルのウバイド4期で2例（Graves JJ, KK）と、ジャファラバードのウバイド2期併行で1例（sepulture 1013）確認されている程度である（小泉 1998）。赤色顔料を用いる埋葬儀礼は、むしろウバイド期の前後に目立つ。たしかに、エリドゥでは唯一 Burial 91で赤色顔料の痕跡が認められるが、この墓の頭位方向は東南を示しており、主流の墓が西北の頭位方向であることから、報告者は Burial 91がウバイド後続期に属するとしている（Safar, et al. 1981）。また、ヤリム・テペ（ハラフ期）の一部やガウラⅧ層（ウルク中期後半）のレンガ囲いの墓（Tomb 29）において赤色顔料が用いられている。ガウラでは赤色以外に緑・青色顔料の使用が7例確認されているが、ウバイド期の土壙墓やレンガ列をともなう墓ではまったく顔料は検出されていない。さらに、赤色顔料を遺体に施すという埋葬儀礼は、イラン地方では新石器時代に流行したものの、ウバイド期併行に継承されることはなかった。むしろこ

の埋葬儀礼は、ソワンに代表されるサマッラ期、さらにはヤリム・テペなどのハラフ期の墓制に引き継がれていった。ウバイド期では、赤色顔料を用いる埋葬儀礼は馴染みがなかったようだ。

(2) ウルク期のシンボル

土製あるいは石製の「ハット・シンボル」あるいは「眼の偶像」が北方の遺跡で数多く見つかっている。両者の形態は類似しているものの、用途は異なるという指摘は以前からあった(Tobler 1950)。筆者も両者を分けてとらえている。まず、ハット・シンボルは、アナトリアのアルスランテペⅦ層（ウルク前期併行～中期）、ハッセク・ホユック（ウルク後期）、北シリアのシェイク・ハッサン6層（ウルク中期後半）、ブラク（ウルク期）、テル・ウム・クセイル（ウルク中期）、北メソポタミアのガライ・レシュⅣ～Ⅱ層（ウルク前期～中期前半）、ムシャリファⅠ層（ウルク中期前半）、ガウラⅩⅠA～Ⅸ層（ウルク前期～中期前半）、カリンジ・アガⅢ～Ⅱ層（ウルク前期～中期前半）、南西イランのチョガ・ミシュ（ウルク後期）など広範囲に分布する（図45）。とくに、ガウラではⅩⅠA層～Ⅸ層に集中しており、計31点の資料のうち石製品はわずか4点で、ほかはすべて土製品であった。

ハット・シンボルの機能については儀礼的、あるいは日常生活での利用が想定されているが、後者の説が有力視されている (Tobler 1950; Fortin 1999)。ガウラⅩⅠ層のRoom 23で出土した土製のハット・シンボルは、すり石、ハンマーストーン、大型壺などと共伴しており、日常生活で利用されたとされる。また、ガウラⅧ層のTomb 31に副葬された石製ハット・シンボルには、その2つ並

第 5 章　社会的関係の拡大　*115*

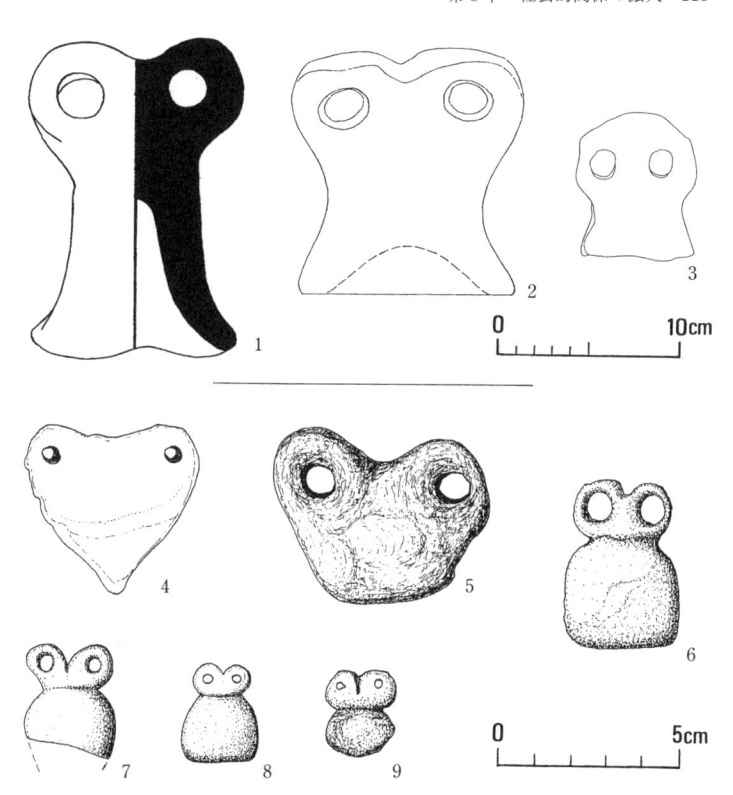

図45　ハット・シンボル
1〜3：ガウラ（Tobler 1950より），4，8，9：チョガ・ミシュ（Alizadeh 1996より作成），5：アルスランテペ（Frangipane 1993より作成），6：ブラク（D.Oates 1985より作成），7：ウム・クセイル（Hole 1993/1994より作成）

んだ円孔の間や、円孔からくびれ部にかけてななめに走る浅い線条痕が認められる（図48）。これら使用痕は、ハット・シンボルが機織りのおもりとして利用された証拠とされる（Tobler 1950）。同時に、紡錘車とともに糸を撚るための道具という説もあり、アバルな

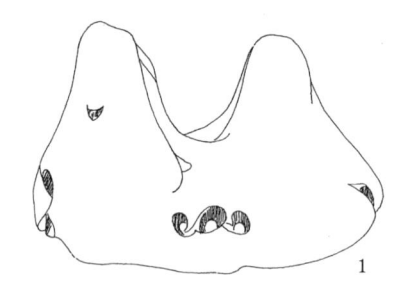

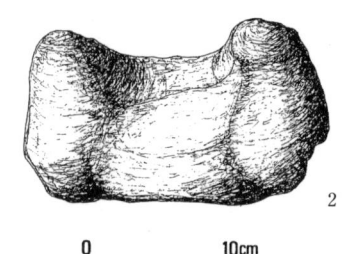

どで円孔の3つあいたタイプが見つかっている点もこの仮説を裏づけるとされる(Fortin 1999)。おそらく、フタコブ形土製品もセットで糸を撚るために使われたのであろう(図46)。

ハット・シンボルの使い方について、筆者はやや異なる角度から推理している。ガウラ XI 層での出土状況を見ると、紡錘車との共伴出土はほとんどない。むしろ、集落東端にある畜舎に隣接した部屋(Rooms 27, 31)から出土したり、同じ区画の Room 35 では動物形土製品と共伴出土している(Rothman and Peasnall 2000)。ハット・シンボルの副葬されたVIII層の墓Tomb31には、ウシの牧畜と関連するモチーフの印章が出土しているが、紡錘車は1点も見つかっていない(第3章)。よって、ハット・シンボルは、紡錘車とセットで糸紡ぎに利用されていただけでなく、ウシなどの動物飼育とも関連していた可能性が高い。また、チョガ・ミシュでは中庭のような空間(R18：307南)から石製ハット・シンボルとともにウシのモチーフの表現された印影が出土しており、ここでも家畜動物(ウシ)との関連を指摘できる(図47)。さらに、カリン

図46 フタコブ形土製品
1：ガウラ XI 層 (Tobler 1950より)，
2：アルスランテペ VII 層(Frangipane 1993より作成)

第 5 章　社会的関係の拡大　117

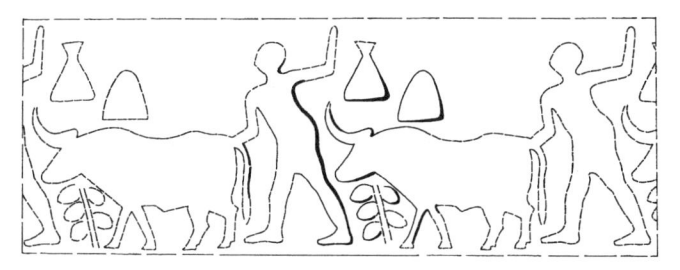

図47　チョガ・ミシュ出土印影（Alizadeh 1996より）　　（原寸大）

ジ・アガIII層（ウルク前期併行）では、集落内の街路（Lane 21）や街路に面した区画（Room 31）などでハット・シンボルが出土し、II層（ウルク中期前半併行）でも街路に面した区画（Rooms 12, 16）で見つかっている（Al-Soof 1968）。ただし後者では、ハット・シンボルとともに多くの紡錘車や、フタコブ形土製品も共伴していることから、糸紡ぎとしての機能も想定される。

　管見によると、ハット・シンボルは形態上の差異から、土製品と石製品でそれぞれ大きく2つにわかれる（図45）。粘土紐から2つの小円環がつくられ、中空の胴がやや末広がりになる土製品のタイプは、ガウラをはじめとしてガライ・レシュ、ムシャリファ、カリンジ・アガなどに分布している。また、粘土塊をつまみ出した部分に2つあるいは1つの円孔があけられた土製品のタイプは、アルスランテペや、ガウラ、カリンジ・アガ、チョガ・ミシュなどの一部で見られる。ただし、ガウラでは円環タイプの方が優勢のようだ。一方、石製品では、円環と胴部が直結したタイプがウム・クセイルやチョガ・ミシュなどで普及している。さらに、円環と胴部の間に頸部が形成されたタイプが、ブラクの眼の神殿をはじめガウラやスーサなどでも見つかっている。ガウラで主流の土製品の2タイプは、

家畜飼育あるいは糸紡ぎと関連していたのに対して、頸部のついた石製品はブラクなどで見られるように祭祀的な利用が考えられるので、後者は眼の偶像の一形態といえる。

つぎに、眼の偶像では、ハット・シンボルの円孔に相当する部分は貫通していないものが主流で、レリーフや彩色が施されたり、象嵌されたりする（図48）。ブラクの「眼の神殿」（ウルク後期）で300個以上が出土し、シェイク・ハッサン6層（ウルク中期後半）の小神殿やスーサでも出土している。ブラク CH10層（ウルク中期前半）で出土したアラバスター製あるいは方解石製の眼の偶像は、「眼の神殿」で見つかった資料に似ており、土製の偶像破片も CH14～13層（ウバイド終末期～ウルク前期併行）から出土したとされる（D. Oates 1985）。ただ、これらブラク出土資料のうち後者の土製品がガウラのハット・シンボルと同一視されている（D.Oates 1985；J. Oates 1985）。ブラク出土の土製品は眼の偶像から区別してハット・シンボルとするべきであろう。また、ブラク CH10層出土の石製品も頸部がない点において眼の偶像とは分けた方がよく、むしろ、ウム・クセイルやチョガ・ミシュ出土品と同様にハット・シンボルとして分類できる。

他方、南方ウルク期では少なくともスペード文やヘビ文などが相変わらず主流をなしていたようで、印影に目立って登場している。スーサ出土の印影モチーフには、ヤギの角飾りを付けた人物像が両手にヘビをつかんでいるものがある（図49）。この文様構成は、ウバイド終末期からウルク前期の副葬品に見られた鋤を両手に握った人物像や、同時期のスタンプ印章の印影ときわめて似ており、ヘビの頭もスペード形を呈している点が特徴的である（Hole 1983）。

第 5 章　社会的関係の拡大　119

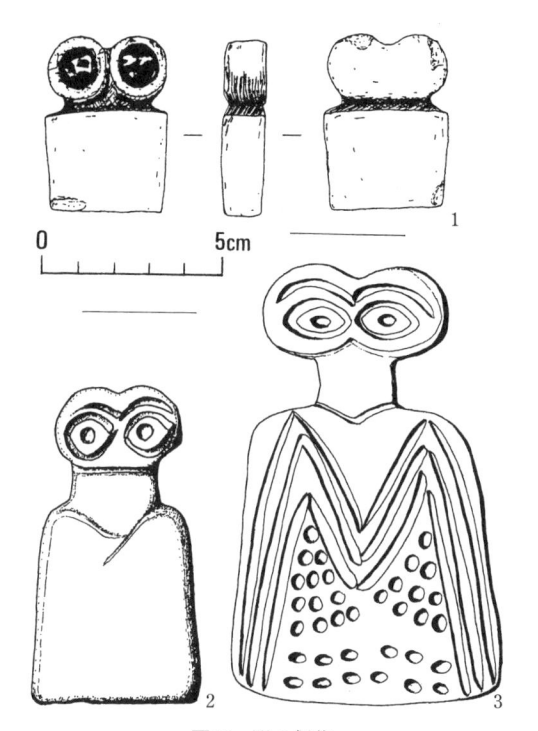

図48　眼の偶像
1：シェイク・ハッサン 6 層出土（Boese 1995 より），2，3：ブラク「眼の神殿」出土（Black et al. 1992；Oates and Oates 1976 より作成）

　これは先に述べたように、祭祀儀礼の場面を描写しており、祭司が首にかけているメダルも儀礼で用いた祭具であったと考えられる。ただ、ウバイド期とは異なり、彩文土器の意匠としては表現されなくなる。ヘビという共通の祭祀伝統にありながら、祭祀表現の場として土器から印影などに推移した背景には、時期が異なるとモノに対する価値観が変わったためと考えられる。やがて、このヘビをつ

図49 スーサ出土印影
（Hole 1983より作成）

かむ人物像は、歴史時代のマルドゥク神の神話を形成する母胎になったと推定される。

新たなシンボルとしては、ウルク後期ころに初現したイナンナ女神の一連のシンボル群が重要である（図50）。ウルクの神殿内の宝物庫からアラバスター製大杯が発見された。この大杯はウルクⅢ層（ジェムデット・ナスル期）で出土したが、もともとウルクⅣ層（ウルク後期）で使用されていた。外面全体に施されたレリーフにはイナンナ女神に供物を奉納する場面が描かれている（Black *et al.* 1992；三笠宮 2000）。そこには、イナンナ女神のシンボルとして、吹き流しの付いた一対の門柱が表現されている。また、ウルク後期の円筒印章の印影にはイナンナ女神のモチーフが散見され、吹き流し付きの門柱以外にロゼッタ花紋も見られる。これらのシンボルはウルク後期ころから南メソポタミアを中心に普及していることから、当期のユーフラテス河下流域を代表するシンボルといえる。さらに、ハムリン盆地より南に位置するテル・アグラブ（ジェムデット・ナスル期）では、イナンナ女神のシンボルである神殿の門柱とともに目のシンボルが表現された円筒印章の印影が見つかっている（図50）。この証拠より、イナンナ女神のシンボルの遡源として、北方の目のシンボルが有力視できると筆者は想定している。

第5章　社会的関係の拡大　*121*

図50　イナンナ女神に関する遺物
1：イナンナ神殿出土大杯レリーフ（Black et al. 1992より），2：印影，3：アグラブ出土印影（Wolkstein and Kramer 1983より作成）

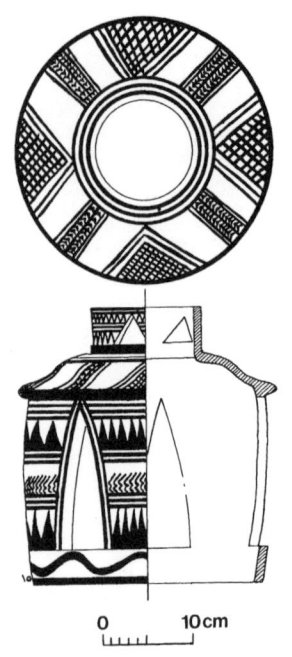

図51 エリドゥの香炉形土器
(VI層神殿出土, Safar *et al.* 1980 より)

(3) 祭祀儀礼に使った祭具

ウバイド期の祭具として、第1章で述べた亀形容器や四連突起付の鍔状口縁壺のほかに香炉がある。前二者と違って、後者は副葬品としての出土例がまったくない。エリドゥⅦ〜Ⅵ層(ウバイド4期)では、神殿Ⅵの部屋(Chamber 28)から香炉形土器が出土している(図51)。この部屋には計3個体分の破片が見つかり、そのうち2点が復原された。体部には三角形の透しが4〜6カ所につけられている。神殿からは上述のヘビ文様のレリーフをもつ浅鉢も見つかっている(図42)。香炉とあわせて、神殿での祭祀儀礼に用いられたと考えられる。また、先述のとおり、ガウラⅩⅢ層(ウバイド後期)の東神殿から出土した香炉形土器は、祭祀儀礼に用いられた祭具とされる(図13)。器面には三角窓と矩形透しが施され、エリドゥ出土品とは形態上やや異なる。

ほかに、高坏、ゴブレット、ビーカーなどが祭具として想定され、とくにガウラでは先に分析したようにⅩⅢ層の東神殿やⅩ層の祭祀堂でビーカー土器が出土しており、祭具として使われたと考えら

れる（図13）。高坏やゴブレットも祭具としての可能性はあるが、現況ではビーカーのように神殿域で目立って出土していない。むしろ、副葬品としての出土例が目立ち、高坏は南方ウバイド期に集中分布し、ゴブレットは北方では釣鐘型、南方ではカップ型が流行していた。ウバイド期の副葬品としてのビーカーの分布も地域差があり、広口型は北方に、細口型は南方に限定されていた傾向がある（小泉 1998）。

なお、後世の古バビロニアでは、香炉から立ち上る煙のかたちに前兆を読み取るという占いが行われていた（Black *et al*. 1992）。神殿の祭壇や墓などに酒を注ぐための注口容器や水差しも祭祀儀礼には欠かせない道具である。バビロニアでは埋葬儀礼の際に死者に水がかけられていたが、ほかの祭祀儀礼においてはワインやビールをはじめ、ミルク、ハチミツ、油、クリームなどが注がれることもあった。灌奠の儀式は、通例、神像の前、あるいは香炉や火鉢の前で行われ、お香を焚いたり犠牲獣を神前に捧げてから注がれた。

2　交易ネットワーク

（1）　ウルク・ワールド・システムとその後

メソポタミアの都市化において、交易はウルク文化の経済的な基盤となったとされる。交易の役割を積極的に評価した研究例として、アルガゼのウルク・ワールド・システムを簡単に説明しておく（Algaze 1993）。もともとは、I. ウォーラースタインの提唱した、16世紀ヨーロッパの植民地支配についての「世界システム論」を借用したモデルである。中央の周辺支配、不平等な交換、社会変化の第

一要因としての交易といった点を骨格とする。前4千年紀後半のメソポタミアの社会は、周辺の要所に配置された拠点を利用して必要資源を獲得していた。これらの拠点セトルメントは中央と周辺集団の間を媒介し、この関係は明らかに中央にとって長期の利益となった。中央と周辺の交易は本質的に不平等であり、中央で生産された製品を周辺の天然資源と交換していたからである。こうした周辺地帯の拠点により、十分に組織化された中央の政府は発展途上の周辺から最小限の労力で最大限の資源獲得が可能となったとされる。

前4千年紀後半の周辺地域におけるウルク期セトルメントはすでに確立されていた交易路の重要な結節点に立地する（図52）。これらは前哨地、駐屯地、包領地の3タイプにわかれ、おのおのは主として南メソポタミアや南西イランに共通するウルク社会の物質文化を特徴とする。前哨地はイラン高地などを横切る山間渓谷の在地遺跡群のなかで孤立した小規模の基地であり、ゴディン・テペ、テペ・シアルクなどが相当する。駐屯地は比較的小規模で、メソポタミア平原の主要交易路に沿って立地し、ハッセク・ホユック、テル・クラッヤなどが相当する。包領地は北メソポタミアを横断する東西陸路や河川の南北水路の交差地に立地する大規模な地方都市であり、アルスランテペ、ハブーバ・カビーラ南、ジェベル・アルーダ、ブラク、ニネヴェなどが相当する。こういった包領地、駐屯地、前哨地からなるウルク社会の交易ネットワークにより、平原部、高原部の内外に行き交う物流を強力に支配することが可能になったとされる。

最近では、ウルク・ワールド・システムでは消化しきれない証拠が多くなり、いくつかの面で軌道修正が試みられている。たしかに、

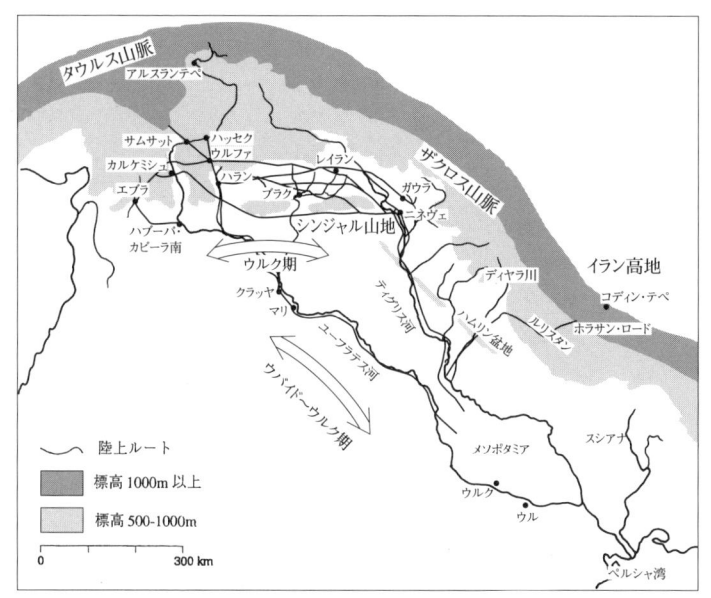

図52 ウルク期の交易路（小泉 2000a より作成）

アダムズ、ニッセン、ライト、ジョンソンらの研究を発展させたものの、社会における権力や影響力の多様な側面に対する論究が足りず、地域間交換や相互交流を重視するあまり、地域内の在地発展への関心が薄いという批判も受けている（Pollock 1992）。

従来、漠然ととらえられてきたウルク期後半の南方ウルク文化の北方への拡大は、ウルク中期後半に初現していることが層位的に確かめられ、当時の北方の在地諸社会はウルク・エクスパンションの前にすでに複雑化していたことが明らかになってきている。そして、南方の中央に対して北方の周辺社会は、決して後進地域ではなく、独自の交易網を整備していた。先進の南メソポタミアのウルク文化と後進の周辺の在地諸文化という構図、あるいは中央が周辺を支配

するという不平等な仮想関係だけではとらえきれなくなっている。代わって、在地文化の地域的な機能や役割といった視点での研究、南方ウルク文化と在地文化との関係を、移住、競合、模倣、居留といった対等な視点で見直す研究などが注目されている（Rothman 1998；Rothman and Peasnall 2000；Schwartz *et al.* 2000；Stein 1999；Stein and Edens 2000）。総じて、ワールド・システムよりもエクスパンションとして、前4千年紀の在地諸文化の動態を中立的に説明する路線が主流となっている。

（2） ウバイド期の水上輸送

前4千年紀における交易研究では、都市化や国家形成の有力な原因として機能やシステムについて議論されてきたが、具体的な輸送手段の分析はあまり本格的に取り組まれてこなかった。そこで、以下では、筆者の独自の資料分析により、ウバイド期からウルク期にかけての輸送手段の変遷を考察してみる。

ユーフラテス河などの河川を用いた交易は古くから発達していた。水上輸送の証拠としては、ウバイド期（前5千年紀）の舟形模型が今のところ最古である（図53）。ウバイド土器と同じ技法でつくられたと思われる舟の模型が、マシュナカ、ガウラ、ソンゴルB、アバダ、テル・ウカイル、ウェイリ、エリドゥ、チョガ・ミシュなどで出土している。なかでもエリドゥ出土の模型は、帆を張るためのマスト用のほぞ穴が付けられ、船首と船尾が細長く上向きに突き出し、舷側は高さがあり、その表面は滑らかであるため、葦でつくられた舟というよりも板の張られた舟の可能性が高いとされる（Potts 1997）。この構造の舟であれば、河川や運河の航行だけでな

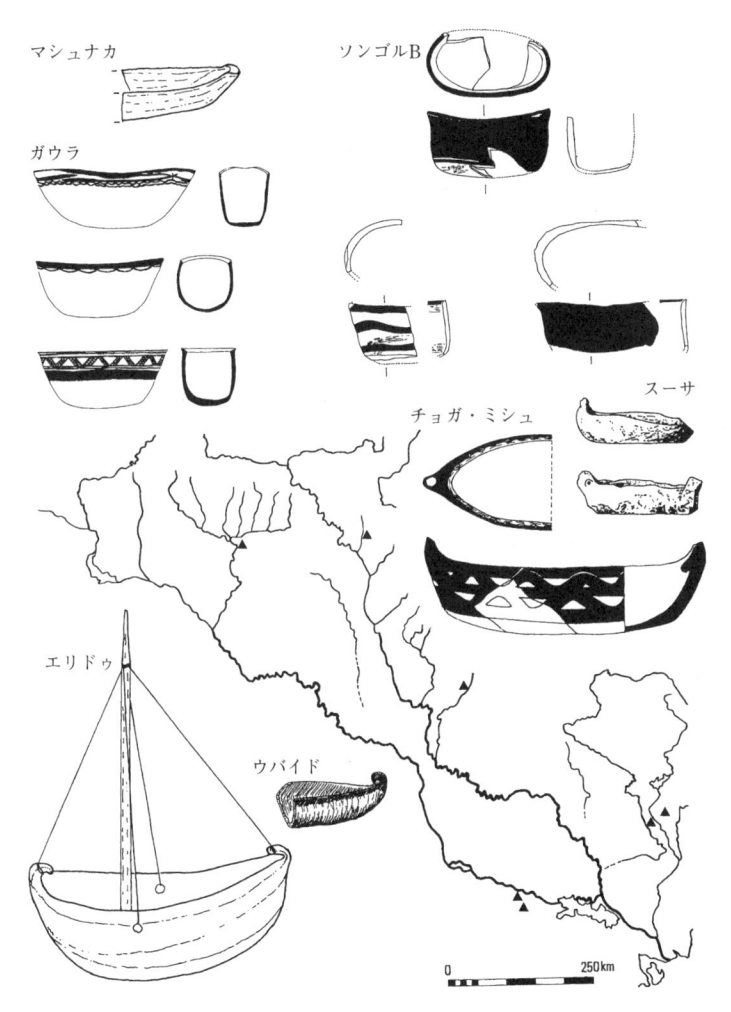

図53 ウバイド～ウルク期の舟形模型
(Thusen 1996；Tobler 1950；Matsumoto and Yokoyama 1995；Hall and Woolley 1927；Safar *et al*. 1980；Mecquenem *et al*. 1943；Alizadeh 1996より作成)

く、湾岸での航海にも十分耐えられると推定できる。チョガ・ミシュで見つかっている模型も、船首と船尾の特徴においてエリドゥの模型と同様に、帆を張るロープを引っかけるための返しがついている。ウバイド、スーサでもウバイド〜ウルク期の類似品が出土し、ウェイリでも似た形の模型品が報告されている。

ティグリス河中流域に位置するウカイルでは、舳先の尖ったウバイド期の舟形模型が見つかっている。北シリアのマシュナカでも類似品が出土している。舳先の細部は不明であるが、細長い船体に尖った舳先がつき、ウカイルの資料と似ている。コサック・シャマリでも、ウバイド期の層位から無文の舟形土製品が出土している。マシュナカの出土品とほぼ同規格で、船首あるいは船尾が細長くやや上向きに突出している。

他方、北方のガウラや中部メソポタミアのソンゴルなどでそれぞれ舟形土製品と報告されている模型は、舳先が明瞭に突出しておらず、船体も幅があり、エリドゥやチョガ・ミシュなどの出土品と明らかに異なる。これらが舟であるとすると、葦舟や帆船ではなく、舷側に板や皮の張られた桶型の舟であったと想定できる。ソンゴル近隣のアバダでもウバイド期の舟形模型品が出土しているが、エリドゥのように舳先に返しはなく、ウカイルのように尖った舳先と細長い船体ではない。むしろ、ソンゴルやガウラの桶形の舟と似ている。

つまり、エリドゥ、ウバイド、スーサ、チョガ・ミシュで見つかった舳先に返しのついた舟は、湾岸あるいはユーフラテス河下流を行き来するのに使われた舟の模型と考えられる。そして、ウカイル、マシュナカ、コサック・シャマリなどで出土した舳先の尖った舟も、

本来は帆が張られる構造になっていたとすると、ティグリス河中流
〜下流、あるいはユーフラテス河上流を航行する帆船として想定で
きる。一方、ガウラ、ソンゴル、アバダなどで見つかった帆のない
桶形の舟は、ティグリス河上流やディヤラ川を下るのにもっぱら使
われていた可能性が高い。おそらく、本格的な車輪が開発される前
の段階であったので、ウバイド期には舟を中心とした輸送手段が一
般的であったと考えられる。

　地形的に、ユーフラテス河はティグリス河にくらべて約1000km
も流路が長く、とくに上流での流路勾配が緩やかであるため、ティ
グリス河上流よりも流れが緩やかなユーフラテス河上流での航行は
十分想定できる。また、中部メソポタミア地方ではティグリス河の
流れが緩やかになることから、ウカイル周辺では舳先の尖った舟に
帆をかけて航行していた。これは、ユーフラテス河上流やハブール
川流域と同様であったと推定される。したがって、帆船がペルシャ
湾岸やユーフラテス河下流を航行し、帆なしの桶型の舟がティグリ
ス河上流〜中流の下り専用に使われ、ユーフラテス上流とティグリ
ス下流でも帆のついた舟が航行していたと筆者は考えている。

　構造的には、舷側に板が多用されたりあるいは肋材に動物の皮が
張られて、ビチュメンで接着された舟が普及していたようだ。なお、
前3千年紀の円筒印章のモチーフに葦舟が頻繁に登場しているが
（Potts 1997）、低湿地における生活行動だけでなく、初期王朝時代
以降の運河の開発なども南メソポタミア周辺における葦舟の本格的
な普及と密接に関連していたとも考えられる。

　参考までに、前3千年紀のマリでは、ユーフラテス河沿いに全長
約120kmの運河がハブール川との合流地点まで掘削され、陸から

ボートを上流方向に曳くことは容易であったという（Fortin 1999）。前2千年紀初頭のマリでは、木や葦でつくられた筏も用いられていた（Powell 1996）。当時、アンフォラを最大600個まで積載可能であったようだ。さらに、前5世紀のヘロドトスの記述によると、バビロニアにはナツメヤシの樽に入ったワインが皮張りの舟で川を下って運ばれていた。そこでは、アルメニア産のワインがティグリス河を下ってバビロニアに運ばれていたようだ。興味深い記述に、「ワイン運搬人は積み荷を片づけた後、舟を解体し、肋材としていた柳の材木を売り払い、あらかじめ連れてきたロバに船体として使っていた皮を積んで、川沿いをさかのぼっていった」とある（Moorey 1994；Powell 1996）。この記述によれば、行きには皮張りの舟で川を下り、帰りには積んできたロバで川に沿って遡上していたことになり、舟とロバという複合形態の輸送が行われていた。

　よって、これら歴史時代の文献史料などからも、ティグリス河とユーフラテス河の傾斜勾配の違いが古代の水上運搬方法に反映されていたことがわかる。ウバイド期では、ティグリス河上流では下り専用、同下流とユーフラテス上流では下りと限定的な上り航行、ユーフラテス河下流では上下方向の航行であったと筆者は考えている。

（3）　ウルク期の陸上輸送（図54）

　前4千年紀になると、粘土板に記された絵文字的な古拙文字や円筒印章の印影に、橇あるいは橇に車輪のついたものが登場してくる。南東アナトリア、北シリア、北メソポタミアといったステップ平原の地勢を考慮すると、荷車や橇が運搬手段として好都合であったと

第 5 章 社会的関係の拡大　*131*

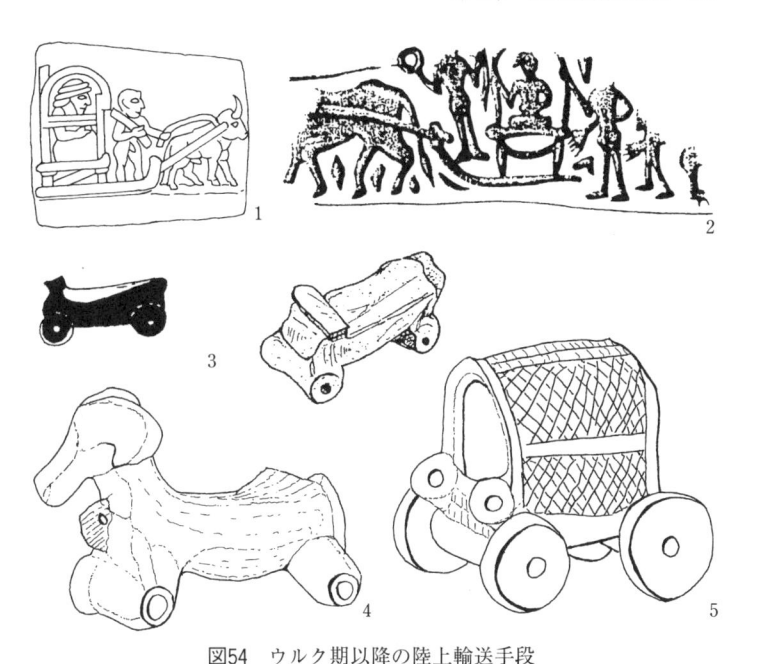

図54　ウルク期以降の陸上輸送手段
1：前3千年紀石板（ローフ 1994より），2：アルスランテペVIA層出土印影（Frangipane 1997より），3～5：ガウラVIII, VI層出土土製品（Speiser 1935より作成）

される（Moorey 1994）。また、荷車の模型品が動物形土製品とともにガウラVIII層（ウルク中期後半）に目立って出土している。さらに、ロバに引かせた荷車の車輪とされる土製品がウルのウルク期で見つかり、車輪模型はロバの土製品とともに後世の馬車と組み合わせて復原され、荷車はウルク期の発明とされる（Woolley 1955）。実際の橇あるいは車輪の証拠は未検出であるものの、当時の土器製作技術の発展段階を勘案すると、異分野における技術の応用も類推できる。前4千年紀後半の土器製作技術はロクロの開発に

より飛躍的に合理性が進行し、大量生産が可能になっていた。つまり、土器製作における水挽き成形用の高速回転ロクロの導入とほぼ同時に、輸送手段としての車輪も開発された可能性が高い。

また、前4千年紀には野生ロバが家畜化されて、陸上輸送における橇や荷車の牽引に利用されはじめていたと想像される。ハムリン盆地のテル・ルベイデ（ウルク中期）やハブーバ・カビーラ南（ウルク後期）などでは家畜化されたロバの骨が検出されている（Payne 1988；von den Driesch 1993）。パレスティナ地方の銅石器時代の墓からは、籠を背中に積んだロバの模型が出土しており、前4千年紀においてロバが荷物の運搬に利用されていた証拠とされる（Kaplan 1969）。前4千年紀のウルク中期ころまでには、こうした役畜の飼育や車輪の開発などと歩調を合わせるようにして、河川ルートとは別に陸上ルートの整備も進んでいったと筆者は考えている。ガウラX～VIII層で目立って出土しているラピス・ラズリなどはアフガニスタンのバダフシャーン産であることから、遠方の資源がメソポタミア方面に輸入されるためには陸上ルートの確保が不可欠であった。青銅器時代におけるイラン産の錫の輸入においても、ウルク期の陸上ルートの整備が基礎となったと推定される。

さらに、近年の研究動向として、古代における定住民と遊牧民は対立関係にあったのではなく、むしろ共存と相互依存の関係にあったという見解が強調されてきている。たしかに、遊牧民の初期の形態について不明な点が多く、遊牧民がいつ、どのように交換網に参入していったのかを推定するのはむずかしい。しかし、中世や現代の民族例では遊牧民は輸送の重要な役割を請け負い、彼らの飼育している荷物運搬用の役畜のおかげで、また、彼らの保安のおかげで、

さまざまな製品が安全に流通することもあった。遊牧民の活動が地域交換や長距離交易にとって不可欠な地域もあった。さらに、荒れ果てた土地を通り抜けることができる遊牧民の能力や、彼らの安全を保証する必要性などが原因となり、都市ベースの工芸産業による遠隔地の資源開発が始まったとされる（Moorey 1994）。そして、黒曜石の交換研究が発端となり、古代の陸上輸送における遊牧民の役割が注目されている。たとえば、荷物を運ぶロバやラクダが登場する以前にヤギ・ヒツジの移牧ルートが日常的に使われていたことから、新石器時代においてすでに交換網がある程度整備されていたという意見もある（Crawford 1978）。なお、ヒトコブラクダは前3千年紀ころの南アラビア地方で家畜化され、メソポタミアでは鉄器時代になってから本格的に普及していった（Moorey 1994；Hesse 1995）。

以上より、前4千年紀の西アジアにおける輸送手段についておおまかな復原が可能となる。ウバイド期における舟などを用いた水上輸送の普及、ウルク中期ころのロバの役畜化や車輪技術の応用開発などを考慮すると、ウルク中期ころまでに水系を基軸としながら陸上ルートも併用した交易活動が活発化していったと推定できる。そして、陸上ルートにおいては、生産地あるいは中継地と消費地との間のパイプ役として遊牧民が活躍していた可能性がある。筆者のこれまでの考察によると、ウバイド期の社会はおもに水系を軸にした地域圏を単位として展開しており、個々の地域圏は祭祀ネットワークにより統合されていた。この祭祀ネットワークのなかでヒト、モノ、情報が交流していた。ウルク期になると、祭祀ネットワークを基礎とした経済主導の物流システムが複数の水系を横断しはじめ

て、陸路も取り込んだ交易ネットワークが形成されていったと筆者は考えている。

(4) 物流網の形成

以上の分析より、ウバイド期の祭祀ネットワークは、ウルク期の交易ネットワークの母胎として位置づけることができ、都市文明の萌芽に向けて重要な役割をはたしていたようだ。ウルク期の交易ネットワークのもとで、集落を囲む防壁の出現や共同体における構成員の社会的地位の格差など、さまざまな社会構造の複雑化、すなわち都市化が芽生えていったと考えられる。

ウルク期以前の交換研究によると (J. Oates 1993)、ウバイド期までに交換体制と資源獲得方法に大きな変化が現れ、ウルク・エクスパンションの下地となる地域間交換の構造が形成されたとされる。ウルク・エクスパンションの前に、すでにウバイド文化の広がりがメソポタミア全域に浸透し、アナトリアやペルシャ湾に質の異なる文化波及が認められるという。そして、ウバイド終末期ころまでにはエリドゥやガウラなどのモニュメント的な建築物が登場し、ガウラやディルメンテペなどでドアの封印が普及し、さらにもち運びが容易な商品の発送や受け取りなどの行政上の考案がなされ、しだいに権威の増長や中央集中と再分配がはじまったとされる。

ユーフラテス河上流域のディルメンテペなどは、銅・銀のアナトリア産地へのルート上に位置する。こうした遺跡からは、ウバイド様式の3列構成の建築物やウバイド土器が見つかっており、スタンプ印章、封泥、ドア封泥が個人あるいは公共の倉庫から出土している。一方、アラビア半島（ペルシャ湾岸）に沿ってウバイド土器が

見つかっていることより、アラビア湾岸とのつながりも指摘されている。これらアラビア半島で出土したウバイド彩文土器は、理化学的分析によりシュメール地方と近い関係にあったことがわかっている（Oates *et al*. 1977）。彩文土器の胎土は在地系粗製土器の胎土と異なり、ウバイド土器は長期間にわたって現れ、内陸部ではほとんど見つかっておらず、在地の交換網には登場してこない。つまり、こういった土器は、運搬物の容器として、あるいは日用生活品としてその所有者とともに移動したと考えられ、土器そのものが交換された証拠はない。そこでは、長期間におよぶ南メソポタミアからの集団による季節的な巡回が推定され、これはアナトリアへのウバイド拡散と異なる様相とされる。したがって、ウバイド期において銅・鉛・銀などのエリートが消費する貴重品の地方的交換網が展開し、その生産や獲得に直接かかわった定期的な前哨地点が設けられ、同時に、水産資源・商品を直接獲得するための短期間の航海派遣が実施されていたとされる（Oates 1993）。

　ここで筆者は、アナトリアにおけるウバイド文化の拡散に関して、多くの研究者によってウバイド後期と混同されてきた土器の型式を再吟味する必要を考えている（cf. J. Oates 1993）。とくに、その根拠とされてきたディルメンテペ7層出土の土器は、'Coba bowl' のほかに玉縁口縁をもつ鉢や高坏、無文の鍔状口縁壺などから構成されている（Esin 1983）。報告者の呼ぶ 'Coba bowl' は、もともとサクチャギョジュ（ジョバ・フユク）IVA〜IVC層で集中的に見つかった土器型式に由来する。ところが、IVC層出土土器にはポスト・ウバイド期に特徴的な赤色磨研土器が含まれており（Plat Taylor *et al*. 1950；小泉1998)、サクチャギョジュIVA層はウバイド終末期

に再設定するべきである。サクチャギョジュIVA層と土器アセンブレッジの似ているディルメンテペ7層もウバイド終末期とするのが相応しいと考える。さらに、ディルメンテペ7層で主流をなす玉縁口縁鉢、高坏、無文鍔状口縁壺などは、ユーフラテス河上流域のアバル3-2層やコサック・シャマリA3-1層との関連が強い(Hammade and Koike 1992)。

したがって、筆者の考察によれば、これまでウバイド後期あるいはウバイド期後半、さらには単にウバイド期とされてきたディルメンテペ7層は、ウバイド終末期に落ち着く。これにより、ウバイド後期とされてきたドア封泥の初現はウバイド終末期にずれ込むことになり、本格的な物流網はウバイド終末期ころに形成されはじめたとみるのが適切であろう。ウバイド文化の拡散は祭祀ネットワークによっていたが、ウバイド終末期に新たな経済的物流が芽生えたのである。ウバイド期において、収穫された穀類などの食糧は神殿もしくは公共施設内の脇室や、公共施設に付属する小部屋あるいは独立建築物などにいったん供託された。共同体に一時保管された余剰食糧は、さまざまな物資を集落外から入手するための交換財として委託運用されるに留まっていた（第4章）。そして、ウバイド終末期になると余剰のフローが一部で変質し、祭祀ネットワークを基盤とした物流網が形成されていった。ウバイド終末期には倉庫を封印するドア封泥などが登場することから、物流網は等価交換的なものではなく、再分配的な構造になったと考えられる。

ウルク期に本格的な物流網が発達すると同時に、取引の場としての市場も形成されていった。ガウラVIII層（ウルク中期後半）になると、集落中央に豊富な商品を保管する倉庫がつくられ、倉庫の

管理棟も隣接して建てられた。それらに面した広場は、さまざまな商品取引の行われた市として機能していた考えられる。商品を保管し、それを市場で取引するという物流構造がすでに形成されていて、担い手としては交易商人などの専業従事者が想定される。とくに、大量の黒曜石の

図55　ガウラ出土印影
（Speiser 1935より）

石塊や石核が出土し、石刃のほとんどは未使用であった（Rothman and Peasnall 2000）。そして、印影の残された封泥片の胎土分析より、ガウラ周辺の在地系粘土だけでなく、明らかに遠方の搬入系粘土が確かめられている（Rothman 1994）。なかでも、在地系粘土に頻繁に登場するヤギに加えて、スイギュウやヘビなどの外来のモチーフが目立ってくる（図55）。つまり、ガウラVIII層になると、遠方から搬入された商品が市で取引されていたのであろう。この傾向は前3千年紀になっても継続され、ガウラVI層の集落中央においても、印章や銅製品・ビーズ類が集中保管されていた部屋（Rooms 469, 676ほか）は交易品の倉庫とされ、隣接した広場が市として機能していたと想定されている（Crawford 1992）。そこでは一部の特権的な階層によって扱われた再分配的な財のフローを推定できる。なお、ガウラでの円筒印章はVIII層に初現し、VI層から本格的に普及してくる（Speiser 1935）。

　アナトリアの前4千年紀のハジネビでは、ブッラや印章の印影などの胎土分析により、9タイプの粘土組成のうち6タイプが在地系とされる。同時に、少なくとも2タイプの搬入系があり、由来地と

してスーサやフジスタン地方が有力視されている。アナトリア地方に特徴的なモチーフのスタンプ印章の印影は在地系の粘土から構成され、ウルク系の円筒印章の押された印影は搬入系の粘土であった。ハジネビでは在地の交換網とウルク方面の交易網が同時に機能していたとされる (Blackman 2000)。そこでは、ウルク・ワールド・システムで仮定されていたような、ウルク文化を核とする交易網が在地の交易網を支配的に取り込むといった構造ではなく、対等な交易・交換網が想定されている。

　ハジネビB2層（ウルク中期後半）では、在地系土器およびスタンプ印章の印影が分布する区画と、ウルク系土器および円筒印章の印影が集中する区画が同時期に共存していたとされる (Stein 2000)。両区画ではそれぞれの様式の調理用土器と貯蔵用土器が使われ、とくにウルク系の区画では料理用の容器はいずれも小振りであった (Pearce 2000)。また、在地系の区画ではヤギの骨が全体の約50％であったが、ウルク系の区画では80％近くに増加している。ウルク系の区画では中軸骨格に多くのカット・マークが残っており、動物を乱切りに解体していたようだ。一方、同時期の在地系の区画では頭蓋骨に多くのカット・マークが見つかっていることから、それぞれの集団で肉のさばき方や料理の仕方が違っていたとされる (Bigelow 2000)。さらに、容器の封泥に押されたスタンプ印章の印影は先行期の在地文化から継続し、ブッラや粘土板などに押された円筒印章の印影はスーサやチョガ・ミシュといった南方ウルク文化との関連が指摘されている（図56）。

　これらの証拠から、ハジネビB2層では在地文化と南方ウルク文化の異なる行政システムが共存していたとされる。在地社会とウル

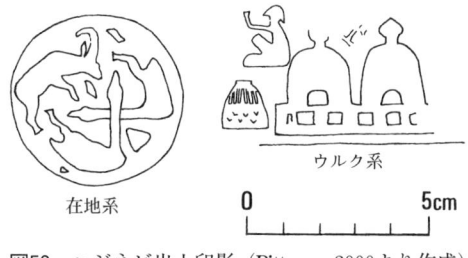

図56 ハジネビ出土印影 (Pittman 2000より作成)

ク社会はたがいに自律的に機能し、両者は対等の立場で交換活動をし、前者から後者への不平等な財のフローはなかった。そして、両グループ間の戦争や競合の証拠がないことから、ハジネビはウルク文化の居留地（ディアスポラ）であったとされる。そこでは、戦争や経済的支配のない、同盟関係を通じた在地交易網への平和的参入がみられ、都市化したウルクの諸国家と周辺地域社会の政治的関係にはさまざまな段階があったという。さらに、中心地から離れるにつれてメソポタミアの社会的・経済的影響は低下したとされる。そこでは、ウルク・ワールド・システムで仮定された中央による周辺の支配や不平等な交換網は見られず、むしろ「ディスタンス・パーティ・モデル」(distance party model)や交易居留地モデル (trade-diaspora model) という柔軟な概念枠でウルク期の北方社会が再解釈されている (Stein 1999)。前者モデルは集団間の距離と政治的関係から異なる地域ネットワーク間の力関係を、後者モデルは支配・被支配のない自律的な集団間の交易関係を説明する。ただ、両モデルとも重層的なウルク社会の政治的あるいは経済的局面の一部を描写するに留まる。

こうしたウルク系集団の居留地として機能していたセトルメント

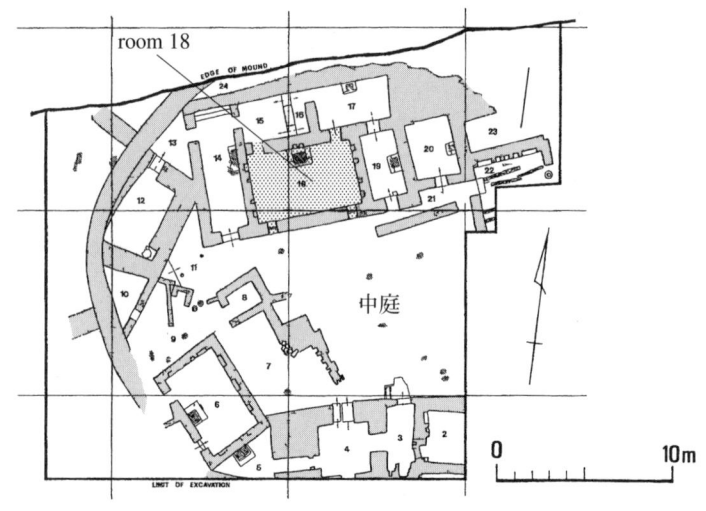

図57　ゴディン・テペV層集落
（Weiss and Young 1975より）

はゴディン・テペでも認められる（図57）。ウルク後期のゴディンV層では、楕円形周壁内から43枚の粘土板文書が出土し、円筒印章やブッラ、粘土栓などの各種封泥も出土した。集落内に市場が形成され、ワインやビールをはじめ、銅器やビーズ類などが交換された（Badler 1996）。V層前半のroom 18は中庭に面し、楕円形周壁の門と中庭を挟んで反対側に立地する。床面には多量の炭化レンズマメ、少量のオオムギなどの穀粒が検出され、南方から搬入された小型壺、ワインの入った大型の壺などが発見され、大型の壺からはビールの残滓も検出されている。銅器（ピン、針、鳥形製品）や石製ビーズなどの各種贅沢品も出土し、数字粘土板はroom 18が物資の再分配場としての機能を示す決定的な証拠とされる。ワインなどの食料品やさまざまな交易品が在地の人びとに分配あるいは取り引

きされていたのであろう。食料品は労働者や兵士に対して配給され、贅沢品は一定の交換率のもとで取り引きされたとされる。

　同時に、ゴディン・テペと同じケルヘ水系に位置するスーサとのつながりが重要視される (Weiss and Young 1975)。ゴディン・テペで出土しているロープ状装飾の施されたワイン貯蔵壺とほぼ同じ器形が、近隣で唯一スーサⅡで認められる (Mecquenem 1934)。これは、ゴディン・テペとスーサの間で水系を軸にしたワイン交易を示す貴重な証拠といえる。つまり、ウバイド期の水系単位の祭祀ネットワークを基礎にして、ウルク期にスシアナ平原とカンガヴァル地方とを結ぶケルヘ水系でワインなどの交易活動が活発になった。現生の野生ブドウ種の植生分布を考えると、ブドウ栽培に適した北メソポタミア・イラン地方で収穫されたブドウがいったんゴディン・テペに集荷され、ワインに加工されたあとしばらく倉庫で熟成されて、スーサなどの消費地に流通していったと考えられる。したがって、ウルク後期のゴディン・テペはスーサ方面への物資の中継地として機能していたといえる（小泉　2000a）。

第6章　都市の形成

　これまでの分析により、ウバイド期からウルク期にかけての多様な変化を観察できた。ここでは、こうした諸変化のなかでとくに都市化の動因と考えられるさまざまな格差を抽出していく。まず、墓制における職能分化や身分格差を整理し、つぎに、集落の街並みの変化や空間利用の格差をたどる。そして、集落間や地域間の関係における緊張度の高まりもあわせて、社会がどのように複雑化し、都市が形成されていったのかを考察する。

1　墓制の格差

（1）変化する墓制
　ウバイド期の基層をなすサマッラ、ハラフの社会では、顕著な副葬品の格差はみられず、一部の役割の違いが反映されるに留まっていた。この墓制はウバイド期にも継承され、共同体における祭祀の役割がおもに反映された以外には墓制の格差は未分化であった。たしかに、墓制において差異が認められないということは、被葬者の生前の社会的立場に格差がなかったことの十分条件にはならないようにみえる。ウバイド後期の墓制は、増長しつつあった社会的、経済的格差から人びとの注意をそらす目的で、あえて画一的な葬法の

実施に徹底し、社会的不平等を意図的に隠していたとする意見もある（Pollock 1999）。しかし、この仮説で引用されている墓制は、スーサやウルなどウバイド終末期からウルク前期併行のものであり、本来のウバイド後期の資料ではない点にも注意すべきである。むしろ、こうしたウバイド終末期に初現した身分格差が少しずつ墓制にも反映された結果として、副葬品に威信財が選択されていったと筆者は考えている。

全般的に、ウバイド期の日常生活における格差を居住形態・規模などで見出すことはむずかしく、特定の個人や集団に限定された財あるいは富の所有と積極的に結びつく証拠もほとんどない。もし、ウバイド期の墓制が社会的不平等を隠していたとするなら、威信財の出現や墓の構造的発展が積極的に現れるウルク期（ガウラ期）の墓制は対極となる。だが、両者の墓制は段階をへた緩やかな変遷でつながっており（表1～3）、社会の不平等を意図的に隠す墓制から不平等を積極的に表現する墓制に180度変更したという仮説には無理があろう。ウバイド期にくらべてウルク期の墓の検出例が極端に少ないという状況も、埋葬儀礼の変貌よりも、むしろ空間利用の変化としてとらえられた（第4章）。一般的にウバイド期では、墓制をはじめとして土器様式や建築様式などは画一的で、被葬者の社会的立場が意図的に墓制に反映されなかったという証拠に欠け、むしろ墓制に現れていたように社会構造は平等主義を基調としていた。そこでの意志決定は祭祀を取り仕切る祭司集団に任されていた。

ウバイド終末期になると墓の構造の多様化や威信財の副葬などの諸変化がほぼ同時に現れる。「よそ者」の進出により共同体の人間関係が変化し、それに対する社会組織自らの反応が墓制に反映され

たと推定される。「よそ者」の移入に誘発されて、伝統的な親族関係を基盤とした協業形態の解体と同時に職能分化が促進され、親族枠を越えた地縁的な職能集団が形成された。同時に、集落内に異質なヒトが共存するために新たな秩序が必要とされ、それまでの単なる役割分担が身分の違いに変換された。ヒトの動きが、集落における職能分化と地位分化を促したのである。出自の違いは共同墓地における墓の構造などの多様化として現れ、役割の地位分化は共同墓地における威信財として表現された。そこでは意志決定が特定の個人指導者に一任される首長制社会へと緩やかに変化した。祭司から成る集団指導体制が、しだいに特定の祭司による個人指導体制へ推移していったのである。

ウルク前期の集落内の多様な施設では、特異な構造の墓に威信財が埋葬された。祭司、軍事、行政などに分掌化した執行部門の責任者がそれぞれの施設に関連しながら、一般庶民とは明確に区別されて埋葬された。とくに祭司に代わる世俗的な行政域で首長が指導力を発揮した様子が墓制からうかがえる。そこでは身分の階層化と執行部門の分掌化が進行し、意思決定の中枢が世俗化しはじめていた。ウルク中期になると、意思決定の中枢が祭司個人から世俗的な個人に移行し、政治的支配が発芽した。「よそ者」の進出により一部で同族意識がいっそう強化され、地位の高い階層の墓制では限定的な地位世襲がおこなわれるようになった。一般的には地縁的関係が骨格となっていたが、血縁的つながりが一部の階層でより意識されるようになり、血縁紐帯の強化された世俗的な指導者層が一般の地縁集団を支配したといえる。

さらに、北シリア・北メソポタミアのニネヴェ５期になると、成

人の埋葬された一部の地下式横穴墓でシャフトに供献品が埋納されるようになり、シャフトが墓前空間として活用されていった(図10)。埋葬儀礼で積極的に利用されていったシャフトは、しだいに葬制に関連した祖先崇拝などの祭祀の場として重要な役割を演じていたと類推できる。さらに、ラルサ期(前2千年紀初頭)のウルの私人家族墓では、横穴式レンガ室墓のシャフトは墓前祭祀の場として利用され、祖先崇拝の儀礼がはっきりとうかがえる。生活をつづけている家の地下に死者が埋葬されていたことから推定して、その祭祀の精神的背景には家族・家系の維持という観念が動機となっていたようだ。つまり、何世代にもわたって死者と生者が同じ家を共有し、寝食をともにすることによって、両者の絆は強まっていく。また、直接の祖先を祀り敬うことによって、その見返りとして加護の恩恵に預かれるという人びとの宗教観が想像できる(Woolley and Mallowan 1976)。こうした血縁関係にもとづく宗教観の基礎は、すでにウルク期前後の一部の階層において形成されはじめたのである。

(2) 祭司・軍人・首長

ウルク期の墓制の事例は少ないものの、ガウラの資料ではウバイド期には未分化であった階層化や威信財が初現した(第3章)。また、墓制における格差から被葬者の職能も部分的に類推できた。ここでは、いままで分析してきた具体的な職能を整理し、墓制に反映された職能を集落内の空間利用の分化から考察する。

まず、ウルク前期併行では、ガウラXIA層の北神殿にレンガ囲いの墓(G36−155)が設けられ、ガウラXI層の神殿内の主室にあった土壙墓(Locus 181)などに金製品などの威信財が副葬された

(図24，25)。特異な構造の墓が神殿内に出現したり、神殿内の墓に威信財が副葬されている状況から、これら被葬者は社会的地位の高い祭司であり、職能の階層化が進行していたと推定した。一方、ウバイド終末期からウルク前期にかけてのスーサでは、共同墓地内に威信財をともなう祭司が埋葬され、たんなる役割をこえた地位としての高い身分が被葬者に与えられた。ガウラ、スーサともに、ウルク前期併行になると祭司は専業職能者として扱われていたようだ。

　ウルク中期前半のガウラⅩ層になると、祭祀堂に埋葬されたTomb 107で見られたように、先行するⅪA〜Ⅺ層と同様にレンガ囲いという墓制に身分の格差が表現されてはいたが、副葬品はⅪ層のLocus 181の金製品とくらべて地味になる（図26）。これは、共同体における祭司の役割が相対的に低下したためと読める。たしかに、後続のⅨ層ではLocus 47のようにラピス・ラズリや金製品の威信財が副葬され（図27）、祭司の勢力が一時的に盛り返した状況を示している。しかし、Ⅷ層になると、集落内の東端に立地する神殿に位置するレンガ囲いの墓（Tomb 5）、石棺墓（Tombs 2，202）には、いずれも威信財が副葬されていない。つまり、ウルク中期後半にはふたたび祭司の地位は相対的に低くなり、ウルク中期以降のガウラではおおむね祭司の地位は低い傾向にあったといえる。

　一方、ウバイド終末期〜ウルク前期のウル-ウバイドⅢ層のGraves E, F, Gには、棍棒頭、磨斧、銅槍などの武器が副葬され（図19）、これら威信財は軍人の職能も示していたようだ。ガウラⅪA層の円形軍事施設にはレンガ列をともなう墓（Locus 7-30）が掘られ、ここでも専業職能としての軍人が埋葬されていたと考えた。

これら軍人と推定される墓はきわめて例が少なく、ウルク期において軍事組織を解明するほどの資料とはなっていない。むしろ、武器の少なさもあわせると、ウルク期における軍事力はそれほど強固なものであったとは思えない。ウルク中期後半以降にくらべて武器に関する証拠が貧弱なため、ウルク前期併行では他者を攻撃するような本格的な軍隊の段階にはなく、もっぱら集落を護る自衛的な段階にあったと筆者は想定している。

さらに、ウルク前期併行のガウラ XI 層には首長館に関連した Locus 142 に棍棒頭と金製品が副葬され（図25）、祭司以外の世俗的な首長が埋葬された。ウルク中期前半のガウラ X 層で東端部に密集するレンガ囲いの墓群には、豊富な金製品を主体としてラピス・ラズリや黒曜石の石核など輸入品が副葬され（図26）、被葬者は交易活動も仕切っていた首長と考えた。ウルク中期後半のガウラ VIII 層では、集落内の倉庫に隣接する広場にある Tomb 31 に各種金製品、石製ハット・シンボル、石製容器、象牙製印章や櫛などが副葬された（図28）。被葬者は倉庫の管理や市場の運営を担当するだけでなく、牧畜管理にもかかわっていた首長級の人物と推定した。

したがって、ウルク期の社会では、階層化が共同墓地だけでなく神殿域、行政域、公共域などさまざまな空間で認められ、とくに高い地位を示す証拠が神殿以外の区画で目立ってくる。ガウラ XI 層で見られたように、ウルク前期ころになると祭司に代わる世俗的な首長が行政域で指導力を発揮し、棍棒頭や金製品などの威信財がその職能の格差も示していた。この傾向はウルク中期以降にも継続し、祭祀以外の執行部門が相対的に力を増し、世俗的な首長が台頭した。つまり、意思決定の中枢が聖から俗へシフトし、世俗的個人による

政治的支配が進行していったのである。同時に、ウルク前期併行には軍人としての専業職能の出現が認められ、ウバイド終末期からの緊張した社会状態がうかがえる。この緊張関係はウルク中期前半にいったん小康状態に落ち着き、集落構成は一見して平和的な様相に戻る。職能としての軍人の証拠に乏しくなり、軍事施設も目立たなくなる。そして、ウルク中期後半には、集落内の空間格差が拡大し、それぞれの空間で展開する専業職能が副葬品の格差となって現れていった。

(3) 農業指導者

ウバイド期の北シリアや北メソポタミアでは、豊富な石材を利用して建築物の基礎が形成され、農耕具に関してもフリントなどの鎌刃が多用された。一方、南メソポタミアでは石鎌を模倣した土製鎌（clay sickle）が普及していた。入手困難な石の代用品として収穫具に使われ、あるいは耕地の草刈りや葦などの伐採用としても土製品が積極的に利用されていた（Benco 1992；Potts 1997）。土製鎌はウバイド期からジェムデット・ナスル期にかけて集中している。同時に、土製鎌と共伴することの多い鍵爪形土製品（clay nail）、すなわち土製乳棒は製粉用などに使われたと推定される。

南メソポタミアにおける犂耕農業の証拠として、ウバイド遺跡で土製の鍬（犂）（T.O.41）が出土した（Hall and Wodley 1927）。この土製鍬は2つに折れ、テルの表層から出土したが、表面に彩色された文様や緑色が強い地の上に黒彩された色調はウバイド土器の典型的な製作技法を示している。土製鍬の端には大きな把手がつくり出され、鍬本体には中心線に沿って2カ所に穿孔される。写真で

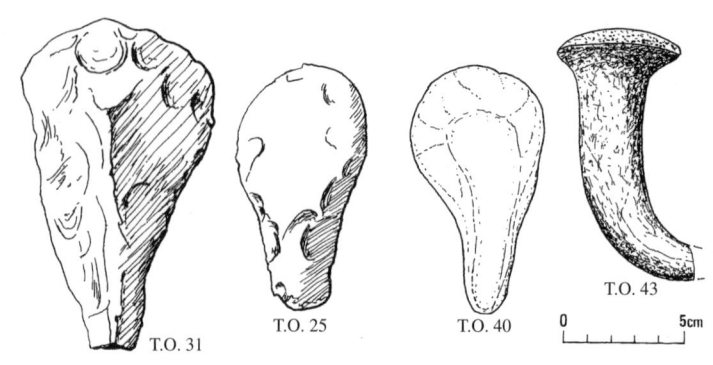

図58　副葬された農耕具（Hall and Woolley 1927より作成）

見るかぎりでは、穴の周囲はすり切れたような状態を示し、紐や棒などを通して犂耕に用いられたと推定できる。もちろん、儀礼に用いられた儀器としても想像できるが、ここでは使用痕から類推して実際に犂耕に用いた農具と解釈している。ウバイド期の農耕具はほとんど居住域に集中する。よって、ウバイド期での農作業は格差のない協業体制のもとで世帯（群）単位で行われたといえる。いまのところ、農耕具の出土状況に関して有意差は認められない。

　ウルク期になると農耕具が副葬されてくる。ウバイド遺跡の墓地に埋葬されたウルク期のC.8には、土器や石製容器以外に農耕具としての石鍬（T.O.23, 24）や土製乳棒（T.O.43）が副葬された（図58）。C.8に副葬された土器にはフラワー・ポットのような日用品とあわせて高坏のような儀礼的な土器も含まれ、とくに後者は威信財としても解釈できる。また、C.9には、球状壺、盆、鍔状口縁壺といった日用品としての土器やビチュメン塊、骨製錐以外に、農耕具としての石鍬（T.O.31）も副葬された。さらに、G.21には

石鏃（T.O.25）だけでなく、石鏃を模倣した土製品（T.O.40）も副葬されていた。副葬品として見つかった石鏃や土製模倣品などの農耕具は、被葬者による生前での使用だけでなく、農耕儀礼に関する儀器としての可能性も含みながら、その職能も示していたようだ。

ウルク期の墓の検出例は少ないものの、これらはウルク後期ころの農作業に従事していた集団のなかで、特別な地位にあった人物の墓と類推できる。少なくともウバイド期には農耕具を副葬した墓は見あたらず、農耕には職能としての社会的地位が与えられていなかった。ウルク期になると、上記のような人物がセンター級の集落に関連した共同墓地に埋葬された。同時に、ウバイド遺跡の共同墓地で、C.90には肩部に刻文のある碗、注口壺、球状壺などの日用品としての土器セットが副葬された。もともと共同墓地には、このような日常生活品としての土器セットが副葬された墓が多かったので、C.8, 9では共同墓地内での身分格差が副葬品に反映されたといえる。したがって、農作業に世帯単位で取り組む協業形態の解体により職能分化と専業化が促進され、ウルク後期までには土器などの工芸品生産だけでなく農耕自体も専業化された可能性がある。さらに、こうしたセンター級の集落に関連した墓地での副葬品は、単に被葬者の職能を示すだけでなく、世帯単位で農作業に従事していた近隣の村落農耕民を指導する立場を表徴した、威信財としても考えられる。儀器としての可能性もある農耕具の副葬された人物は、農耕部門の指導者であったと連想できる。

くわえて、農耕民が環境変化に対応する手段として、家畜に依存する割合が高まり、一部で遊牧化あるいは牧畜化が進行したと考えられる。ハット・シンボルの考察（第5章）では、農耕社会におけ

る牧畜的な側面はウルク前期ころに目立ってくる。また、ガウラ VIII 層の Tomb 31 に副葬された印章にはウシあるいはコブウシが彫られ、牧畜管理にもかかわっていた人物の墓と推定された。これは、牧畜関連の職能が社会的地位をともなって認知されていたことを示す。つまり、ウルク中期には、従来の農耕を主要な生業とする経済が、牧畜も重視する形態に変化していたといえる。

2 街並みの変化

(1) 空間分化と専業化

集落における空間利用の分化から専業化を探る格好の資料として土器づくりがある。ウバイド土器の製作には、特定の規格を目指した反復的な生産が認められ、先行期の職人技的なハラフ土器とは明らかに異なる生産様式が普及した。この反復生産（Repetitive Production）は、高速回転ロクロの導入により確立されたウルク後期の大量生産（Mass Production）とは厳密に区別されている（Henrickson *et al.* 1989）。

ウルク前期併行になると、低速回転のロクロ成形技術の導入、器面調整の簡略化、彩文の省略といった製作工程の効率化が顕在し、灰色磨研土器のような還元焔焼成の土器も生産されてくる。偶然ではなく、意図的に還元焔を操作するには、相当の熟練した技術と知識を要するため、灰色磨研土器の生産には専門の土器工人が携わっていた。ウルク中期ころには、土器生産は高速回転ロクロや型づくり成形でも製作されてくる。したがって、製作技術の変遷において、ウルク前期併行に現れる製作工程の効率化や焼成技術の熟練化は、

ウルク中期以降の専門工人による大量生産へとつながっていく。

　同時に、ウバイド期には、集落内の空地や一般住居の中庭などに土器窯や工房が設置され、集落内で居住空間と土器生産施設が融合していた。ウルク前期併行には、コサック・シャマリで溝や街路（石敷）を挟んで集落周縁に土器生産域が立地してくる（図34）。ほぼ時期併行するムシャリファやガウラでは、集落内で独立した区画に土器生産域が配置され、カリンジ・アガやガブリスターンでは、集落内の土器工房の独立性がより明瞭になってくる。そして、ウルク後期になると、ハブーバ・カビーラ南に代表されるような土器工房は、一般の居住域とはいっそう明確に隔離されてくる。やがて、初期王朝時代のアブ・サラビーフの土器生産域では、粘土保管と容器成形の工房、乾燥のための空間、土器窯がそれぞれ個別に設定されてくる。この段階になると、土器生産や商品管理が行政的に支配されるようになり（Postgate 1990）、中央集権のもとでの分業生産体制が確立されたといえる。

　つまり、土器生産施設の配置推移において、ウバイド期の土器生産施設は集落内の居住空間と融合したままであった。ウルク前期併行に集落の空間利用が専門分化し、しだいに土器生産活動の専業区域が形成され、土器生産施設が集落周縁あるいは集落内の独立区画に配置された。とくに、ウルク期併行における集落内の空間利用の専門分化が、土器生産の専業化と密接に関係している。

　製作期間の点からも専業化を考察できる。ウバイド期の土器生産は、従来の土器づくり同様に、農閑期、すなわち乾季に集中していたと想像される。そこで、土器生産の期間は、毎年の収穫や雨季の到来などに大きく影響されていた。ウバイド期には、熟練した技術

を有する季節就労者(パート・タイマー)が世帯(群)単位で生産し、通年就労者(フル・タイマー)による専業生産は行われていなかった。しだいに、集落への人口の集住、集落外での消費地の出現などが原因となり、季節就労でまにあっていた生産量を越える土器需要が高まってくると、生産の効率化と乾季に限定されない長期間の作業が求められていった。つまり、そこでは、パート・タイマーからフル・タイマーへの変化を促す要因が想定できる。たしかに、文献史料などで見られるように、想像するほどフル・タイマーの必要性は低かったかもしれない。文書史料から、専門的な職人のほかに、季節的な就労者もうかがい知れる。彼らは、ふだんは農耕作業や運河掘削作業などに従事し、季節的に土器づくりに取り組んだという。また、現代イランの民俗誌資料で季節的な土器づくりが確認され、通年労働ではないとされる(Kramer 1985;Moorey 1994)。

しかし、コサック・シャマリB区の土器工房の床面付近から植物の茎圧痕のついたビチュメンが検出され、工房を覆う屋根の梁材を接着していたと想定できた(Koizumi et al. 2001)。よって、土器窯群B601, B501は屋根のかかった建物内に設置されていた可能性が高い。ほぼ同時期のムシャリファ、ガウラ、カリンジ・アガなどでも屋内に土器窯が設置されている。こうした屋内設置の窯をともなう土器工房は、雨季においても作業が継続できる環境を十分に整えており、限定的な季節就労に留まらない専業生産体制を推察できる。同様の見通しはすでに指摘されているが(井 1995)、筆者はコサック・シャマリで得られた知見をもとにウルク前期併行の土器生産の専業化を推察している。

さらに、土器製作技術は関連技術と歩調をあわせて発展しており、

相互に技術的な影響を与えながら専業化したようだ。前4千年紀には失蠟法による合金鋳造技術がすでに登場していることから（図26のTomb 114副葬品）、合金を生産するのに必要な焼成温度の管理技術は土器製作にも転用されていたと考えられる。灰色磨研土器はこうした金属器生産からの技術転用により生産されたと推定できる。他方、ウバイド終末期に端を発する土器製作の簡略化の社会的背景として、本格的な金属器生産の普及を推考できる。合金鋳造技術の開発など、前4千年紀の金属器生産技術の発展により、土器生産の社会的役割が相対的に変質したと想定できる。

　たとえば、サラサートのウルク前期併行のガウラ土器は、胎土中の混和材として選ばれていた石灰粒の粒径が極端に粗くなり、ウバイド土器にくらべて明らかに作業上の手抜きを認めることができる（小泉 1998）。また、ガウラX層で土器工人の子どもが埋葬されたと推定されるTomb 108で観察したように（第3章）、土器工人とおぼしき墓はそれほどていねいには扱われず、ほかの職能者と格差がつけられた。たしかに、ウルク期には、合金鋳造技術の発展と同調して土器製作における焼成温度の管理技術は進歩したものの、工芸全般での土器生産の社会的役割は相対的に低下していったようだ。

（2）街路と区画

　ウバイド期の集落内では一般住居内に居住空間と工房空間が融合していた（第4章）。ウルク期に空間利用の専門分化が進むと、集落は街路によって区画されてくることが土器工房の立地から明瞭に観察された（図34）。概して、ウルク期に土器工房が一般住居から

明確に隔離され、初期王朝時代でその格差は歴然としてくる。

　ウルク期併行のガウラでは、集落内に街路や施設の設定されていく過程が認められる（図29～31）。ガウラのウバイド期の集落では街路や入口は未確認であった。XIA層（ウルク前期併行）になると集落北端に入口が設けられ、見張り台のそばを通って集落内に街路が延びていた。この集落入口と見張り台、および集落へ進入する街路の組み合わせは、ウバイド終末期のXII層ですでに初現している。ガウラXI層（ウルク前期併行）の集落東南端のArea 25を起点とする街路は、Areas 39, 40で別の街路と直交し、集落西北端のAreas 94, 95まで延びている。いずれの街路も石敷きで、同時期のほかの街路とは異なる。そして、ガウラX層（ウルク中期前半）になると、集落内を走る街路が、北東－南西、あるいは西北－東南方向にそろってくる。あわせて集落内の建物配置も直線的に区画されるようになり、この傾向はVIII層（ウルク中期後半）に継続する。

　ガウラの区画された集落内には一般住居と格差のつけられた首長館が建てられていった。まず、ガウラXI層では、集落北端で周囲の建築物から独立した区画に堅牢な指導者の館がつくられた。ガウラX層には集落南西端に大型の首長館あるいはゲスト・ハウスが配置されたが、武器類は出土していない。ガウラIX層では、集落東側にレンガ敷きの街路を挟んで神殿と向き合った首長館が建てられた。そして、ガウラVIII層になると、集落中央に独立管理棟が建てられた。このころには集落の政治的中心は神殿から世俗的な首長館へ移行していた。こうした首長館は、都市における世俗的な指導者の権威を示すモニュメントとして、やがて初期王朝時代後半には宮殿の出現へとつながる。また、ハジネビB2層では集落内に異

文化の集団がそれぞれの区画で平和に居住したとされ（第5章）、集落の区画割りに立脚した異質なヒトの共存が明確になる。メソポタミアの都市化を考える上で、街路と建物群の区画配置は重要な指標となる。ウルク中期のガウラ、ブラク、シェイク・ハッサンなどでは計画的な街並みづくりが芽を出しはじめた段階で、集落内の空間利用格差が拡大していった様相を示し、後述するハブーバ・カビーラ南になって街並みづくりは成熟してくる。

（3） 水利施設

都市化において街中の水利施設は街路とあわせてきわめて重要な骨格をなす。ウバイド期の集落においてすでに排水管は普及していたが、いずれも計画的に配置された水利施設とよべるものではなかった。ウバイド3期のソンゴルB号丘Ⅱ層では、集落のほぼ中央に公共施設（B-1）および付属部屋群（B-4）が立地する（図59）。付属部屋群のRm 2の前庭には排水管（W-2）が埋設され、集落でもっとも標高の高い地区から西側斜面を下る。口径20-30cm、長さ55-75cmの土管10個以上が順次はめ込まれて7mの長さとなり、地面を掘った溝に埋設されている。土管の装着方向と等高線をまたぐ配置から判断して、部屋Rm 2からテル西側斜面に排水を流す下水管として機能したとされる（Matsumoto and Yokoyama 1995）。ほかにも排水管あるいは配水管とされる土管が見つかっているが残りはW-2よりもよくない。

アバダⅠ層（ウバイド3期）でも、集落北側からテル北斜面を下る排水設備が見つかっている（図60）。建物（Building H）の裏側にピットが掘られ、プランは長軸2.5m、短軸1.5m、深さ約1mの

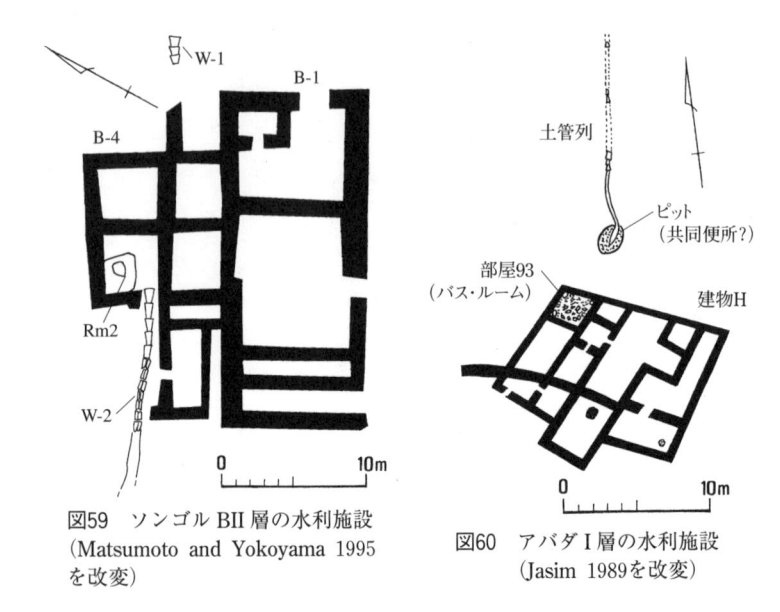

図59　ソンゴル BII 層の水利施設
（Matsumoto and Yokoyama 1995 を改変）

図60　アバダ I 層の水利施設
（Jasim 1989を改変）

楕円形である。ピットの際は石膏で縁取りされ、小石で補強される。ピットから幅50cm の石膏で縁取りおよび被覆のされた溝が北側に約4m延び、円筒状土管に接続する。土管は口径20cm、長さ50cm程度の大きさで、連続してはめ込まれて北側へつづく。この土管列が延びる約500m 先にも同様の土管片が発見されていることから、ワディから水を組み上げる配水管とされる（Jasim 1985, 1989）。ただ、動力がなかったウバイド期に、はたしてこれだけの距離と高低差を導水できたのかは疑問である。500m も延びるとされる土管はやはり途中で切れていて、ワディ付近までは延びていなかったようにみえる。それに、土管の接続方法を観察すると、口径の広い方（口縁）が集落側に、口径の狭い方（底）が北側に向いており、明

らかに集落から北側への流水を想定した配置となっている。建物 H の裏側に人目を避けてピットが配置され、すぐそばの建物 H 内の部屋93は石敷きで石膏プラスター壁のバスルームとされることからも、筆者はピットを集落の共同便所と想定している。また、集落中央の広場（H 9 区）からテル西斜面にも排水管が延びている。口径30cm、長さ50cm の土管が完形品で 3 個体見つかり、類似破片の出土状況から西側に直線で約20m 延びていたとされる。先の集落北側に延びる排水管と違って、土管の接続が西側から集落側へとなっているが、その利用方法は不明である。

ほかに、同じハムリン盆地に位置するマドゥフル 2 〜 4 層や北方のガウラ XIV 層などで、一般住居の周囲を巡るように排水溝が設けられている（Roaf 1984；Tobler 1950）。ウバイド期の集落構成はその経済活動のあり方と密接にかかわっている。世帯単位の生産活動が経済基盤となっていたので、一般住居が集落内の建物配置の標準となり、とくに街路や排水溝で計画的に区画された専業工房はみられない。概して、ウバイド期の集落では一般住居が建てられた後に、そのすき間をぬうようにして排水溝が掘られている。この傾向はウバイド終末期からウルク前期〜中期においても継続している。

ブラク TW19〜18層（ウルク前期併行）の集落北端に立地する堡塁の壁体間（Wall 582／Wall 825）の空間には、東側の水たまりに流れ込む排水溝が認められ、直上には石膏プラスターが分厚く堆積している（J.Oates and D.Oates 1997）。また、シェイク・ハッサン 7 層（ウルク中期後半）では、集落内に石敷面の街路が敷設され、建物の壁沿いに排水溝が設置された（Boese 1995）。たしかに、ブ

ラク、シェイク・ハッサンで堡塁に囲まれた集落内に街路は認められるものの、はたして水利網がどのように敷設されたのかは不明である。

やがて、ウルク後期になると状況が変わる。ハブーバ・カビーラ南では、まず最初に集落をほぼ南北に走る目抜き通りと東西に直交する2本の大通りが建設された（図61）。これは、道路の砂利敷き面が、道路沿いにある建物の最初期の壁よりも下に位置していることから明らかであるという。また、街中の建物が建設される前に、街全体を覆うように水利施設が張り巡らされた。この排水網はテラコッタ製の土管の配管された溝で構成されており、溝は家屋の建つ場所や街路を横切って埋設されていた（Strommenger 1980）。こうした街路や排水管が敷設された後に、リームヘン・レンガ（断面が正方形の小型レンガ）で規格化された家屋が建設された。多くの家屋は中央広間形式のプランで、平均で300m^{2}の面積をもち、洋梨型プランの炉が設置される。これらはウルク期の標準的な建築様式となっている。さらに、街中に家屋が建てられた後に、市壁が建設された。市壁の大部分は大型レンガが割合に乱雑に積まれているが、外壁面、見張り台、市門などはリームヘン・レンガでていねいに仕上がっている（Sürenhagen 1986）。

建物をつくった後のすき間に排水溝を場当り的に設けたウバイド期の集落づくりとは異なり、ウルク後期の街路や水利施設は周到な計画のもとで建設された。ハブーバ・カビーラ南の街づくりは明らかに計画的であり、とくに、街路と水利施設の敷設が最初に行われている点が重要である。たしかに、ハブーバ・カビーラ南と同様の充実度で計画的に建設された例はほかに知られていないが、これを

第 6 章　都市の形成　*161*

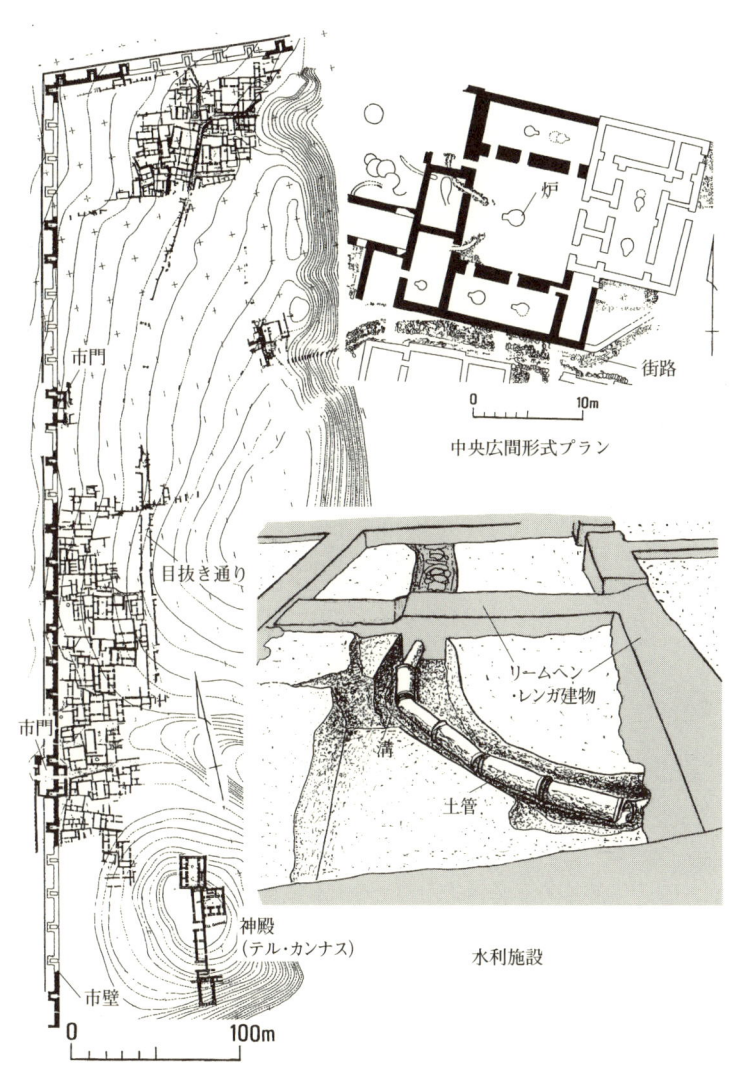

図61　ハブーバ・カビーラ南の都市計画性（Strommenger 1980より作成）

単なる例外として片づけるわけにはいくまい。すでに、ウルク後期には、そのひな形となる都市が存在していたわけであり、都市計画に関する知識と技術が成熟していたことは疑う余地がない。この計画的な街路と水利施設の配置こそ、メソポタミアの都市化の基準になると筆者は考えている。

(4) 周壁・環壕

　集落の境界を明示するのにもっともわかりやすいのが周壁である。ウルク期には集落を防御するための堡塁がいくつかの遺跡で出現してくるが、ウルク期以前のメソポタミアでの先行例からたどってみる。すでに、サマッラ期のソワンIII層で約2.4haの範囲を周壁が囲っていた（図62）。この周壁と外側に隣接する溝はメソポタミア地方でもっとも古い防御施設として紹介されているが、筆者は軍事的な利用に疑問を感じている。まず、周壁は集落全体を囲ってはいなかったようで、ティグリス河に面した側の壁体は配列が不明である。壁は石膏プラスターで被覆されることもあった（al-Soof 1968）。これは耐水用の補強と考えられる。また、西北側の周壁はあとから建てられたBuilding 12によって切られており、防御用の周壁とは考えにくい。周壁の幅も60cmと薄く、高さもわずか90cmしか残存しておらず、後世の削平などを考慮してもその防御施設としての機能はきわめて弱い。

　周壁の外側には断面V字状環壕（幅2.5－3m）が隣接し、集落の最古期であるI層に掘削された。この溝も集落全体を囲ってはおらず、ティグリス河に面していない3方をコの字状にめぐる。溝の西北側と東南側は現地形においてティグリス河に流れ込むワディに

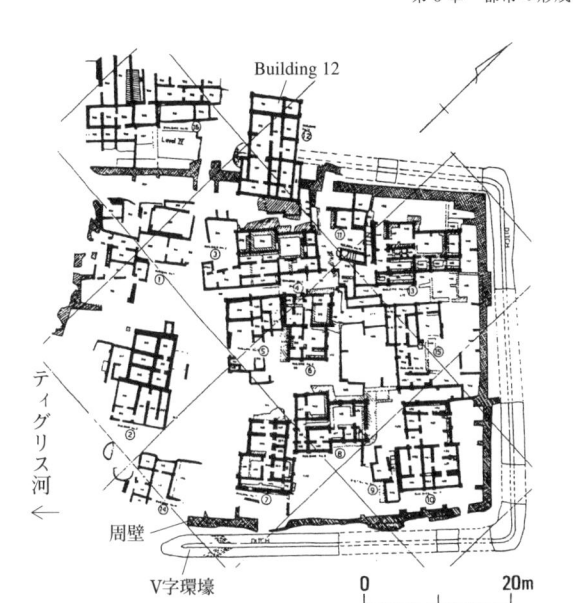

図62　サマッラ期の周壁（ソワンIII層，Youkana 1997より）

沿っており、周辺一帯が冠水したときに集落への浸水を防ぐ機能が想定される。たしかに、溝の覆土から土製投弾が出土しているものの、集落内からの出土でない点に注意したい。つまり、この溝と周壁が防御施設であるならば、集落内に武器庫のような施設があって当然であるが、該当する建物は認められない。また、溝には大量のサマッラ土器片が埋まっており、III層で周壁がつくられたときにはかなりの場所で溝は埋まっていた。よって、ソワンの溝は防御用というよりも集落への浸水防止兼ごみ捨て場として使われ、やがて溝に覆土が堆積してくると、すぐそばに浸水防止用の周壁が新たに築かれたと考えられる。

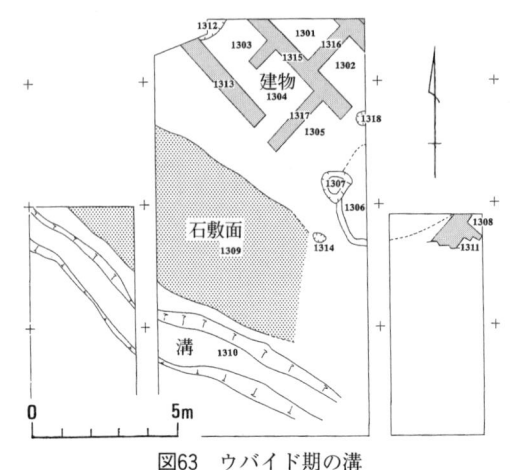

図63　ウバイド期の溝
（コサック・シャマリA13層，Nishiaki and Matsutani 2000より）

さらに古い例としては、先土器新石器時代の周壁としてイェリコが知られているが、ここでも防御的な性格は薄い（Bar-yosef 1986）。集落内の構造として、貯蔵庫や一般住居がほぼ同じ場所に建てられつづけ、ついには周壁を埋没させてしまっている。また、武器として想定される尖頭器の出現頻度がきわめて低い。よって、イェリコでの社会的緊張の証拠は弱く、軍事目的としての城壁とは考えにくいため、「土砂・洪水防御壁説」が有利であるとされる（藤井 2000）。

ウバイド期にはソンゴルB号丘I層、テル・ハッサン5a層、サラサートⅡ号丘XIII層、コサック・シャマリA14〜13層などで溝が見つかっている（図63）。ただ、いずれも集落全体を囲う環濠ではなく、むしろ緩く曲がりながらもほぼ直線状に集落内を横切っている。おそらく、報告者らが指摘しているように、湿気除けや浸水防止などの効果を狙った溝と想定される。総じてウバイド期には防

御施設としての周壁は出現していない。

　メソポタミア周辺で本格的な防御施設としての周壁が登場するのは、現在の証拠では前4千年紀後半になってからである。ウルク前期から中期前半にかけて集落を取り囲む周壁はほとんど知られてこなかった。そこで、ブラクTW19～18層（ウルク前期併行）の集落北端に立地する市門と堡塁は、北シリアでの本格的な防御施設の初現として重要である（図64）。街の一部が調査されているにすぎないので、全体像はまだわからないが、ブラクでのウルク前期の市門をともなう堡塁がいまのところ最古であろう（J.Oates and D.Oates 1997）。一方、ガウラでは集落の防御施設としての周壁は認められないものの、ウバイド終末期からウルク前期併行にかけて各種軍事施設が出現している（第4章）。

　北シリアのシェイク・ハッサンでは遅くとも13層（ウルク中期前半）までに、本格的な防御施設としての堡塁が登場する（図64）。集落は日干しレンガでつくられた幅約3.5mの塁壁によって囲まれている（Boese 1995）。ウルク後期のハブーバ・カビーラ南では、防御のための堡塁が集落を取り囲んでいる（図64）。幅3m強の日干しレンガ製の塁壁がユーフラテス河と反対側の西側と北側にめぐる。堡塁にはほぼ14m間隔で見張り塔が配置され、塔の正面には壁が補強される。堡塁西側には市門が2カ所設けられ、それぞれ両側には塔が設置される。近隣のジェベル・アルーダでは堡塁をともなわないものの、川を見下ろす高地に遺跡が立地しており、軍事的な性格が強いとされる（van Driel and van Driel-Murray 1983）。同水系のさらに上流に位置するハッセク・ホユックでも堡塁が確認されている（Behm-Blancke *et al*. 1981）。さらに、初期王朝時代

166

市門

ブラク TW19〜18層

シェイク・ハッサン 13〜6層

見張り塔

市門

ハブーバ・カビーラ南

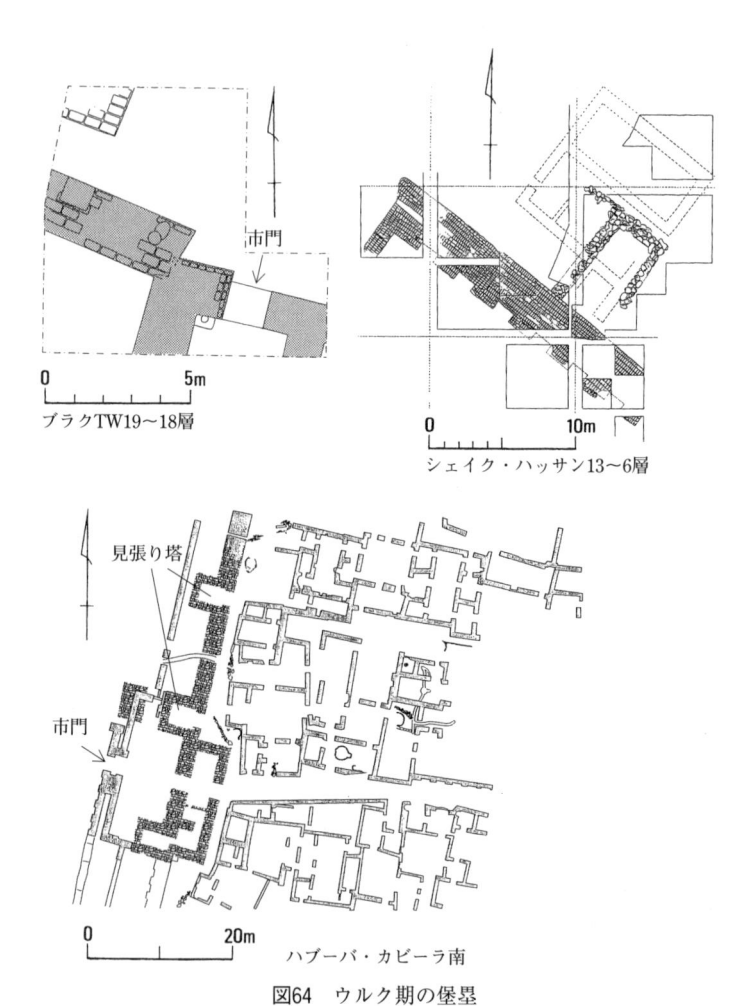

図64 ウルク期の堡塁
(Oates and Oates 1997；Boese 1995；Kohlmeyer 1997を改変)

のウルクでは、全長約9.5kmにもおよぶ城壁が認められるが、すでにウルク期に防御用の堡塁が出現していた可能性は十分にある。

一方、メソポタミア以外の地域では、トルコ南部の前5千年紀の銅石器時代に相当するメルシンXVI層で、集落縁辺に連なる小部屋の外壁が幅1.5mもあり、集落を囲む防御施設として機能していた。これらの小部屋には、弓を射るための窓が2つずつ配置され、武器としての土製あるいは石製投弾も出土している（Garstang 1953）。また、ウルク後期に併行する北東ヨルダンのジャワでは9haほどの集落が高地と低地に分けられ、それぞれ堡塁で囲まれている（Mazar 1995）。イスラエルでも、ウルク後期に併行する青銅器時代にテル・エラニで見張り台をともなう幅3mの周壁が確認されており、イスラエルで最古期の防御用堡塁とされる（Herzog 1997）。

特異な例であるメルシンを除けば、いずれの堡塁も前4千年紀の終わりころに集中して現れている。ユーフラテス河上流域にかぎらず、イスラエルやヨルダンなどの周辺地域でも防御施設としての堡塁が建築された背景には、メソポタミア周辺での社会的な緊張の高まりが想定される。メソポタミアのウルク後期の社会では政治支配が確立されつつあり、領域確保を目的とした城壁をともなう都市が出現していた。こうしたメソポタミアでの政治情勢の変化につられて、経済的につながりのあった周辺部でも同じような緊張関係に巻き込まれたと考えられる。

3　集落間の緊張

(1) 地域圏内の集落関係

　ウバイド期の集落間にはほとんど格差がない。北シリア～北・中部メソポタミアにおけるウバイド期の集落は、1 ha 未満の小規模な村落が主体であり、ガウラ、アバダなど地域センター的な集落もあるが、全体として集落の規模や構造において階層差は見られない。一方、南メソポタミアでは、ウバイド2期の初頭にはすでに5 ha級の大集落が現れ、ウバイド期の終末までには10 ha の地域センターもいくつか登場してくる。しかし、こういった南北メソポタミアにおける遺跡規模の相違にもかかわらず、3列構成の建物に代表されるようにウバイド期の集落構造はたがいに似ており、ウバイド期の社会はきわめて平等主義的な性格をもち、なんら社会的格差は認められないとされる（Akkermans 1989b）。また、エリドゥなど5 ha 以上の大集落と1 ha 未満の小村落の間でも、土製鎌や土製乳棒など農耕具の組み合わせが同様に見出せるという分析結果も示されている（Wright and Pollock 1987）。したがって、ウバイド期における遺跡規模の差はかならずしも社会的格差を表明していることには結びつかない。この特徴は筆者の墓制の分析成果とも合致する（第1章）。

　ウバイド終末期に併行するアナトリアのディルメンテペでは、集落内で銅生産の工房や石器製作の工房が検出されている。とくに、7層ではフリントを主体とする各種工具が豊富に出土している。在地産の粗悪な石材から穿孔具がつくられ、良質な平板状の石材はよ

そで産出されたもので、半製品か光沢付石刃に製作されてから搬入されたとされる（Esin 1983；Balkan-Atlı 1995）。穿孔具は全体の95％近くを占め、同水系のイキズホユックやチューリンテペなどでも似た傾向が認められる。これら近隣の集落間における特定の道具類の集中利用は、ウバイド終末期でも地域内の類似性が継続されていたことを示し、筆者の考える水系を単位とした地域圏説と符合する（図6）。

ウルク期になると、集落間あるいは地域間の状況が変化する。とくに、ハブーバ・カビーラ南やジェベル・アルーダなどでは収穫具がほとんど出土していないことから、農耕生産以外の職能者を扶養する経済機構が機能していたとされる（Sürenhagen 1986）。この特徴はガウラ XI-VIII 層でも観察され（Rothman 1994）、先のウバイド期のエリドゥなどでの分布調査と好対照をなすことからも、ウルク期に初現した都市化の必要条件のひとつといえる。一方、ウルク後期のハッセク・ホユックでは、農耕具としてのフリント製石刃が大量に出土しており、同時期のハブーバ・カビーラ南やジェベル・アルーダとは異なり、自給的な食糧生産が推定される。そこでは、銅石器時代後期に特徴的なカナニィアン・ブレイドの石核が出土しており、同ブレイドの製作工房があったとされる（Behm-Blancke *et al*. 1981）。また、外傾面取口縁鉢、フラワー・ポットなどのウルク系土器と同時に在地系土器も出土し、さらには両者の折衷様式も確認されている（Helwing 2000）。

ウルク期の土器様式そのものでも、流域や遺跡によってその影響の度合いが異なっていた。第5章で述べたハジネビやゴディン・テペなどのウルク系居留地よりもさらに在地色の強い集落として、ア

ルスランテペ、ガウラ、ブラクなどがある。そこでは地域的な独立性が強くうかがえ、ウルク系文化のいっそう希薄な在地系社会として位置づけられる。また、ハブール川流域やバリーフ川流域では、ユーフラテス河上流域やティグリス河上流域にくらべると、ウバイド土器の製作技術を伝統的に継承した在地の土器が長らくつくられ、ウルク系統の土器の流入が遅れる（Akkermans 1988；Schwartz and Weiss 1992）。

同時に、ウルク期の東南アナトリア、北シリアで普及していた在地系土器およびウルク系土器の胎土分析から、複数の遺跡から形成される地域別のグループが想定されている（Bolger and Stephen 1999）。まず、南メソポタミアのウルとウルクはたがいに強く結びついており、他の地域との関連は薄い。つぎに、北シリアのユーフラテス河上流域に位置するシェイク・ハッサン、ジェラブルス・タフターニ、ハブーバ・カビーラ南、ジェベル・アルーダなどがひとまとまりになる。なかでもジェラブルス・タフターニとシェイク・ハッサンは密接に関連し、ハブーバ・カビーラ南は南方メソポタミアとの関連がもっとも強い。さらに北方のアナトリア地方に位置するハジネビなどを含む遺跡群が別のグループを形成する。前 4 千年紀の在地系土器のウルク土器に対する割合は、南方とのつながりが強まるにつれて減少するとされる。

さらに、これら土器の胎土分析から遺跡間の機能差についてもある程度推定されている。ジェベル・アルーダには神殿が建てられ、印影や数字粘土板が多く出土している。また、土器の胎土は、ハブーバ・ガービラ南（18ha）などといったほかの中心遺跡や周辺遺跡のものとつながりが弱く、ジェベル・アルーダ（3 ha）は戦略

的な立地や経済的な交易拠点といfるうよりも、むしろ行政的・儀礼的なセンターとされる（Bolger and Stephen 1999）。したがって、ウルク期後半には集落間の関係に変化が起きて、地域内でのさまざまな機能を請け負う各種センターが出現し、機能的な関係は遺跡の規模につねに相関するというわけではなかったようだ。

表6　ウルク後期のおもな集落規模
（Algaze1993；Lupton1996より作成）

遺　跡	推定規模(ha)
ゴディン・テペV	0.05
ハッセク・ホユック	1.1
テル・クラッヤ	1.8
テペジク	2.1
ジェベル・アルーダ	3
シェイク・ハッサン	3
クルバン・ホユック	4
スーサ	9
サムサット	10
チョガ・ミシュ	15
ハブーバ・カビーラ南	18
ブラク	40
ニネヴェ	40+
ハモウカル	90
ウルクIV	250

（2）　集落規模（表6）

　一般的にメソポタミアの都市化は、遺跡規模にもとづいたセトルメントの階層化という視点で研究されてきた。概して、都市化の前段階ではセトルメントはセンターと非センターという2つの階層に大別され、都市が成立するとセトルメントは3つあるいは4つに階層化される。南メソポタミアでのサーヴェイにもとづくこの遺跡3ないし4階層モデルは（Adams1981；Wright1984；Johnson1973）、北シリアや北メソポタミアでのセトルメント研究にも広く応用されている（Weiss 1986；Schwartz 1994；Stein 1994；Wilkinson 1994）。とくに、ジョンソンのディヤラ川流域とウルク周辺における初期王朝時代のセトルメント・パターンの研究では、中心地理論（central place theory）すなわち、同質の機能的規模をもつ中心地やタウンはたがいに等距離にあり、もっとも効率がよい配置関係は六角形状の分布を示すという理論に適合したデータとされる（Johnson

1975)。

　他方、C. レンフリューは中心地理論にもとづき「初期国家単位」(Early State Module) モデルを提唱している。各単位の中心地間は自然環境や社会的要因により20kmまで縮まり、不可耕地の介在により少なくとも100kmには延び、平均すると約40kmになるとされる (Renfrew 1975)。レンフリューによると初期国家間の同質性は「構造的な相同関係」とされ、対等な国家間の相互影響のプロセスの結果として生じた。同様の規模をもつ政治的に独立した初期国家は、独自の領土と行政センターをもつとされる。

　類似モデルとして、エブラの粘土板文書から北シリアの青銅器時代における都市間は約20〜30kmであったと指摘される。また、ウィルキンソンによる北シリアでの3階層モデルでは、都市の領域は1日で歩ける範囲内の半径15kmの円を描き、隣接する都市との間隔は約28〜30kmとされる (Wilkinson 1994)。これら初期都市国家は経済的に独立し、センターが周辺セトルメントを行政的かつ強制的に支配していた。政治的統合は食糧生産や工芸生産の専業化によって示され、贅沢品などの交易を除けば国家間は互いに自律的に機能していたようだ。さらに、都市化以前の段階では2階層モデルとしての分節国家が機能し、都市化になると3階層モデルの中央集権国家が誕生するという意見もある (Stein 1994)。ただ、初期都市国家では領域的な統合はまだ芽生えておらず、アッカド王朝の出現までそれぞれの都市国家は対等な関係にあったようだ (McClellan 1999)。ちなみに、アッカド時代になると都市間は約200kmにも広がるという (紺谷 2000)。

　ところが、サーヴェイの成果を考古学的に解釈するのに好都合な

3（4）階層モデルは、前3千年紀の初期国家の複雑な構造についてなんら説明してくれていない。規模という属性にもとづいた遺跡の序列だけでは、実際の集落の機能や役割を語ってはいない。近年の調査により、北シリアやアナトリアの諸遺跡はそれぞれ特異な機能をもち、決して同質な関係にはなかったという指摘がされている。ハブール流域のテル・アティジやラカーイは食糧貯蔵センターで、ユーフラテス上流のジェラブルス・タフターニやテル・アブドでは軍事拠点、テル・カビル、カラ・コサック、テル・バナート北は祭祀センターとしてそれぞれ機能していたようだ（Schwartz 1994；Zeder 1998；McCorriston 1998；Peltenburg 1999；McClellan 1999）。これらの成果を踏まえると、地域的な小規模の遺跡間には、レンフリューの定義する初期国家単位あるいは都市国家の領土を越境した経済的、政治的、イデオロギー的なつながりが観察される。厳密な多角形状のシステムのなかで初期国家が分節化されていたのではなく、むしろ、宗教、軍事、墓地、食糧保管などの機能ごとにセンターや集落の相互関係網が異なっていたとされる（McClellan 1999）。

　つまり、かつての単純な同質モデルや階層モデルでは前3千年紀の初期都市国家をとらえきれず、個別の遺跡間の関係がきわめて多様で重層的であったことが認識されつつある。これは先行するウルク期の都市形成期でも十分に考慮すべき課題である。すなわち、前4千年紀後半から3千年紀初頭にかけての都市化について、遺跡規模から仮想した階層化を起点にした議論には限界があり、個々の集落が自律的に機能していたとする視点が注目される。ウルク土器の胎土分析でも明らかなように、地域内で個々の集落の役割が見直されてきている。今後は、ウルク遺跡周辺で幸運にも整合的に説明で

きた中心地と周辺という二項対立的な枠組みに終始せず、遺跡の見かけの規模に惑わされない、集落あるいはセンターの機能的な属性に着眼した重層的なネットワーク論が必要とされるであろう。

(3) 領域形成

ウバイド期に先行するハラフ文化の拡散は、集団の直接的な接触によるのではなく、むしろ地域的文化が形成された地域圏の交わりによって起きたという (Yoffee 1993b)。また、中部メソポタミアのハラフ文化からウバイド文化への変遷は、ハラフ文化が平和的にウバイド化していったとされる (松本 1995)。そして、土器フォームと文様の組み合わせや胎土などの同質性から、ウバイド期の地域的な文化の広がりが示唆されている (Hole 1984；Berman 1994；Henrickson 1989)。さらに一歩進んで、地域的な結びつきにイデオロギー的な効果も見出し、ウバイド期の土器などにシンボル文様の彩色された意思伝達システムが、ウルク期になると文字という別の媒体へシフトしたという見解もある (Thuesen 1992)。

こうした一連の研究成果を見ても、筆者の地域圏による文化解釈は基本的に妥当なようだ (図6)。つまり、水系単位の地域圏で文化の広がりをとらえることにより、ウバイド期の地域的文化の集合体であるウバイド・ホライゾンを説明できる (小泉 1998)。ウバイド期の地域的文化は画一的で平等な社会構造をもち、経済的な格差は未分化であった。集落内の空間利用は一般住居を基本とし、生産様式も世帯 (群) を単位とし、神殿や公共施設などに求心力があった。水系を単位とする地域圏は、目の文様やヘビの文様などをシンボルとした祭祀ネットワークによりたがいに統合されていた。やが

てウバイド終末期に、地域的文化の面的な広がりとしての地域圏は、ヒトの動きに触発された経済的な物流の活性化により、しだいにその関係が流動化した。物流網は等価交換的でなく、再分配的な構造であった。同時に、祭祀ネットワークを基盤とした地域圏のつながりは、墓制の格差や街並みの変化と同調しながら、世俗的な支配構造へと変質していった。すなわち、ウルク期には経済的物流を骨格とした交易ネットワークが出現し、かつて祭祀により統合されていた地域圏は世俗的かつ政治的な支配領域へと発展したのである。

前4千年紀前半のティグリス河上流域およびシンジャル山麓域において、組み合わせの異なる物質文化が共存していたという興味深い現象が観察される。まず、サラサートVIIa層以降（ガウラ前期に相当）では、南メソポタミアで展開していたウルク土器はほとんど見つかっておらず、いずれもティグリス河上流域のガウラ、ムシャリファ出土したガウラ土器に類似する。少なくとも、土器の分布という点でサラサートには南方ウルク文化がそれほど波及していなかった。他方、ニネヴェでは、外傾面取口縁鉢、先細注口土器(Vessel with drooping spout)、スリップ暗文土器(Reserved slip ware)など、ウルク中期〜後期の特徴的な土器が4層から数多く出土し、とくにウルク土器の指標である外傾面取鉢は下層の3層（ガウラ期前半に相当）からすでに登場している（Campbell Thompson and Mallowan 1933）。シンジャル山麓域のガライ・レシュでも、V層（ガウラ期前半）からすでに外傾面取鉢が出土している（Lloyd 1940）。

つぎに、サラサートVIIa〜・IIIa層（ウルク前期〜中期前半併行）の独立した建築物は、北方ウルク期の神殿址とされる（図65）。だ

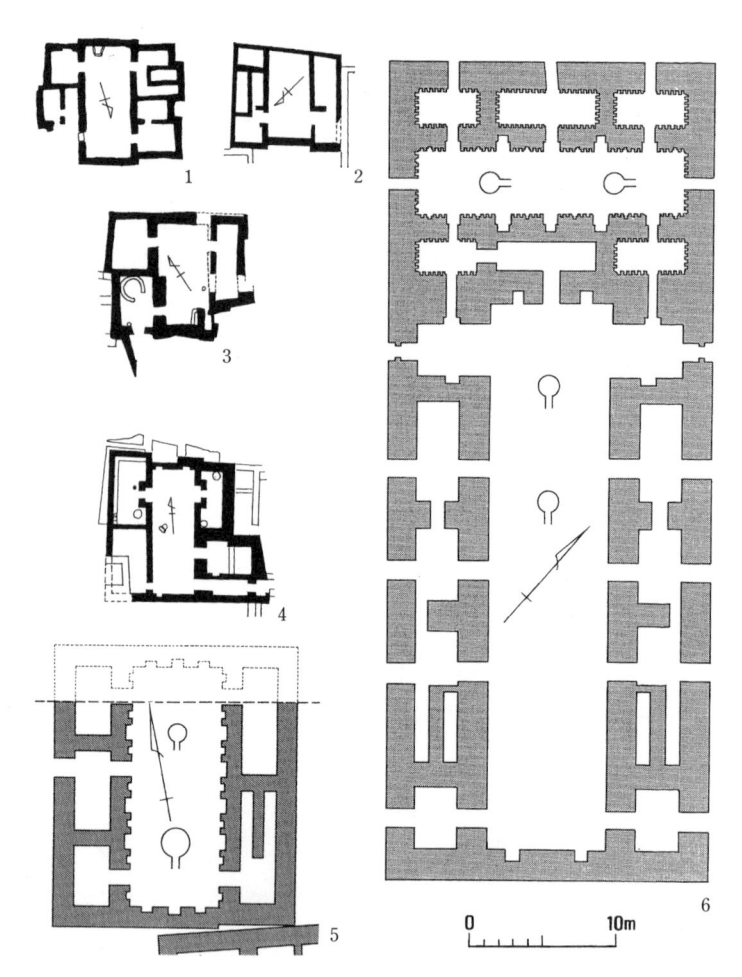

図65 ウルク期の神殿と住居

1：サラサート(Egami 1958を改変)，2：ガウラ(Tobler 1950より)，3：ムシャリファ (Oguchi 1987より)，4：ガライ・レシュ (Lloyd 1940を改変)，5：テル・カンナス (ハブーバ・カビーラ南)，6：ウルクC神殿 (Strommenger 1980より)

が、そのプランはウルク遺跡における典型的な神殿建築様式とは異なり、むしろガウラ遺跡でみられる3列構成の矩形広間住宅に近い(松本 1988)。ウルク様式の神殿建築は南方ウバイド様式の発展したもので、中央の広間を両側から挟む格好で小部屋が配置され、外壁だけでなく内壁（広間に面した側）にも細かい扶壁が設けられているのが大きな特徴である。また、神殿への進入は平入りとなっていることが多い。それに対して、ガウラ様式の神殿は、ウルク様式に類似した3列構成の部屋割りとなっているものの、扶壁は外壁に限定され、妻入りとなっている点が大きく異なる。さらに、ガウラ様式は、神殿建築以外に一般住居にも反映されており、ガウラⅩ層、ムシャリファ Ib 層といったガウラ中期ころ（ウルク中期前半）に普及している。サラサートの建築遺構もガウラ期（ウルク前期〜中期前半併行）特有の矩形広間住宅にきわめてよく似ており、同一様式に含まれるようだ。

　一方、南メソポタミアで流行していたウルク様式の神殿建築は、ハブーバ・カビーラ南（テル・カンナス）、ジェベル・アルーダといったウルク後期の拠点などに波及している (Sürenhagen 1986)。こうした遺跡では、在地系土器をはるかに上回る量のウルク土器が出土しており、神殿建築様式とあわせてウルク文化との強い結びつきが明白である。同時に、これらの遺跡では、一般住宅においても神殿建築と同じウルク様式が普及している。外壁には細かく入り組んだ扶壁は設けられていないが、中央広間の内壁には扶壁があり、ウルク様式の神殿建築を髣髴とさせる部屋割りで構成さる。類似例は、北メソポタミアのガライ・レシュⅡ層（ウルク中期前半ころ）の一般住居でも確認されている。住居平側の長辺の端に設けられた

平入りの進入路が、妻側の短辺に沿って細長く延び、中央広間へとつづく。同様の進入方法はハッセク・ホユック（ウルク後期）でも認められるが、細長い進入路は迷路のように脇室に導かれたあと中央広間へ抜け出る点が若干異なる（Behm-Blancke 1981）。

以上のように、ティグリス河上流域に位置していても、ガウラ、ムシャリファ、サラサートといった遺跡では、典型的なガウラ土器をはじめ、ガウラ様式の建築プランが普及し、他方、ニネヴェでは南方のウルク土器が主流で、ウルク様式の円筒印章のモチーフも見られる（Algaze 1993）。したがって、ウバイド期には同じ地域圏に帰属していた遺跡間も、ウルク期になると異質な関係になることもある。さらに、ガライ・レシュ、ハブーバ・カビーラ南、ジェベル・アルーダ、ハッセク・ホユックなどで同じ建築様式が普及しており、水系単位の地域を越えた東西方向のつながりが目立ってくる。つまり、在地系文化としてのガウラ文化の展開に遅れて南方から拡大してきたウルク文化は、ウバイド期の水系単位の地域圏とは異質の地域間の関係をもたらしたのである。そこでは、従来の河川流域や盆地域、平原域などを単位とした地域区分を超越した、つまり、水系を横断した区域分けが想定できる（図52）。

ウルク期の交易ネットワークは、水系にくわえて陸上ルートを媒体としてそれぞれの地域圏をつなぎ、従来にはなかった緊張関係を少しずつ増長していった。こうした社会的緊張の高まりにより、単なる地域的文化の境界としての地域圏は、政治的な領域へとしだいに変換していった。交易ネットワークという経済的な紐帯構造により、新たな社会的領域が形成されていったのである。ウルク中期にはこうした東西方向の陸上ルートをも媒体として取り込んだ世俗的

第6章 都市の形成 *179*

| 推定都市名 | ケシュ | ウルク | ニップール | ラルサ | ウル |

ジェムデット・ナスル出土「都市記号」

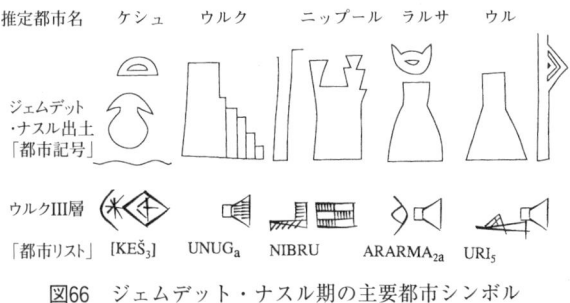

ウルクIII層「都市リスト」 [KEŠ$_3$] UNUG$_a$ NIBRU ARARMA$_{2a}$ URI$_5$

図66 ジェムデット・ナスル期の主要都市シンボル
（Matthews 1993より）

な交易ネットワークが拡大していった。世俗的な関係の拡大、すなわち交易ネットワークの広がりそのものが、いわゆるウルク・エクスパンションであった。とくに、それまで見られなかった本格的な陸上ルートの普及により、ウルク後期までには地域間あるいは集落間の関係がせばまり、その分だけ緊張度も増した。そこでは、拠点集落の影響力のおよぶ範囲を線引きするべく、それぞれの領域がしだいに意識されていったと想像される。したがって、政治的領域としての領土の意識はウルク後期頃からはじまったといえる。

　ウルク後期において、集落から都市へ進行してきた都市化プロセスが国家の初現形態である都市国家へと結実する前哨点が見出せる。ただ、都市の境界付近に位置する村落規模の小集落は、依然として都市への帰属意識、すなわち被支配意識がはっきりせず、実質的な都市による領土支配は未完であったと筆者は考えている。その証拠として、都市を示すとされるシンボルの有無を指摘しておきたい。ジェムデット・ナスル期になると、主要都市のシンボルとされる記号が認められる（図66）。ジェムデット・ナスルで見つかった粘土板文書のうち13枚に同じモチーフの円筒印章が押捺され、とく

に5つの主要都市名が推定されている。また、ウルクIII層から「古代都市リスト」の粘土板が出土し、少なくとも88の都市あるいは都市域が記され、ジェムデット・ナスル出土の都市記号と酷似している（Matthew 1993）。同様の都市シンボルは、初期王朝時代のウルなどで大量の封泥に押捺されるようになる（Postgate 1992）。つまり、これらシンボルが都市を示す記号であるならば、ジェムデット・ナスル期になって固有の領域支配を認知させるためのアイテムが考案され、領土を名実ともに占有する都市国家が出現したことになる。

そして、初期王朝時代の都市国家間では土地の境界をめぐり本格的な抗争が起きる。都市と村落が支配と被支配の関係をたがいに認識しあってはじめて、固有の領土に支えられた都市国家が成立する。都市の支配者はそれぞれの神に護られ、神からその覇権を授かったとされる。最高神エンリル神がそれぞれの都市神の間の境界を定めたが、その決まりを破る対立都市が出てくると、支配者は都市神の代理として対立する都市と戦った（前川 1998）。同時に、水上輸送として葦舟が本格的に普及し、南メソポタミア地方における運河・水路などの水利施設の開発とあわせて発展していった。そこでは、より強固な社会ネットワークが整備されていき、国家による領土支配が円滑になされていった。そして、アッカド王朝時代になると、覇権や領土を争う諸都市国家が統合されて領域国家が形成された（前田 1996）。さらにバビロニア時代になると、土地所有の境界を明示するクドゥッルが設置され、国家による領土支配が徹底されていった（Black *et al*. 1992）。

（4）戦　　争

　ガウラではXII層（ウバイド終末期）からXIA層（ウルク前期併行）にかけて、ウバイド期の平和的あるいは平等的な性格とまったく異なり、争いや対立という面が強く浮き出ている(Tobler 1950)。集落入口を防御する軍事施設、土製投弾などの武器といった証拠がそろって出現してくる。墓制の分析でも明らかなように、ウバイド終末期ころの「よそ者」の進出により、集落内の人間関係に変化が起き、社会的な緊張が高まった。そして、ウルク前期頃までにはウルなどで武器としての銅製の槍先がつくられるようになった。

　先の周壁の変遷で論じたように、本格的な軍事施設や武器はウルク期後半にほぼそろってくる。シェイク・ハッサン6層（ウルク中期後半）では、塁壁の内側に石の基礎で建てられた堅牢な施設から銅製の槍先や短剣が出土している（図67）。そして、ウルク後期のアルスランテペVIA層では、Building IIIの部屋（A113）から21本の銅剣と銅槍が出土している。ウルク後期のニネヴェIV層からも銅製の鏃あるいは槍先が見つかっている。ウルク遺跡ではウルク後期のエアンナ地区に立地するリームヘンゲボイデから、銅と銀の合金で鋳造された鏃が出土している。ジェムデット・ナスル期になるとウルでは銅槍が、スーサでも前4千年紀末から3千年紀初頭にかけての層位から銅製の槍先が見つかっている。

　これらの資料から判断して、ウルク後期までには金属鋳造技術が発展し、銅製の槍先や剣などが生産されたようである。アナトリアのハジネビでは、ウルク文化が波及する前から在地の銅器生産が専業化されたが、おもに鑿などの日用品やピンなどの装飾品を鋳造していた。そして、200km以上も離れた鉱山から銅鉱石を搬入し、

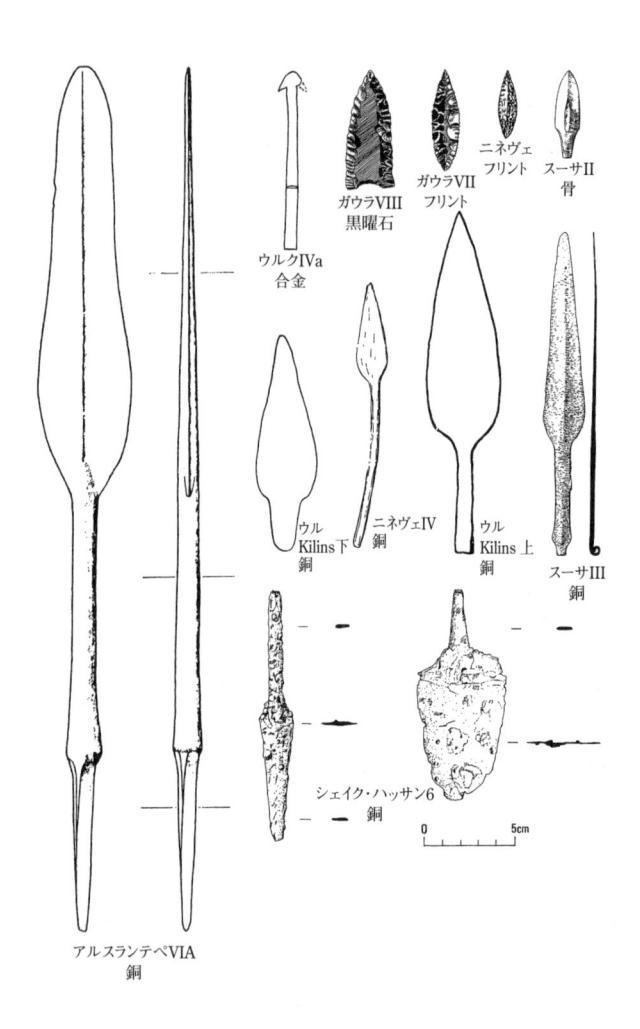

図67　ウルク期以降の武器
(Palmieri 1981；Lenzen 1956/57；Speiser 1935；Campbell Thompson *et al*. 1933；Le Brun 1971；Woolley 1955；Boese 1995より作成)

図68　戦争の場面
1：ウルク出土印影（Postgate 1992より），
2：スーサ出土印影（Amiet 1993より）

ハジネビで銅インゴットが鋳造され、メソポタミア方面に輸出されたとされる（Özbal *et al*. 2000）。よって、ハジネビなどアナトリアの周辺遺跡では武器は生産されず、インゴットを輸入したメソポタミアの都市で銅製の武器が製造されたことになる。ただ、ウルク中期ころの武器製造や鋳造に関する証拠がほとんどなく、同時期の冶金技術ももっぱら装飾品の製造にむけられていたことも勘案すると、前4千年紀の金属鋳造による武器開発はウルク後期に活性化したようである。

また、ウルク出土の円筒印章の印影は、ウルク後期ころに戦争が初現した証拠とされる（図68）。類似資料としては、スーサで見つかった円筒印章の印影がある。城塞のような施設と弓矢が戦争の場面を想起させる。一方、ウルクの円筒印章の印影を戦争の場面と見

ない解釈もある。後ろ手に縛られている人物たちは外国風の髪形をしていないことから、この場面はメソポタミア人の債務不履行者に対してお裁きが与えられているところとされる(Schmandt-Besserat 1992)。そこでは、神殿に対する納税あるいは賦役を強制する社会的なしくみが読み取れるという。いずれにしろ、ウバイド期とは異なり、社会的緊張が高まっていたのがウルク後期ころの社会であったといえる。

　その社会的な背景には、ウバイド終末期からウルク前期にかけて「よそ者」の侵入によって引き起こされた地域間における緊張感の高まり、それに刺激されたまざまなモノの動きとその保守に向けた一連の活動が想定できる。まず、ウルク前期頃の社会的な緊張関係のもとでは、交易の担い手でもあった「よそ者」の一部が「ならず者」となって集落を脅かす事態に備え、集落を防御するための自衛組織が形成されはじめた。この段階ではまだ本格的な戦争は起こらなかった。やがて、ウルク中期後半から後期になると、市や交易の活性化により「よそ者」との接触がいっそう増え、「ならず者」対策としての自衛組織では集落の防御は不足となり、長距離の交易ルートの保守も必要となった。そこで、武器の開発にもとづく攻撃力を備えた軍隊が組織され、堡塁の建設により集落の防御もより堅固になったと筆者は考えている。

第7章　都市化のシナリオ

　ウバイド期からウルク期にかけて墓制、集落構成、集落関係などにおいてさまざまな格差が芽生え、祭祀統合社会がゆっくりと政治支配化していった過程を読み取れた。この流れを通時的に再整理し、メソポタミアの都市化のシナリオを復原してみよう（表7）。

（1）祭祀によるつながり

　ウバイド期では、神殿や公共施設などで行われた祭祀が人びとの生活を精神的に支え、統合的な求心力として機能していた。そこでは、祭祀により親族集団がイデオロギー的に連帯させられていた。余剰食糧の供託や公共事業への協働参加のみかえりとして、祭祀の実演によるイデオロギー的な安心感や精神的連帯感がもたらされた。ウバイド期の地域的文化は平等な社会で、経済的な格差は未分化であった。集落構成は一般住居を基本とし、世帯（群）単位の生産様式が主流であった。土器生産は規格化製品の反復生産が主体で、地域圏内で世帯（群）単位で生産が行われた（小泉 2000b）。そして、目の文様やヘビの文様などをシンボルとした祭祀ネットワークにより、広範に展開する地域圏が統合されていた（第5章）。

　本書ではとくに扱わなかったが、日常生活用品としての土器のフォームや胎土に含まれる混和材の違いも地域圏の相違を明確に表わ

表7　古代メソポタミアの都市化

時期	墓制	社会	紐帯	集落	経済	物流	地域内関係
ウバイド後期	画一的 構造/副葬品差異 場所区分/年齢差	平等主義 役割分担	祭祀統合	画一的空間利用 神殿 公共施設	季節的世帯生産	供託余剰の交換 等価的	点（集落）間の緩い統合 面（地域圏）形成
ウバイド末期	多様化 構造/成人多葬 格差初現 威信財	異出自共存 地位分化	祭祀支配	空間利用変化 倉庫＋ドア封印	職能分化	物流網形成 再分配的	点と点の格差初現
ウルク前期	格差本格化 威信財 多様化 場所	身分階層化 執行部門分業化	世俗化	空間利用分化 首長館	通年的専業化	交易網初現	拠点出現
ウルク中期前半	格差拡大 小児＋威信財	執行部門格差 地位世襲	世俗支配化	空間利用格差 街路	専業生産	交易網確立	拠点の面支配化
ウルク中期後半	格差拡大	行政管理化	政治支配化	空間格差拡大 堡塁	専業拡大	市場形成	面の領域化
ウルク後期	格差拡大	集権化	政治支配確立	計画性 水利網	管理化	独占化	領域区分

している（小泉 1998，2000b）。ウバイド土器の製作技術は、ユーフラテス河上流、バリーフ川、ハブール川、ワディ・タルタル（シンジャル山麓）、ティグリス河上流、ディヤラ川、ユーフラテス河下流などの各地域圏に共通する。土器製作技術は、社会的需要に応えながら各地域で類似した発展過程をたどったようだ。とくに、ウバイド4期（ウバイド後期）には、共通した技法により類似フォームが各地でつくられた。背景として、規格化された土器の需要が高まったためと推察できる。同時に、フォームや文様意匠の地域性も明瞭にうかがえる。土器様式には、複数の地域にまたがる共通の様式を示す属性と、地域単位の個性豊かな系統を示す属性とが重層的に内包されている。

また、南メソポタミア出土の彩文土器に使われていた顔料（Courtois and Velde 1985-86；Blackham 1996）とビチュメン（Connan *et al*. 1996）の分析より、ユーフラテス河下流域とスシアナ平原域のウバイド土器はそれぞれの地域圏で生産されたと想定されている。こうした産地同定分析の結果も筆者の想定する地域圏説にほぼ合致する。

ウバイド期には舟形模型が目立って見つかっていることから、水系を軸とした流通経路が普及し、水系による地域圏が形成された。画一的な葬法、確立された神殿建築様式、祭具の普及など、ウバイド期の本格的な祭祀体系は水系（流域）を中心にした地域間の紐帯として機能した。この祭祀ネットワークのなかでヒト、モノ、情報が行き交っていた。それぞれの地域圏では遺跡規模に差はあっても、社会的な格差はほとんど認められず、均質で安定した社会が展開していた。したがって、ウバイド期の社会は、水系を通じた同質な点

(集落）が結びついて均質な面（地域圏）を形成し、たがいに格差のない地域圏は祭祀ネットワークにより統合されていた。

（2） 環境変動とヒトの動き

　ウバイド文化の拡散は祭祀ネットワークを軸としてきたが、ウバイド終末期に再分配的なフローに重点を置いた経済的物流網が新たに形成されていった。ユーフラテス河上流域のディルメンテペなど資源確保に有利な場所に集落が設けられた。ウバイド終末期には資源開発のためにアナトリア地方へウバイドの人びとが出向いていたのである。この新しい物流網はやがてウルク期の交易ネットワークの素地となった。こうしたウバイド終末期における社会構造の変質には、墓制で観察された「よそ者」の増加や、交易活動の活発化が大きく影響していたと考えられる。

　一連の社会変化の動因として、前4千年紀初頭における環境変動が注目される。気温上昇にともなう海水面上昇により、南方メソポタミア平原における農地縮小が遠因ではないかと筆者は考えている（図69）。ウバイド期の前半（1～2期）はペルシャ湾の海水面は細かい上下変動があり不安定であった。ウバイド期後半（3～4期）になると海水面はゆるやかに上昇し前半にくらべて安定していた。そこでの文化適応は比較的安定したものであったと推定される。そして、ウバイド終末期になると、海水面は急上昇しはじめ、不安定な状態となる（Gibson 1973；Hrot 1989；Sanla-ville 1989；Hole 1994；Algaze 2001）。

　ここで筆者は次のようなシナリオを描いている。ウバイド終末期の海水面の急上昇により、海岸に近い農地は徐々に沼地へ変貌して

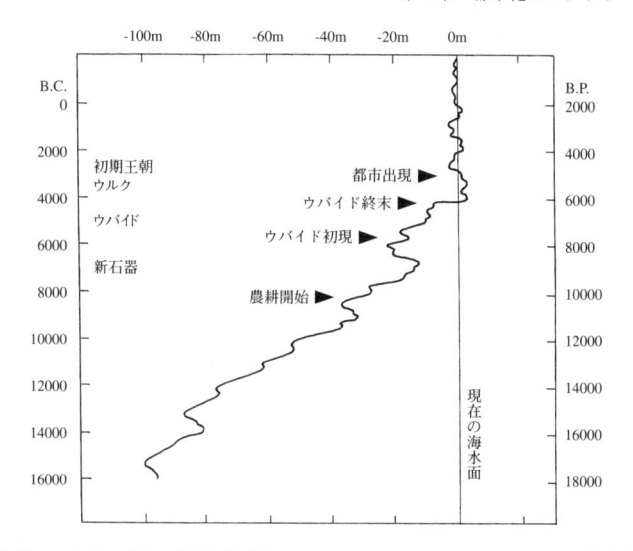

図69 ペルシャ湾の海水面変動 (Hole 1994；Sanlaville 1989より作成)

いった。沼地にならずにすんだ地域でも、海水面に連動した河水面の上昇により耕地周辺の流水がよどみ、地下水位の上昇も影響して耕地の自助的な脱塩効果が低下した。灌漑の保守作業をするだけの余剰が不足していた集落では、河道変更も深刻な問題であった。こうしてメソポタミア低地で対応策の十分でない農耕地はつぎつぎに縮小・放棄され、結果的に農作物の減収により人々は別の地域へ移動せざるを得ない状況になった。別の土地への移住を余儀なくされた人々は、北方などへ「よそ者」として進出すると同時に、農耕以外の生業活動として交易などにも依存するようになった。まさにそこに、略奪的あるいは商業的な交易の活性化した背景があった。一方、南メソポタミアに残ったのは河水面の変動や河道の変更に余裕をもって対応できた集落であり、結果として、立地環境に優れ、か

つ居住スペースにゆとりのある大規模な集落やセンターに人口が集住しはじめたのである。

参考例として、南メソポタミアのウバイド期のウェイリにおける周囲の環境に適応した生業形態について、J-L. ウオーの見解を紹介しておく (Huot 1989)。基本的な穀類は栽培コムギとオオムギであるが、沼沢地あるいは湿地の可能性を示唆する家畜（ウシやブタ）も見られる。沼地や湿地に取り囲まれた環境で、漁労、農耕、畜産が大規模に行われ、資源開発にともなう生業活動によって収穫された生産物は集落の共同倉庫に貯蔵されていった。周縁地域との交換経済は、黒曜石やビチュメンなど最小限の生活必需品の流通に限定されていた。そして、ウバイド4期の終末には、ウェイリ周辺の水位上昇による環境の変化に適応しながら生業経済の機構もしだいに変化していった。環境変化に対応するためにより専門化された経済形態が必要となり、社会はゆっくりと都市化に向かって発展していった。こうした生業形態の変遷は筆者の一連の考察結果に符号する。

同時に、前4千年紀の河川流路の復原から、ユーフラテス・ティグリス両大河は数ヵ所で交わりながらペルシャ湾に流れていたとされる。両大河のもっとも接近していたシュメール北部では、海進による流路短縮のせいもあり、曲流や氾濫の起きやすい地形になっていたらしい。そこでは氾濫農耕が爆発的な穀物生産をもたらし、アダムズの調査したウルク前期のセンターがもっとも多く集中する地域にほぼ相当するという (Algaze 2001)。ただ、この仮説ではシュメール北部（ニップール周辺）の農耕生産性が強調されるが、筆者は南部一帯は沼地主体で耕地には不適切であったと読み替えてい

る。

　前4千年紀初頭のウルク期でも海水面の上昇はつづき、人びとは刻々と変わる環境に対してなんらかの適応を迫られた。選択肢のひとつに新たな農地を求めた南メソポタミアから周辺地域への拡散があり、これがいわゆるウルク・エクスパンションの引きがねになったと筆者は考えている。また、別の選択肢として、比較的余裕のある人たちは従来の集落に引きつづき残り、失われた農地や農産物の代価として、遠方からの資源の輸入あるいは略奪という交易活動に生業の主力を転換し、新たな経済活動により財力や富をしだいに形成していったと推定される。さらに、それまで以上に牧畜への依存度が高まり、なかには遊牧化を余儀なくされた農耕民も出てきたであろう。やがて、新天地を求めて離散していった労働力の穴埋めとして、周辺で活動していた遊牧民も集落に吸収されていったり、あるいは遊牧民みずからが集落へ進出していったと推定される。これは、都市に関連した神話形成で、遊牧的な側面が内包されている点からも十分に想定できる。

　ウルク前期ころのガウラ XI～XA 層では XII 層と異なる社会構造に変化したとされる。XII 層では大部分の建物で非常に多くの印章や印影が見つかっているため、中央集権的な行政組織は未発達で、むしろ共同体の性格が強かったとされる。そして、XI～XA 層になると集落内に定型化した神殿や専業生産の工房が出現し、専業分化されたそれぞれの工房に特定の印章や印影が限定されてくる (Rothman 1994 ; Rothman and Peasnall 2000)。ここでは世帯生産にもとづく共同体の協業形態が解体したとはとくに明言されてはいないが、この点は伝統的な協業形態の解体によって職能分化や専業化が

促進されたという筆者の見解に通ずる。

　同時にガウラでは、収穫具としての鎌刃がきわめて少ない点から(Rothman 1994)、食糧生産以外の専業職能者を扶養するに足る経済機構がすでにでき上がっていたといえる。物流網の形成とともに専業工芸品の需要が高まるなかで、集落内の倉庫に供託された余剰が非食糧生産者としての専業集団を養うために再分配されていった。ガウラにおける集落内の空間利用分化と専業化は、より明瞭な格差となってVIII層(ウルク中期後半)にまで継続している。

　余剰は専業職能者を経済的に扶養するために活用されるが、チャイルドらの考えたような生産経済の発展、人口増加、余剰の形成、専業化という図式とは異なるようだ。食糧生産経済の発展は確かにあったと推定されるが、内的な経済発展により創出された余剰そのものが専業化を引き起こしたのではない。「よそ者」の移入などによるヒトの動きが誘因となり、社会自身の対応として余裕のある集落では非世帯的な職能分化や空間利用分化がはじまった。こうした社会的反応が主因となって季節に限定されない通年的専業生産が起きたのである。同時に、消費地として人口の集住する大集落の出現、消費地までの流通を保証してくれる物流網の形成は、生産効率の増加や余剰を直接的な原因としたのではなく、ヒトの動きによって誘発された社会的反応の一連の産物である。余剰そのものが社会変化を起こしたのではなく、社会的反応が余剰をいわば触媒として生産、流通、消費におけるさまざまな変化を生んだのである。

　したがって、ウバイド終末期以降の「よそ者」の共同体への進出により、それまで安定していた集落内の社会的関係が流動化した。世帯を単位とする協業形態が解体すると、親族関係の枠を越えた地

縁的な職能集団が形成され、職能分化が起きた。同時に、異質なヒトが共存するために非世帯的な秩序が要求され、役割分担が職能の違いにもとづいた地位分化に変換された。さらに、ヒトの動きにより活性化した交易によって得られた財物が、身分の高さを明示する威信財として墓に副葬されていった。墓制に現れた身分格差の頂点にいたのが首長であり、ウバイド終末期からいわゆる首長制的な社会になった。

ウルク前期には、親族枠を越えた地縁的な職能集団による空間利用の専門分化が通年的な専業化を促進した。ますます集住する異質なヒトを共存させるための社会秩序として本格的な身分階層化が進み、複雑な社会を統治するために執行部門が分掌化していった。なかでもガウラでは行政施設や軍事施設が出現し、ウルでは職能としての軍人を示す武器が副葬され、ウルク前期頃には祭祀以外の執行部門として行政や軍事も分掌されていった。ただ、軍事面では、おもに集落の防衛を中心とし、攻撃部門の強化された軍隊組織の出現にはいたっていない。「よそ者」が時として「ならず者」となり集落に侵入する事態に備えて、自衛組織ができつつあった。異質なヒトや格差のついた身分階層を束ねるためには、従来の祭司を中心とした統合とは異なる世俗的な支配が求められていった。

（3） 世俗化する社会

ウルク中期ころになってようやく海水面はピークに達した。このころには海水面の上昇により接岸地が沈降し、港湾集落が使えなくなったりして、海岸沿いの水上ルートに代わり、陸上ルートが開発されていたと推定される。そこには、荷車や橇（そり）の牽引動物としてロ

バが家畜化され、車輪の改良もあわせて進行していた。前4千年紀後半のロバの家畜化や車輪技術の応用開発などを考慮すると、ウルク中期になって水系を基軸にしながら陸上ルートも併用した交易活動を想定できる。陸上ルートにおいては、新石器時代からのヤギ・ヒツジの移牧ルートなどが基礎となり、生産地あるいは中継地と消費地との間のパイプ役として遊牧民が活躍していたようだ。つまり、ウバイド終末期～ウルク前期のヒトの動きや遊牧・移牧の活発化に刺激されて、ウルク中期には複数の水系を横断した陸路も取り込んだ交易ネットワークの形成が促進され、いわゆるウルク・エクスパンションが起きたといえる。ガウラX～VIII層で顕著にみられるラピス・ラズリ製品は、こうした陸路の拡充によってメソポタミアにもたらされた交易品である。

　ガウラVIII層では集落中央に市場（いちば）が形成され、脇には管理棟も建てられた。これはガウラ周辺における在地交換網が発達した証拠とされる。なかでも、交換経済を示唆する貴重な証拠として、壺の肩部に押捺されたまったく同じ印影が別々の場所で見つかっている。1つは倉庫から発見され、片割れは神殿の脇室から発見されている。これは現代の航空機への搭乗や映画館への入館などで使われている目打ち入りチケットと同様のしくみであるとされる。両方の印影はあとでチェックするための記録となり、必要なときにおたがいにつきあわせることで交換の証となったという (Rothman 1994)。また、倉庫近くのレンガ囲いの墓Tomb 31の副葬品には、機織りの重りや犠牲獣の描かれた印章などがある。先に分析したように、これらは牧畜との関連が強いことから、被葬者は牧畜管理にもかかわっていたようだ。よって、ウルク中期後半になって新たに登場し

た市(いち)の運営あるいは牧畜管理といった専業職能は、遊牧民の活発化と密接に関連していた可能性が高い。

　ウルク中期ころまでに本格的に出現した拠点集落あるいはセンターは、従来の地域圏における水系を基軸とする紐帯を越えて、陸路も取り込んだ物流網によって結合していた。そこでは、複数の水系を横断する陸上ルートの整備、陸上運搬手段の改良、効率的に運搬できる商品の開発などが目指された。同時に、消費地への流通経路の保守にはそれなりの軍事力も必要となり、武器の開発や防御施設もあわせて整備されていった。こうした一連の技術開発や社会的需要の相乗効果により、ウルク中期ころの社会が複雑化していった。そこでは、ヒトの動きに起因する社会的緊張の高まりが一貫して社会的反応の動機となっていた。

　ウルク中期で交易の活発化とあわせてますます多くの「よそ者」が集まってくると、社会秩序を維持する執行部門に格差が生じ、階層の頂点に世俗的な個人支配者が台頭していった。集落にあふれる異質なヒトやモノを統治するために行政管理が必要とされ、政治支配化が進んだ。同時に、集落内の街路によって分けられた独立区画に首長館や管理棟がつくられ、社会的な求心力はしだいに神殿から首長館へ移行し、意思決定の聖から俗へのシフトが起きた。そこでは、擬制的な同族意識も含めた血縁紐帯のより強化された指導者層が、地縁関係を骨格とする職能集団を政治的に支配していた。つまり、ウルク中期の経済活動では地縁的関係が基礎となり、一方、イデオロギーにおいては血縁的つながりがより意識され、血縁紐帯の強化された一部の世俗的な首長層がその他大勢の地縁集団を支配したのである。

一握りの階層による政治支配化が進むと、高い身分を明示する威信財への需要がいっそう高まり、身分は世襲されていった。そこでは、力のある点（センター）が面（地域圏）に影響力を行使し、もはや祭祀を通した紐帯関係では維持できなくなるほどに社会が複雑化していた。祭祀ネットワークを基盤とした地域圏のつながりは、墓制の格差や街並みの変化と歩みをあわせながら世俗的な関係へと変質し、ウルク中期には経済主導の交易ネットワークが確立された。地域的なつながりも聖から俗へシフトしたのである。スーサで観察されたように（第5章）、「ヘビ」祭祀を表現する場として儀器的な精製土器（彩文）から経済物流用の印章（印影）への推移は、社会における重心が聖から俗へシフトした現れであろう。

（4） 政治的な領域支配へ

ウルク後期にはしだいに海水面が下降し、ふたたび安定してくる。ウバイド終末期以降、海水面の上昇により海岸付近の低地では農地縮小にともない集落が放棄され、ウルク中期に海水面上昇がピークを越えて海岸線が後退すると、低地集落がふたたび居住利用されていった。筆者のシナリオは、ウルク前期・中期から後期にかけて集落分布の重点がシュメール地方の北部（ニップール周辺）から南部（ウルク周辺）へ推移するというアダムズの主張におおかた合致する（Adams 1981）。

同時に、先行期で人びとがみごとに成功した環境への適応の結果、都市化という現象が着実に進行していた。ウバイド期に祭祀ネットワークにより水系を単位として面的に統合されていた地域圏は、ウルク後期までには拠点によって政治的に支配される領域へと発展し

ていった。水系ルートと陸上ルートの組み合わさった交易ネットワークを通じてウルク・エクスパンションが浸透し、力のある点（センター）が面（領域）を支配するようになったのである。そこではウルク・ワールド・システム流の南メソポタミアを中心とした周辺地域の単元的な支配でなく、各地域での拠点による多様な政治的支配からなる重層的なウルク・エクスパンションが展開していた。集中管理的な行政機構が観察されたアルスランテペやゴディン・テペなどは、南メソポタミアとの交易関係は維持しつつも、決して中央の出先機関としてではなく、それぞれ自律した拠点として機能していた。

　専業としての遠距離の交換、すなわち交易はウルク期に成立したとする見方が一般的である。そこでは、規格化された土器が一定量のコンテナーとして利用され、交易量の増大が図られた。ウルク期後半の高速回転ロクロによる大量生産の背景には、一度に大量の同規格製品を生産するという需要があった。ハブーバ・カビーラ南などでは市街地が市壁で囲まれ、目抜き通りや排水溝などが敷設され、計画的な街並みづくりが実行された。つまり、ウルク中期〜後期になると、メソポタミアでは人口の集住する交易拠点集落や地方都市があちこちに形成された。そこでは日用品としてだけでなく、交易品あるいはコンテナーとしての土器に対する需要が高まり、ロクロ成形による生産技術が促進されていったと考えられる。同時に、商品としての土器を大量に流通させるために運搬効率の向上が要求され、同規格の製品が生産されていった。北方ウバイド後期以降の特徴であるケズリ調整により土器の器壁を薄くする製作技術も、こうした運搬効率の改善に貢献したようだ。

同時に、財の獲得手段としての交易網を安全にかつ安定的に維持していくために、恒常的な軍隊の編成と情報伝達の整備が必要不可欠となった。シェイク・ハッサンの集落は日干しレンガでつくられた堡塁によって囲まれ、堅牢なつくりの建物からは銅製の槍先や短剣がウルク中期後半に初現している。ウルク後期では、同じユーフラテス河上流域のハブーバ・カビーラ南、上流のハッセク・ホユックなどで堡塁が確認され、さらに北のアルスランテペでも銅製の剣や槍先が出土している。これらの遺跡からは、交易活動を示す円筒印章や印影のつけられたブッラ（中空粘土塊）やトークン、威信財の性格が想定される精緻な石製容器、軍事的色彩の濃い武器や防壁といった証拠がそろって見つかり、ウバイド期とは異質の社会が具現されている。ウルク後期までに、市や交易の発達により異質なモノやヒトが接触する機会がいっそう増えると社会的な緊張がますます高まり、「ならず者」対策としての自衛組織では集落を守りきれず、長距離の交易ルートの保守も課題となった。そこで、先手を打って守るという意味でも攻撃能力のある武器で武装された軍隊組織が整備され、本格的な防衛用の堡塁が建設されていった。

　ウルク後期には社会的領域の意図的な区分が行われ、祭祀的統合の地域圏から政治的支配の領土へ移行していった。そこでは、都市を中心とする影響力のおよぶ範囲、すなわち政治的領域が認識されていった。ただ、実質的に領土を掌握する段階にはいたらず、領域を示す文字史料や、固有の領土を主張する石碑などの証拠に欠ける。政治的な影響下にあった集落のなかで、とりわけ境界付近の小村落では、都市への帰属意識や被支配意識も希薄であったと想像される。そして、ジェムデット・ナスル期から初期王朝時代にかけて固有の

領土を支配する都市国家が登場し、支配者だけでなく被支配者もその支配構造を認識するようになったのである。双方向の認知には、都市を示すシンボル記号がアイテムとして用いられた。

(5) 都市化の条件

これまでの一連の考察から、メソポタミアの都市化を説明するのに適した条件を項目別に検討する。一般的な都市の成立を定義するのではなく、メソポタミアで考古学的に都市と呼べる属性、すなわち都市概念の指標について整理する。冒頭で述べたように、メソポタミアの都市の成立条件としてビータックの都市概念が今のところもっとも妥当と筆者も考えている。これを独自の視点で練り直し、古代メソポタミアにおける都市化の説明因子として属性別にまとめると、都市化と呼ぶのに必要な条件であると同時にその十分条件をも満たす属性は、都市計画性、行政機構、祭祀施設の3つとなる。

はじめに、都市計画性として、計画的に建設された周壁、街路、水利施設が必要となる。都市の形成にはなによりもまずこれらのハードが必要であり、こうした基盤があってこそ多様なソフトが起動する。集落への人口集住は遺跡規模の拡大として現れ、都市化をたどるときの重要な指標となる。人口集中による規模拡大という単元的な構造ではなく、ヒトの動きに誘発された社会的反応の結果、集落で人口の集住がうながされ、非世帯的な職能分化とともに空間利用が専門分化し、利用空間の仕切りとして街路がつくられ、水利設備が拡充されていった。同時に、集落間あるいは地域間の関係において、経済的な物流網が発達して対外交易が活発になり、一部の集落は異質なヒトやモノが行き交う場として機能していった。そして、

異文化の交流する場としての集落全体のアイデンティティを確立するために周壁がつくられた。集落の内と外で起きていた変化に対応して周壁が形成されたのである。周壁は集落を外部からはっきりと区別すると同時に、構成員の連帯意識を高める効果もあった。

ハッセク・ホユックやゴディン・テペなどのような規模の小さい遺跡では周壁はテルの立地する自然地形にあわせて不定形となり、内部の建物配置も不規則な印象が強い。こうした非直線的な外壁や街路の不規則性は、集落の立地する本来の地勢や先行する建物配置に大きく左右され、都市計画性のなさ（川西 1999）とも映る。たしかに、小規模な集落ではこの見方は適合するが、ハブーバ・カビーラ南のように大規模な集落では周壁は直線的で、街路も目抜き通りを軸にほぼ直線的に構成される。さらに、初期王朝時代のアブ・サラビーフでは直線で区画された街並みが発掘されている（Postgate 1982）。そこでは、ウルク後期に初現した直線的な周壁と街路の都市計画性が継承されており、都市計画性はウルク後期から着実に進行していたようだ。

つぎに、都市の機能を円滑に運営するためのソフトとして行政機構が必要となる。具体的には首長などを頂点とする管理支配であり、施設としては支配者が執政していた行政館や管理棟が相当する。「よそ者」など出身の違う人々や職能の異なる集団を統制し、不平等な関係を同じ空間に維持するためには、その組織体系はたとえ承服されなくても誰にでもわかりやすいしくみが必要であった。それには、身分の階層化にもとづく中央集権的な政治支配がもっとも効率的であったと思われる。管理支配の道具としては、商品コンテナーや倉庫などを保管するための各種封泥や、粘土板に記録された絵文字的

な古拙文字が活用された。ウルク後期までには粘土板記録システムが確立され、管理・行政文書として発展していった（前川 1998）。

　ジェムデット・ナスル期の古拙的な粘土板の一部には図像モチーフの印影も認められたが、初期王朝時代の文字粘土板にはほとんど見られなくなる。そのかわり、商品コンテナーや倉庫のドアへの封印に図像モチーフの印影が限定されて押捺されていた。初期王朝時代の文字は、図像の補完なしに情報を伝えることができるようになったため、南メソポタミアにおける印影の使用法が文字記録法から分岐したとされる（Matthews 1993）。もともと、新石器時代から封印（保管）システムと記録システムは密接に関連して発達し（常木 1996）、両機能は不可分の関係が強かった。したがって、初期王朝時代になって文字情報の補助機能をもっていた印影の図像モチーフが分離するということは、記録システムがいっそう洗練され、文字だけで十分に行政管理を記録できるようになったことを暗示している。

　さらに、都市に内包されたさまざまな格差にもかかわらず、異質なヒトをつなぎ留めておく装置として、ウバイド期に本格的に立ち上がった祭祀的紐帯が利用された。ウルク期以降においても祭祀の実演の場として、神殿などのモニュメントが引き続き必要とされた。つまり、都市の重層的な性格として、さまざまな社会的格差、異質なヒトやモノ、不平等な関係などが、計画的に整備された空間で行政機構のもとで管理支配され、ときには擬制的なイデオロギーの連帯のもとで共存していたという点が重要である。支配者層はその地位を世襲させるなどして、自らの集団アイデンティティとして血縁関係を重視した。同時に、支配者層は自分たちの存在を正当化し、

その他大勢の一般庶民との格差や矛盾を解消させるためにイデオロギー的な紐帯、すなわち祭祀を連帯装置として活用した。血縁紐帯の強化された世俗的な指導者層が、一般の地縁集団を祭祀によってつなぎとめていたという重層構造は都市の特異な側面であろう。

くわえて、従来から問題にされてきた専業化と都市化について触れておく。たしかに、専業化は都市化の必要条件であるが、筆者の考えでは十分条件は満たしていない。都市化以前の段階においてもさまざまな形態の専業化が認められる（西秋 2000）。通年労働ではない季節的な生産はすでにウバイド期に行われていた。土器づくりの担い手はかなりの技術を習得しており、ある意味では部分的な専業がはじまっていたともいえる。ただ、ウバイド期においては、総じて世帯（群）単位の土器生産であり、非世帯単位、すなわち職能集団（工人）単位による通年の専業生産はポスト・ウバイド期（ウルク前期併行）になってからである（小泉 2000b）。世帯を超越した職能集団による専業生産として土器工房が季節を問わず稼働するには、雨季をしのぐための屋根構造などが必須となる。ポスト・ウバイド期にこうした施設が整い、工人集団による季節に限定されない専業生産が本格化する。そして、この通年の専業化がおこっても、コサック・シャマリなどの集落全体は都市にはほど遠く、専業化は都市化の十分条件を満たしてはいない。つまり、土器生産の専業化は、都市化プロセスで発生した付帯現象である。結論として、集落内の空間利用の格差から導き出された専業化は、都市化において必ず観察される一要因ではあるが、都市化の起因ではない。

以上より、古代メソポタミアにおいて3つの属性（都市計画性、行政機構、祭祀施設）をすべて満たした集落を考古学的に都市と読

み替えることができる。その脈絡では、古代メソポタミアの最古期の都市は、ウルク後期のハブーバ・カビーラ南となる。一方、これらの十分条件をすべて満たせない集落は、それぞれの規模によってセンターあるいは都市性集落に分類される。なお、一般集落のなかでも都市化の必要条件を満たす場合が都市性集落に相当するが、両者はどれだけ多くの条件を満たしているかどうかで線引きされ、その基準は恣意的である。

　3つの十分条件をすべて満たしているハブーバ・カビーラ南は18 haの広さをもっており、規模の上でも申し分ない。ただし、十分条件を満たした都市の規模はあくまで付帯的な属性にすぎない。都市化という考古学的な現象を説明するのに必要かつ十分な属性は、都市計画性、行政機構、祭祀施設の3つである。もちろん、本書の冒頭で説明したように、これらは前5〜4千年紀の社会の複雑化を視座としたメソポタミアにおける限定的な都市化の説明因子であり、一般的な都市の定義を目指したものではない。

終章　メソポタミアの古代都市

（1）　まとめ（表7）

　ウバイド後期の社会では世帯別の協業活動が主流で、平等な関係のもとで役割が分担された。余剰は祭祀集団に委託され、等価交換財として活用されたに留まる。ウバイド文化は水系に沿って拡散し、水系単位の地域圏は祭祀ネットワークにより緩やかにつながっていた。ウバイド終末期になると、海水面の急上昇による農地減少などに引き起こされてヒトが移動し、「よそ者」が集落に集住しはじめた結果、従来の血縁的な社会組織が変質していった。世帯単位の協業形態が解体され、地縁的な職能集団が形成されたのである。そこでは、異質なヒトが共存するための新しい秩序が必要とされ、地位分化が発生し、社会の紐帯も支配的な構造へ向けて流動化した。祭祀ネットワークを基盤にして経済的物流網が形成され、委託運営により余剰が再分配されていった。

　ウルク期になると集落には職能分化した生産活動のための空間やさまざまな施設がつくられ、通年的専業化が起きた。ますます集住する異質なヒトを束ねるために、社会秩序として本格的な身分階層化が進み、執行部門が分掌化していった。複雑になった社会はもはや祭司の手に負えず、世俗的な首長が台頭していった。同時に、経済的物流網の発展した交易ネットワークが形成され、交易も専業化

していった。ウルク中期には、交易などの経済的な基盤をもつ世俗的個人による政治支配化が進んだ。集落内の街路によって分けられた区画に首長館や管理棟がつくられ、社会的な求心力は神殿から首長館に移行し、意思決定の聖から俗へのシフトが起きた。やがて、集落内の街並みづくりが本格化し、専業活動が拡大し、交易ネットワークに支えられた市場(いちば)が形成された。ネットワークにのりながらウルク文化が各地に拡大し、ウルク・エクスパンションが本格化した。一部の集落では異文化の共存空間がつくられ、さまざまなヒトやモノを束ねる行政管理のもとで政治的支配が進行した。ただ、その政治的な同化作用は各地域で多様に展開していた。

ウルク後期までには、人口の集住と交易の活発化によりもたらされた異質なヒトやモノを効率的に管理運営するために中央集権的な行政機構が組織され、具体的な手段として文字記録システムが考案されていった。同時に、都市に共存するさまざまな異質なヒトをイデオロギー的に結びつけておく装置として神殿における祭祀が引きつづき利用された。ヒトの動きに起因する社会的緊張の高まりは、ウルク期に一貫して社会変化の動機づけとなり、ウルク後期には本格的な軍隊組織や塁壁が整備されるにいたった。

すなわち、メソポタミアの古代都市とは、ヒトとモノの受け皿(ハード)としての基盤、ヒトの統制とモノの運用(ソフト)としての行政、ヒトをつなぐ装置としての祭祀の3つがかみ合ってはじめて成り立つ。筆者の考える考古学的な意味での都市とは、格差の内包されつつ異質の共存できる空間のことであり、都市形成とはその空間や関係が複雑化していく過程となる。

本書ではメソポタミアの都市化について、いわゆる経済主因の社

終章 メソポタミアの古代都市 207

会発展説から切り換えて、環境変化に後押しされたヒトの動きを鍵としてとらえてきた。食糧余剰による社会的な余裕のもとで専業化がはじまり、都市が成立するという単系的な図式ではもはや説明しきれない。かつて、ウイットフォーゲルの灌漑システムが社会階層や官僚制を生んだというモデルに反論し、アダムズやニッセンは都市や国家が灌漑システムを考案したと主張した（Adamas and Nissen 1972；Adamas 1981；Nissen 1988）。後者らの論点は、メソポタミアの都市文明は技術的な変化よりも社会的な変化によって形成されるという見通しにある。ただ、社会がなぜ変化したのかについてはよくわからないままであった。

　筆者の考察によれば、ウバイド終末期のヒトの動きに対する社会的反応として、職能分化、物流網形成、地位分化が引き起こされた。つまり、「よそ者」がもたらす異質なヒトとモノを限られた空間でどう処理するのかという点で、ウルク期の社会は、集落内の空間利用の専門分化と通年的専業化、紐帯構造の聖から俗へのシフト、執行部門の分掌化と政治支配化で応えたのである。こうした一連の社会的反応の過程で、供託された余剰は非食糧生産以外の専業者を扶養したり、交易品の代価として運用された。つまり、余剰が直接的に社会を複雑にしたのではなく、環境変動に起因したヒトの動きが起動剤となり、余剰を触媒として社会が複雑化したのである。

　ここで、余剰形成の未熟な集落では「よそ者」の進出に耐えきれず、極端な場合には集落が放棄されたと想像される。もっとも、余裕のない集落にはそれほど魅力がないので、「よそ者」は寄り付きもしなかったであろう。余剰形成の成熟した魅力ある集落には人口がしだいに集住し、異質なヒトやそれとともに流入してくるモノを

統括するための機構が形成された。そして、余剰に立脚して順調に機能しはじめた統括機構には、さらなる「よそ者」を受け入れる余裕も出てくる。循環的に増幅された社会的余裕のもとで、余剰は食糧生産以外の専業者の経済的扶養や、長距離交易の交換財として活用されていった。こうした社会変化プロセスにおいて、土器生産をはじめとする各職能の専業化は、内的発展による都市化の主因というよりも、社会的反応の産物といえる。

　ヒトの動きが引き金となった社会変化に交易の活性化も含まれる。筆者は独自の切り口から、ウバイド期の水系主体の祭祀ネットワークがウルク期になると水系に陸路も加わった交易ネットワークに変質したと考えた。ここでもヒトの動きが起因となり、モノの流通が活発になった。総じて、まずヒトの動きがあり、その社会的反応としてさらなる技術の発達や経済の格差が起こり、社会が複雑化していったようだ。生産効率がしだいに高まり、余剰食糧が増えたおかげで社会的余裕が出てきたのはほぼたしかだが、余剰は専業化や都市化の触媒としてききめがあった。ヒトとモノを空間的に受け入れる基盤、それらを束ねて活かす行政、イデオロギー的な紐帯装置としての祭祀といった諸条件は余剰のうえに成り立つが、人的刺激のない社会ではたとえ余剰があっても何も起きなかったであろう。筆者は経済主導という大樹のもとでは社会発展という森全体を見渡すことはできないという発想に立ち、ヒトの動きが引き金となった社会的反応という視点から前4千年紀の社会変化を眺望してみた。

（2）　資料の問題点

終章　メソポタミアの古代都市　*209*

　未解決の問題点もいくつかある。まず、南メソポタミアのウルク期のはじまりに関する資料がきわめて不足している。ウルクやニップールの神殿域で得たわずかな資料で語れる範囲は自ずとかぎられている。この地に文字が最初に出現したとされるが、集落の実態については不明なままで、南メソポタミアの社会そのものはブラックボックス的に扱われてきた。たしかに、南メソポタミア地方の社会の複雑化を積極的に扱う論考が増えてきているものの、根本的な問題解決には結びついていない。

　これに関連して、東南アナトリア、北シリアを中心とした調査件数が着実に増え、資料の南北格差がはげしくなっている。前4千年紀の南方の集落で北方と同様の発掘ができれば、共通の枠組みで両者を比較できるのだが、地下水位や政治情勢などのため南方での調査はサーヴェイに依存している。今後、中部・南メソポタミアにおける層位発掘による資料増加が待たれる。アブ・サラビーフでの発掘は、前3千年紀の考古資料と粘土板史料の照合により居住域での生活復原にも多くの貢献をし（Postgate 1982）、「洪水のあとに王権が最初に下った」とされるキシュの発掘が再開されている。こうした調査の積み重ねがメソポタミアの前4千年紀における都市形成の解明につながっていくであろう。

　もちろん、現実的な調査手段としてのサーヴェイの有効性を高めるために調査ヴィジョンの明確化は不可避であるが（浅野 1993）、多くの研究者が指摘してきた通り、表採による遺跡の時期と規模の推定や、遺跡間の階層設定における問題点は未解決のままである（Hole 1980）。中心地論におけるセトルメント階層と遺跡規模の不一致を克服するためにXテント・モデル（XTENT model）が考案

されているが、センターの規模と政治的影響圏は正比例するという前提の空間分析は、集落間の機能的関係は把握できてない。表採データが原位置の時期別の遺構分布をどこまで投影しているのか、仮に時期別の集落規模が復原できたとして、規模の差は集落間の機能的な関係をどう語っているのかといった問いに対しては、やはり発掘で決着をつけるしかない。

ウルやエリドゥのようにいくつかの小丘が寄り集まってやがて大丘へ発展した大集落や、カシュカショクやヤリム・テペのように小規模の複合テル遺跡でも居住空間が時期ごとに推移するという遺跡形成プロセスを考慮すると、一時期の集落範囲の設定には慎重を要する。また、神殿装飾用のクレイ・コーンの存在から小規模な遺跡でも高位の階層にあったと推定されたように（Adams and Nissen 1972 ; Johnson 1973）、集落の機能的関係においては規模以外の属性にこそ留意せねばなるまい。

紀元前4千年紀における広範囲の地域におよぶ土器編年の整合性も課題である。現在もっとも整理されているのはサン・タフェ会議で提唱された銅石器時代（LC）編年であるが、これは過渡期的なものである（Rothman 1998）。ここでも南方の資料が不足しているため南北格差の溝は埋まっていない。さらに、ウバイド期からウルク期にかけての資料の少なさにくわえて、エクスパンションに重点を置いた編年観のため、ウルク期のはじまりについてなんら納得のいく説明がされていない。連続した層位から発掘された資料を使って、型式学的な土器のフォームや文様の分類・組列とともに、製作技術的な属性も組み込んだ相対編年の構築が待たれる。

くわえて、前4千年紀の編年に関して、先史時代の相対年代から

歴史時代の暦年代への接続も大きな問題である。都市形成期のウルク期から都市国家出現の初期王朝時代までをつなぐためには、今のところ理化学的な年代測定値に頼るしかない。現在もっとも普及しているのは、放射性炭素（^{14}C）年代測定である。ただ、放射性炭素年代と暦年代（実年代）の間にずれがあるため、年輪年代や湖底堆積物に残るバーブ（年縞）などによって補正した較正年代が必要となる。当期の年代と用語には混乱があり、較正年代の表記や文化的な時期呼称について問題点が指摘されている（西秋 1999）。一般的に考古学の編年は、土器などの遺物にもとづいた相対編年が軸となり、一方、相対年代を暦年代に近づけるべく理化学的測定法の改良が研究されている。こうした支援分野の研究成果にますます依存度は高まるが、理化学的年代を取り込むにあたり、考古学的に確立された相対編年が前提になることを再認識するべきであろう。

（3）方法論的課題

冒頭で述べたように、本書は一般的な都市論や国家形成論を目指したものではない。今回は、古代メソポタミアというケースでの都市形成を考古学的に論考してみた。筆者の手法は、地域的研究の実証的アプローチという点で、大局的にはプロセス考古学的な流れにあるだろうが、ミドルレンジの外挿モデル（考古資料から人間行動を復原するための支援モデル）を用いた行動解釈を眼目とはしていない。行動パターンを追及する法則的なモデル提示よりも、重層性を内包した関係態のシナリオ復原を主眼とした。文化システムを構成する諸要素における事象別の資料の変遷、すなわち墓制、集落構成、集落・地域間関係の通時的変化が社会の関係態における諸変化

を表象している、という視点で社会の複雑化を分析してきた。

社会の複雑化を解明するにあたり、システム論的に社会構造を読み取ろうとする立場にありながらも、筆者は社会変化の説明を単純化する方向へ性急に舵を切らないよう努めた。メソポタミアの都市化は重層的な構造をしているため、さまざまな角度からの分析成果を立体的に積み上げていく必要がある。さまざまな複雑な事象を時間軸に沿って有機的につなぎ合わせるには、モデル構築の見通しをもちながら、まずは複雑さをそのまま活かしたシナリオの復原が適切と考えた次第である。通時的なできごとの配列を軸とし、異なる事象の変化パターンを立体的に関係づけながら考察した。考古学的な都市の本質として格差の内包と異質の共存を提示するにいたったが、これは都市化シナリオの復原考察において派生した結果である。

急いで単純モデルを目指す姿勢はさけるという立場で論考を重ねながらも、無意識のうちに社会変化をモデル的に説明しようとする自分に気づく。複雑さをそのまま活かしたシナリオの復原と、重層的な都市化構造のわかりやすい説明という相反する指向性がせめぎ合い、腐心した結果が表7に凝縮されている。これは一見して複雑モデル的であるが、複雑なシナリオの復原を目指しつつ、都市化の解読におけるキーワードを抽出したシナリオの「流れ」である。

たしかに、ウバイド期からウバイド終末期をへてウルク期にいたる社会変化は、サーヴィスの「首長制」あるいはフリードの「階層」で説明できる部分がある。アールらが指摘している「単純な首長制」から「複雑な首長制」への移行という図式もヒントになった。ウバイド期の社会は「部族社会」的に平等主義的な関係のもとで協同作業が行われ、「ランク社会」的に集団が資源を所有していた。そし

て、ウバイド終末期の社会は「首長制社会」的に再分配構造の頂点に首長がいて、「階層社会」的に個人が資源を所有するようになった。ウバイド終末期の社会は「単純な首長制」にほぼ相当する。

しかし、これらの属性は各時期の社会構造の部分的な側面を描写しているにすぎず、考古資料に現れている社会変化は諸モデルと微妙にずれている。これらをもってしてメソポタミアの都市化は説明しきれない。そこで、墓制、空間利用、集落間関係などの事象別に社会の複雑化を考古学的に分析した結果、上記の諸モデルとは異なるシナリオの流れを想定できた。ただ、親族関係の実態、再分配構造における財の所有形態、市場の運営、村落と都市との格差など多くの疑問点は解消されておらず、今後の課題である。

都市化と国家形成はほぼ同義に解釈されることが多いが、筆者はあえて都市と国家を分けた論点から出発した。メソポタミアではまず都市が誕生し、そのあとに都市国家が出現した。ここでは一連の社会変化を国家形成よりも都市化としてとらえ、前4千年紀における社会の複雑化を都市化の一表象として説明してきた。ウルク期の都市化された社会は、土地所有にもとづく支配領域の証拠に乏しく、構成員を強制服従させる権力の証拠に欠け、国家あるいは都市国家とよぶには未熟な段階であった。ウルク期後半の古代都市は塁壁によってその都市域が認められるものの、いわゆる国境とよべる領土の境界は不明である。やがて、ジェムデット・ナスル期から初期王朝時代にかけて領土を明示する都市国家が出現してくる。本書では一貫して、まだ見ぬ国家の出現を想定した国家形成という見方ではなく、すでに進行している社会の都市化という視座から、メソポタミアにおける前4千年紀の社会の複雑化を読み取ってきた。

文字記録システムの出現という視点から、ウルク後期末の古拙文字の登場をもってして都市国家の初現とする見方が一般的であるが、本書ではウルク後期の社会を集落から都市へ発展していく過程のなかに位置づけ、初期王朝時代の都市国家とは区別しながら考察してきた。結果として、ウバイド期からウルク期にかけての社会の複雑化により、都市化の過程は明瞭にトレースでき、最終的な帰結点としてウルク後期に古代都市が誕生する。そしてジェムデット・ナスル期になって、都市の支配者と被支配者の意識が双方向で認知されて都市を示すシンボル記号が生まれ、このアイテムをもってして都市国家の出現と見なした。もちろん将来、この都市シンボルがウルク後期にまでさかのぼることが確認されれば、都市国家の出現も古くなる。したがって、ウルク後期に政治的領域を意識しはじめた古代都市が誕生し、初期王朝時代までに固有の領土を実質的に支配する都市国家が確立され、アッカド王朝になって複数の都市国家が統一される領域国家が達成された。

（4） 都市論にむけた展望

メソポタミアの古代都市を研究する比較軸としてさまざまな都市概念が援用されるが、都市化や都市の誕生を研究するには西アジア独自の視座も必要である。ウェーバーは近代市民国家のルーツとして中世ヨーロッパの自治都市をとらえたのであり、彼の都市類型概念でメソポタミアの古代都市を解釈することはできない。また、初期王朝時代の都市国家を比較する上での参照軸の一つとして、古代ギリシアのポリスはたしかに有効である。しかし、これら「都市共同体」あるいは「都市国家」の概念をもってして、ウルク期の古代

都市を説明するには無理がある。さらに、メソポタミアの都市研究では、単元的な支配と被支配、中央と周辺といった二項対立的な思考やグローバリズム的発想に埋もれることなく、西アジアの多様性をとらえる史観や世界観が必要となる。

その脈絡では、イスラム社会における都市性の考え方は少なからず参考になる（板垣・後藤 1993）。イスラム都市におけるモスクとスーク（バザール）は、古代メソポタミアの都市において神殿や市場といった基本的な構成要素であった。また、イスラム都市の特徴である迷路状の街路や中庭形式の住宅は、メソポタミアにおける街並みの発展形態といえる。こういった、すでに多くの研究者の認めるハード面での共通点だけでなく、考古学的に復原のむずかしい社会組織のソフト面においても、なんらかの手がかりをつかめそうな予感がする。公益目的の財産の寄託制度（ワクフ）は、余剰を倉庫に寄託して公共目的に再分配された社会構造を推定する上で考慮するべき点であろう。さらに、任侠集団の成立などは、都市化における異質な集団の共存や集落の自衛を考えるときのヒントになるかもしれない。古代ギリシアやローマを介さずに、古代メソポタミアの都市化とイスラム社会の都市性の系譜的な接点を探る試みはあながち無駄ではあるまい。

究極的には、メソポタミアの都市形成のシナリオを、比較文化論あるいは一般的な都市論にかみ合わせるためには、発掘成果による検証を踏まえた考古学的モデルを構築することが必要である。文化人類学や社会学などの隣接分野の説明モデルはあくまで参照であり、十分な批判なしに考古学側への移植を許してしまう姿勢は避けたい。たしかに、人口圧、灌漑、交易、戦争など既存の諸モデルの

いくつかの局面は重要なヒントになる。しかし、対象データがメソポタミア以外のフィールドであったり、歴史的に異なるものも多い。さらに、メソポタミアでの事例も旧時代の発掘・表採資料によっているので、その説明解釈は新潮流では修正を要する場合も少なくない。

隣接分野の理論にもとづき異なるフィールド・時代のデータで構築されたモデルを考古学的な説明モデルとして移植するには、どの局面でどの程度の不整合が生じるのかを考古学的にチェックする作業も必要だ。異体間移植における生体反応を検証するような実験観察手段を、人文科学としての考古学は残念ながらもちあわせていない。そこでは、考古学側の自助努力が問われ、単純モデルをつまみ食いしたくなる誘惑を断ち切る態度がまず肝要であろう。支援モデルの扱い方に、考古学者としての史観や世界観があからさまに現れるので、自らを戒める意味でもこの点は慎重に行いたい。

今後の展望として、充実しつつある発掘データを活用して考古学的な視座でモデルを措定したあとに、隣接分野に根が伸びる関連モデルとの比較検討を重ねて、仮説的な考古学モデルの有効性をより高めていくという作業手順を再確認するべきだ。メソポタミアの古代都市を類型比較するための参照軸であった古代ギリシア・ローマ、イスラム、中世ヨーロッパなどの都市性を、今度はメソポタミア側から独自の鏡で照射する日もそう遠くはあるまい。そして、社会変化を読み解く足場を提供してくれてきた関連分野へ、事象別の通時的変化を立体的な関係で復原する考古学的な視座から有意な逆提案をできるときがいつかはくると信じたい。

参考文献一覧

<一般的概説書>

大津忠彦・常木晃・西秋良宏『西アジアの考古学』同成社、1997年。

大貫良夫・前川和也・渡辺和子・屋形禎亮『世界の歴史1　人類の起源と古代オリエント』中央公論社、1998年。

ローフ, M.（松谷敏雄監訳）『古代のメソポタミア』朝倉書店、1996年。

Oates, D. and J. Oates (1976) *The Rise of Civilization*. Elsevier-Phaidon.

Redman, C. L. (1978b) *The Rise of Civilization: From Early Farmers to Urban Society in the Ancient Near East*. W. H. Freeman and Company.

<専門的概説書>

常木晃・松本健編『文明の原点を探る―新石器時代の西アジア―』同成社、1995年。

Maisels, C. K. (1990) *The Emergence of Civilization*. Routledge.

Moorey, P. R. S. (1994) *Ancient Mesopotamian Materials and Industries: The Archaeological Evidence*. Clarendon Press.

Nissen, H. J. (1988) *The Early History of the Ancient Near East, 9000–2000B.C.* University of Chicago Press.

Pollock, S. (1999) *Ancient Mesopotamia: The Eden that Never Was*. Cambridge University Press.

Postgate, J. N. (1992) *Early Mesopotamia: Society and Economy at the Dawn of History*. Routledge.

Potts, D. (1997) *Mesopotamian Civilization: The Material Foundations*. The Athlone Press.

van de Mieroop, M. (1997) *The Ancient Mesopotamian City*. Oxford University Press.

<編年・事典等>

Black, J. and A. Green (1992) *Gods, Demons and Symbols of Ancient Mesopotamia: An Illustrated Dictionary*. British Museum Press.

Ehrich, R. W. (ed.) (1992) *Chronologies in Old World Archaeology*, 3rd edition. University of Chicago Press.

Meyers, E. M. *et al*. (eds.) (1997) *The Oxford Encyclopedia of Archaeology in the Near East.* Oxford University Press.

Sasson, J. M., J. Baines, G. Beckman and K. S. Rubinson (eds.) (1995) *Civilizations of the Ancient Near East.* Charles Scribner's Sons.

<頻出遺跡>

Boese, J. (1995)*Ausgrabungen in Tell Sheikh Hassan I.* Vorläufige Berichte über die Ausgrabungskampagnen 1984-1990 und 1992-1994. Saarbrücker Druckerei und Verlag.

Esin, U. (1983) Zur Datierung der vorgeschichtlichen Schichten von Değirmentepe bei Malatya in der östlichen Türkei. In R. M. Boehmer and H. Hauptmann (eds.), *Beiträge zur Altertumskunde Kleinasiens*. Philipp von Zabern.

Fukai, S., K. Horiuchi and T. Matsutani (1970) *Telul eth-Thalathat: The Excavation of Tell II, The Third Season*, Vol. II. Institute of Oriental Culture, University of Tokyo.

Haerinck, E. and B. Overlaet (1996) *The Chalcolithic Period: Parchinah and Hakalan.* Luristan Excavation Documents I. Royal Museums of Art and History.

Hall, H. R. and C. L. Woolley (1927) *Ur Excavations, Vol. I : Al-Ubaid.* Publications of the Joint Expedition of the British Museum and of the Museum of the University of Pennsylvania to Mesopotamia. Oxford University Press.

Hammade, H. and Y. Koike (1992) Syrian Archaeological Expedition in the Tishreen Dam Basin Excavations at Tell al-'Abr 1990 and 1991. *Damaszener Mitteilungen* 6.

Kamada, H. and T. Ohtsu (1991) Second Report on the Excavations at Songor A : Ubaid Graves. *Al-Rāfidān* 12.

Koizumi, T. (1991b) Artifacts from Layer 2. In Matsutani 1991.

Mallowan, M. E. L. and J. C. Rose (1935) Excavations at Tall Arpachiyah, 1933. *Iraq* 2.

Matsumoto, K. and S. Yokoyama (1995) The Report of the Excavations at

Tell Songor B. *Al-Rāfidān* 16.

Matsutani, T. (ed.) (1991) *Tell Kashkashok: The Excavations at Tell No. II*. Institute of Oriental Culture, University of Tokyo.

Oates, J. (1987) A Note on 'Ubaid and Mitanni Pottery from Tell Brak. *Iraq* 49.

Postgate, J. N. (1982) Abu Salabikh. In J. Curtis (ed.), *Fifty Years of Mesopotamian Discovery*. British School of Archaeology in Iraq.

Safar, F., M. A. Mustafa and S. Lloyd (1981) *Eridu*. State Organization of Antiquities and Heritage.

Speiser, E. A. (1935) *Excavations at Tepe Gawra, Vol.1: Levels I–VIII*. University of Pennsylvania Press.

Tobler, A. J. (1950) *Excavations at Tepe Gawra, Vol.2: Levels IX–XX*. University of Pennsylvania Press.

Woolley, S. L. (1955) *Ur Excavations, Vol.IV: The Early Periods*. University Museum; British Museum.

Woolley, S. L. and M. E. L. Mallowan (1976) *Ur Excavations Vol.VII: The Old Babylonian Period*. British Museum.

<頻出論文>

川西宏幸『古墳時代の比較考古学―日本考古学の未来像を求めて―』同成社、1999年。

小泉龍人『ウバイド文化における墓制の地域的研究－土器と墓から見た社会－』早稲田大学博士学位論文、1998年。

小泉龍人「古代メソポタミアの土器生産―製作技術と工房立地から見た専業化―」『西アジア考古学』1、2000b年。

西秋良宏「工芸の専業化と社会の複雑化－西アジア古代都市出現期の土器生産－」『西アジア考古学』1、2000年。

前川和也「メソポタミア文明の誕生」大貫ほか、1998年。

松本健「都市文明への胎動」常木晃・松本健編、1995年。

Adams, R. McC. (1981) *Heartland of Cities: Surveys of Ancient Settlement and Land Use on the Central Floodplain of the Euphrates*. University of Chicago Press.

Adams, R. McC. and H. J. Nissen (1972) *The Uruk Countryside: The Natu-*

ral Setting of Urban Societies. University of Chicago Press.

Akkermans, P. M. M. G. (1989b) Tradition and Social Change in Northern Mesopotamia During the Later Fifth and Fourth Millennium B.C. In Henrickson and Thuesen 1989.

Algaze, G. (1993) *The Uruk World System : The Dynamics of Expansion of Early Mesopotamian Civilization*. University of Chicago Press.

Earle, T. K. (1991) The Evolution of Chiefdoms. In T. K. Earle (ed.), *Chiefdoms , Power, Economy, and Ideology*. Cambridge University Press.

Frangipane, M. (1997) A 4th-Millennium Temple/Palace Complex at Arslantepe-Malatya : North-South Relations and the Formation of Early State Societies in the Northern Regions of Greater Mesopotamia. *Paléorient* 23-1.

Henrickson, E. F. and I. Thuesen (eds.) (1989) *Upon This Foundation : The 'Ubaid Reconsidered*. Proceedings from the 'Ubaid Symposium, 1988. The Carsten Niebuhr Institute of Ancient Near Eastern Studies, Publications 10. University of Copenhagen.

Hole, F. (1983) Symbols of Religion and Social Organization at Susa. In Young *et al*. 1983.

Hole, F. (ed.) (1987) *The Archaeology of Western Iran : Settlement and Society from Prehistory to the Islamic Conquest*. Smithsonian Institution Press.

Huot, J.-L. (1989)'Ubaidian Villages of Lower Mesopotamia : Permanence and Evolution from 'Ubaid 0 to 'Ubaid 4 as Seen from Tell el'Oueili. In Henrickson and Thuesen 1989.

Johnson, G. A. (1973) *Local Exchange and Early State Development in Southwestern Iran*. Museum of Anthropology, Anthropological Papers 51. University of Michigan.

Matthews, R. J. (1993) *Cities, Seals and Writing : Archaic Seal Impressions from Jemdet Nasr and Ur*. Gebr. Mann Verlag.

Oates, J. (1993) Trade and Power in the Fifth and Fourth Millennia BC : New Evidence from Northern Mesopotamia. *World Archaeology* 24-3.

Pollock, S. (1992) Bureaucrats and Managers, Peasants and Pastoralists, Imperialists and Traders : Research on the Uruk and Jemdet Nasr Periods in Mesopotamia. *Journal of World Prehistory* 6-3.

Rothman, M. S. (1994) Sealing as a Control Mechanism in Prehistory: Tepe Gawra XI, X and VIII. In Stein and Rothman 1994.

Rothman, M. S. (ed.) (1998) Mesopotamia in the Era of State Formation: SAR advanced seminar summary. *Http://science.widener.edu/ssci/mesopotamia*.

Rothman, M. S. and B. Peasnall (2000) Societal Evolution of Small, Prestate Centers and Polities: The Example of Tepe Gawra in Northern Mesopotamia. *Paléorient* 25-1.

Schwartz, G. M. (1994) Rural Economic Specialization and Early Urbanization in the Khabur Valley, Syria. In G. M. Schwartz and S. E. Falconer (eds.), *Archaeological Views from the Countryside: Villages Communities in Early Complex Societies*. Smithsonian Institution Press.

Stein, G. (1994) Economy, Ritual, and Power in 'Ubaid Mesopotamia. In Stein and Rothman 1994.

Stein, G. and M. S. Rothman (eds.) (1994) *Chiefdoms and Early States in the Neat East: The Organizational Dynamics of Complexity*. Monographs in World Archaeology 18. Prehistory Press.

Sürenhagen, D. (1986) The Dry-farming Belt: The Uruk Period and Subsequent Developments. In Weiss 1986.

Weiss, H. (ed.) (1986) *The Origins of Cities in Dry-Farming Syria and Mesopotamia in the Third Millennium B.C.* Four Quarters Publishing.

Wright, H. T. and S. Pollock (1987) Regional Socio-Economic Organization in Southern Mesopotamia: The Middle and Later Fifth Millenium. In Hout 1987.

Young, T. C. Jr., P. Smith and P. Mortensen (eds.) (1983), *The Hilly Flanks and Beyond: Essays on the Prehistory of Southwestern Asia*. Oriental Institute of University of Chicago.

序 章

小泉龍人「複雑さを示す遺物:近東におけるウルクをたどる」『日本西アジア考古学会通信』5、1999年。

近藤英夫編『古代オリエントにおける都市形成とその展開』東海大学文学部

考古学研究室、1999年。

チャイルド, V. G. 著、近藤義郎訳『考古学の方法』河出書房新社、1964年。

常木晃「交換メカニズムをめぐる考古学研究の行方」『西アジア考古学』2、2001年。

西アジア考古学勉強会「G. チャイルドの方法論を探る」『溯航』12、早稲田大学大学院文学研究科考古談話会、1994年。

前田徹『世界史リブレット1　都市国家の誕生』山川出版社、1996年。

松本健「ウバイドからウルクへ」近藤英夫編、1999年。

見田宗介・栗原彬・田中義久編『社会学事典』弘文堂、1994年。

Algaze, G. (1989) The Uruk Expansion: Cross-cultural Exchange in Early Mesopotamian Civilization. *Current Anthropology* 30.

Alizadeh, A. (1988) Socio-Economic and Political Complexity in Highland Iran during the Fifth and Fourth Millennia B.C.: The Evidence from Tall-i Bakun A. *Iran* 16.

Barrelet, M. T. (ed.) (1980) *L'archéologie de l'Iraq du début de l'époque néolithique à 333 avant notre ère: Perspectives et limites de l'interprétation anthropologique des documents*. CNRS.

Childe, V. G. (1950) The Urban Revolution. *The Town Planning Review* 21.

Fried, M. H. (1967) *The Evolution of Political Society*. Random House.

Huot, J.-L. (ed.) (1987) *Préhistoire de la Mésopotamie*. CNRS.

Johnson, G. A. (1975) Locational Analysis and the Investigation of Uruk Local Exchange Systems. In Sabloff and Lamberg-Karlovsky 1975.

Lupton, A. (1996) *Stability and Change: Socio-Political Development in North Mesopotamia and South-East Anatolia 4000–2700 B.C.* BAR International Series 627. Tempvs Reparatvm.

Miller, N. F. (ed.) (1990) *Economy and Settlement in the Near East: Analyses of Ancient Sites and Materials*. MASCA Reasearch Papers in Science and Archaeology, Supplement to 7. University of Pennsylvania.

Nissen, H. J., P. Damerow and R. Englund (translated by P. Larsen) (1993) *Archaic Bookkeeping: Early Writing and Techniques of Economic Administration in the Ancient Near East*. University of Chicago Press.

Pollock, S. (1983) Style and Information: An Analysis of Susiana Ceramics. *Journal of Anthropological Archaeology* 2.

Redman, C. L. (1978a) Mesopotamian Urban Ecology : The Systemic Context of the Emergence of Urbanism. In C. L. Redman *et al*. (eds.), *Social Archaeology: Beyond Subsistence and Dating*. Academic Press.

Renfrew, C. (1969) Trade and Culture Process in European Prehistory. *Current Anthropology* 10-2・3.

Rothman, M. S. *et al*. (1989) Congrés, Colloques, Recensions. *Paléorient* 15-1.

Sabloff, J. A. and C. C. Lamberg-Karlovsky (eds.) (1975) *Ancient Civilization and Trade*. University of New Mexico Press.

Service, E. R. (1962) *Primitive Social Organization: An Evolutionary Perspective*. Random House.

Ucko, P. J., R. Tringham and G. W. Dimbleby (eds.) (1972) *Man, Settlement and Urbanism*. Duckworth.

Vèrtesalji, P. P. (1989) Were There Supralocal Cemeteries in Southern Mesopotamia in Late Chalcolithic Times? In Henrickson and Thuesen 1989.

Wailes, B. (ed.) (1996) *Craft Specialization and Social Evolution : In Memory of V. Gordon Childe*. University Museum Monograph 93. University of Pennsylvania.

Wattenmaker, P. (1998) *Household and State in Upper Mesopotamia : Specialized Economy and the Social Uses of Goods in an Early Complex Society*. Smithsonian Institution Press.

Wilkinson, T. J. and D. J. Tucker (1995) *Settlement Development in the North Jazira, Iraq : A Study of the Archaeological Landscape*. Iraq Archaeological Reports 3. British School of Archaeology in Iraq ; Aris and Phillips.

Wright, H. T. (1969) *The Administration of Rural Production in an Early Mesopotamian Town*. Museum of Anthropology, Anthropological Papers 38. University of Michigan.

Wright, H. T. (1977) Recent Research on the Origin of the State. *Annual Reviews in Anthropology* 6.

Wright, H. T. and G. A. Johnson (1975) Population, Exchange, and Early State Formation in Southwestern Iran. *American Anthropologist* 77.

Wright, H. T., N. Miller and R. Redding (1980) *Time and Process in an Uruk Rural Center.* In Barrelet 1980.

Yoffee, N. (1993a) Too Many Chiefs? (or, State Texts for the '90s). In N. Yoffee and A. Sherratt (eds.), *Archaeological Theory: Who Sets the Agenda?* Cambridge University Press.

Yoffee, N. (1995) Political Economy in Early Mesopotamian States. *Annual Reviews in Anthropology* 24.

Zeder, M. A. (1991) *Feeding Cities: Specialized Animal Economy in the Ancient Near East.* Smithsonian Institution Press.

第1～3章

井博幸・川又正智「テル・ジガーン第1次発掘調査報告」『ラーフィダーン』5-6、1984-85年。

小泉龍人「カシュカショクの墓について―後続墓壙の編年と構造分析―」『史観』131、早稲田大学史学会、1994年.

小泉龍人「ウバイド文化における葬法―レンガ列を伴う墓の構造―」『オリエント』40-1、1997年。

小泉龍人「古代西アジアにおける墓制と社会組織―ウバイド期の祭祀統合社会―」『現代の考古学』6、朝倉書店、2001年。

松本健「掻き文土器からみたウバイド期の諸問題」『オリエント』36―2、1993年。

Akkermans, P. M. M. G. (1989a) Halaf Mortuary Practices: A Survey. In O. M. C. Haex, H. H. Curvers and P. M. M. G. Akkermans (eds.), *To the Euphrates and Beyond: Archaeological Studies in Honour of Maurits N. van Loon.* A. A. Balkema.

Bader, N. O., N. Y. Merpert and R. M. Munchaev (1981) Soviet Expedition's Surveys in the Sinjar Valley. *Sumer* 37.

Binford, L. R. (1989) *Debating Archaeology.* Academic Press.

Forest, J. D. (1984) The French Excavations at Kheit Qasim, Himrin. *Sumer* 40-1・2.

Forest, J. D. (1996) *Mésopotamie: L'apparition de l'Etat VIIe-IIIe Millénaires.* Méditerranée.

Green, A. (in press) The Burial of the Dead. In *The Origins of North*

Mesopotamian Civilization: Ninevite 5 Chronology, Economy, Society. Yale University.

Hijara, I. (1978) Three new graves at Arpachiyah. *World Archaeology* 10-1.

Hodder, I. (1982) *Symbolism in Action.* Cambridge University Press.

Hole, F. (1989) Patterns of Burial in the Fifth Millennium. In Henrickson and Thuesen 1989.

Hole, F., K. V. Flannery and J. A. Neely (1969) *Prehistory and Human Ecology of the Deh Luran Plain: An Early Village Sequence from Khuzistan, Iran.* Memoirs of the Museum of Anthropology, University of Michigan 1. University of Michigan.

Kamada, H. and T. Ohtsu (1996) Fifth Report on the Excavations at Songor A: Details of Samarra Features, Stone, and Bone Objects. *Al-Rāfidān* 17.

Koizumi, T. (1991a) Constructions of Layer 2. In Matsutani 1991.

Koizumi, T. (1993) Ubaid Pottery from Kashkashok II: Typology and Chronology. *Al-Rāfidān* 14.

Koizumi, T. (1996) Chronology of Ubaid Tombs from Kashkashok II: Examination of Tomb and Pottery Sequences. *Al-Rāfidān* 17.

Mallowan, M. E. L. (1936) The Excavations at Tall Chagar Bazar, and an Archaeological Survey of the Habur Region, 1934-5. *Iraq* 3.

Merpert, N. Y. and R. M. Munchaev (1993) Burial Practices of the Halaf Culture. In N. Yoffee and J. Clark (eds.), *Early Stages in the Evolution of Mesopotamian Civilization: Soviet Excavations in Northern Iraq.* University of Arizona Press.

Oates, J. (1983) Ubaid Mesopotamia Reconsidered. In Young *et al.* 1983.

O'Shea, J. M. (1984) *Mortuary Valiability: An Archaeological Investigation.* Academic Press.

Pariselle, C. (1985) Le cimetière d'Eridu : essai d'interprétation. *Akkadica* 44.

Pollock, S. (1989) Power Politics in the Susa A Period. In Henrickson and Thuesen 1989.

Roaf, M. (1989) Social Organization and Social Activities at Tell Madhhu.

In Henrickson and Thuesen 1989.

Schwartz, G. M. (1986) Mortuary Evidence and Social Stratification in The Ninevite V Period. In Weiss 1986.

Schwartz, G. M. (1988) *A Ceramic Chronology from Tell Leilan: Operation 1*. Yale Tell Leilan Research I. Yale University Press.

Smith, P. E. L. (1972) Ganj Dareh Tepe (Survey of Excavations in Iran During 1970-71). *Iran* 10.

Thissen, L. (1988) The Burials. In M. van Loon (ed.), *Hammam et-Turkman I*. Nederlands Historisch-Archeologisch Instituut te Istanbul.

Thuesen, I. (2000) Ubaid Expansion in the Khabur: New Evidence from Tell Mashnaqa. *Subartu* VII.

Vèrtesalji, P. P. (1984) Zur Chronologischen und Sozial-sowie Religionsgeschichtlichen Bedeutung des Eridu-Friedhofs. *Baghdader Mitteilungen* 15.

al-Wailly, F. and B. A. al-Soof (1965) The Excavations at Tell es-Sawwan, First Preliminary Report (1964). *Sumer* 21.

Watkins, T. (1992) The Beginning of the Neolithic: Searching for Meaning in Material Culture Change. *Paléorient* 18-1.

Youkana, D. G. (1997) *Tell Es-Sawwan: The Architecture of the Sixth Millenium B.C.* EDUBBA 5. NABU Publications.

第4章

松本健「メソポタミアにおけるウバイド期の建築—特に十字形広間建物についての一考察—」『考古学雑誌』73—3、1988年。

Alizadeh, A. (ed.) (1996) *Chogha Mish Vol.I: The First Five Seasons of Excavations* 1961-1971. OIP 101. Oriental Institute.

Anderson, W. P. (1987) The Kilns and Workshops of Sarepta (Sarafand, Lebanon): Remnants of a Phoenician Ceramic Industry. *Berytus* 35.

Frangipane, M. (1994) The Record Function of Clay Sealings in Early Administrative Systems as Seen from Arslantepe-Malatya. In P. Ferioli *et al.* (eds.), *Archives Before Writing*. Scriptorium.

Jasim, S.A. (1985) *The Ubaid Period in Iraq: Recent Excavations in the Hamrin Region,* 2 Vols. BAR International Series 267. BAR.

Majidzadeh, Y. (1989) An Early Industrial Proto-Urban Center on the Central Plateau of Iran: Tepe Ghabristan. In A. Jr. Leonard and B. B. Williams (eds.), *Essays in Ancient Civilization presented to Helene J. Kantor.* Oriental Institute of University of Chicago.

Oguchi, H. (1987) Working Report on First Season of Japanese Archaeological Excavation Saddam Salvage Project, Tell Musharifa. *Researches on the Antiquities of Saddam Dan Basin Salvage and Other Researches.* State Organization of Antiquities and Heritage.

第5章

小泉龍人「前4千年紀の西アジアにおけるワイン交易―ゴディン・テペからの一考察―」『東洋文化研究所紀要』139、2000a年。

三笠宮崇仁監修、岡田明子・小林登志子『古代メソポタミアの神々：世界最古の「王と神の饗宴」』集英社、2000年。

Badler, V. R. (1996) The Archaeological Evidence for Winemaking, Distribution and Consumption at Proto-Historic Godin Tepe, Iran. In McGovern *et al.* 1996.

Bigelow, L. (2000) Zooarchaeological Investigations of Economic Organization and Ethnicity at Late Chalcolithic Hacınebi: A Preliminary Report. *Paléorient* 25-1.

Blackman, M. J. (2000) Chemical Characterization of Local Anatolian and Uruk Style Sealing Clays from Hacınebi. *Paléorient* 25-1.

Crawford, H. (1978) The Mechanics of the Obsidian Trade: A New Suggestion. *Antiquity* 52.

Crawford, H. (1992) An Early Dynastic Trading Network in North Mesopotamia? In *La circulation des biens, des personnes et des idées dans le Proche-Orient ancien, XXXVIIIe R. A. I.* Editions Recherche sur les Civilisations.

Fortin, M. (1999) *Syria, Land of Civilizations.* Musée de la civilisation de Québec.

Frangipane, M. (1993) Local Components in the Development of Centralized Societies in Syro-Anatolian Regions. In M. Frangipane *et al.* (eds.), *Between the Rivers and over the Mountains,* Università di Roma

La Sapienza.

Hesse, B. (1995) Animal Husbandry and Human Diet in the Ancient Near East. In Sasson *et al.* 1995.

Hole, F. (1993-94) The Habur Basin Project. *Archäologische Forschungen in Syrien* 5.

Hole, F. and N. Kouchoukos (in press) Stratigraphic Soundings at Tell Mashnaqa on the Khabur River, 1991. *Annales Archéologique Arabes Syrienne*.

Kaplan, J. (1969) 'Ein el Jarba : Chalcolithic Remains in the Plain of Esdraelon. *Bulletin of the American Schools of Oriental Research* 194.

Mallowan, M. E. L. (1946) Excavations in the Balikh Valley, 1938. *Iraq* 8.

McGovern, P. E., S. J. Fleming and S. H. Katz (eds.) (1996) *The Origins and Ancient History of Wine.* The University of Pennsylvania Museum of Archaeology and Anthropology.

Mecquenem, R. de (1934) Fouilles de Suse (1929-1933). *Mémoires de la Mission Archéologique de Perse* 25.

Mecquenem, R. de (1943) Fouilles de Suse, 1933-1939. *Memoires de la Mission Archéologique en Iran* 29.

Nishiaki, Y., T. Koizumi, M. le Mière and T. Oguchi (1999) Prehistoric Occupations at Tell Kosak Shamali, the Upper Euphrates, Syria. *Akkadica* 113.

Oates, D. (1985) Excavations at Tell Brak 1983-84. *Iraq* 47.

Oates, J. (1985) Tell Brak : Uruk Pottery from the 1984 Season. *Iraq* 47.

Oates, J., T. E. Davidson, D. Kamilli, and H. McKerrell (1977) Seafaring Merchants of Ur? *Antiquity* 51.

Payne, S. (1988) Animal Bones from Tell Rubeidheh. In R. Killick (ed.), *Tell Rubeidheh : An Uruk Village in the Jebel Hamrin.* Iraq Archaeological Reports 2. British School of Archaeology in Iraq, Directorate of Antiquities.

Peltenburg, E., S. Campbell, P. Croft, D. Lunt, M. A. Murray and M. E. Watt (1995) Jerablus-Tahtani, Syria, 1992-4 : Preliminary Report. *Levant* 27.

Pittman, H. (2000) Administrative Evidence from Hacınebi Tepe : An Es-

say on the Local and the Colonial. *Paléorient* 25-1.
du Plat-Taylor, J., M. V. S. Williams and J. Waechter (1950) The Excavations at Sakce Gözü *Iraq* 12-2.
Powell, M. A. (1996) Wine and the Vine in Ancient Mesopotamia : The Cuneiform Evidence. In McGovern *et al.* 1996.
Schwartz, G. M., D. Hollander and G. Stein (2000) Reconstructing Mesopotamian Exchange Networks in the 4th Millennium BC : Geochemical and Archaeological Analyses of Bitumen Artifacts from Hacınebi Tepe, Turkey. *Paléorient* 25-1.
al-Soof, B. A. (1969) Excavations at Tell Qalinj Agha (Erbil), Summer 1968. *Sumer* 25.
Stein, G. J. (1999) *Rethinking World-Systems : Diasporas, Colonies, and Interaction in Uruk Mesopotamia*. The University of Arizona Press.
Stein, G. J. (2000) Material Culture and Social Identity : The Evidence for a 4th Millennium BC Mesopotamian Uruk Colony at Hacınebi, Turkey. *Paléorient* 25-1.
Stein, G. J. and C. Edens (2000) Hacınebi and the Uruk Expansion : Additional Comments. *Paléorient* 25-1.
von den Driesch, A. (1993) Faunal Remains from Habuba Kabira in Syria. *Archaeozoology of the Near East : Proceedings of the First International Symposium on the Archaeozoology of Southwestern Asia and Adjacent Areas*.
Weiss, H. and T. C. Jr. Young (1975) The Merchants of Susa : Godin V and Plateau-Lowland Relations in the Late Fourth Millennium B.C. *Iran* 13.
Wolkstein, D. and S. N. Kramer (1983) *Inanna, Queen of Heaven and Earth : Her Stories and Hymns from Sumer*. Harper & Row Publishers.

第6章

井博幸「古代メソポタミアの土器工房」大川清博士古希記念会編『王朝の考古学』雄山閣、1995年。

紺谷亮一「アッカド帝国の勢力拡大をめぐる土器分布―南東アナトリア及び北シリア地域の都市領域―」『西アジア考古学』1、2000年。

藤井純夫「新石器時代の「町」イェリコの周壁」『考古学雑誌』85—3、2000年。

al-A'dami, K.A. (1968) Excavations at Tell es-Sawwan. *Sumer* 24.

Akkermans, P. M. M. G. (1988) The Period V Pottery. In M. van Loon (ed.), *Hammam et-Turkman I*. Nederlands Historisch-Archeologisch Instituut te Istanbul.

Amiet, P. (1993) The Period of Irano-Mesopotamian Contacts 3500-1600 BC. In J. Curtis (ed.), *Early Mesopotamia and Iran: Contact and Conflict 3500-1600 BC*. British Museum Press.

Balkan-Atlı, N. (1995) A Preliminary Report of the Chipped Stone Industry of Değirmentepe, an Ubaid Settlement in Eastern Anatolia. In H. Çambel için (ed.), *Prehistoriya Yazilari*. Graphis.

Bar-Yosef, O. (1986) The Walls of Jericho: An Alternative Interpretation. *Current Anthropology* 27-2.

Behm-Blancke, M. R. *et al*. (1981) Hassek Höyük. Vorläufiger Bericht über die Ausgrabungen der Jahre 1978-1980. *Istanbuler Mitteilungen* 31.

Benco, N. L. (1992) Manufacture and Use of Clay Sickles from the Uruk Mound, Abu Salabikh, Iraq. *Paléorient* 18-1.

Bolger, D. and F. Stephen (1999) Scientific Analysis of Uruk Ceramics from Sites of the Syrian and Southeast Anatolian Euphrates: Preliminary Results. In Olmo Lete and Montero Fenollós 1999.

Campbell Thompson, R. and M. E. L. Mallowan (1933) The British Museum Excavations at Nineveh, 1931-3". *Annals of Archaeology and Anthropology* 20.

Garstang, J. (1953) *Prehistoric Mersin: Yümük Tepe in Southern Turkey*. Oxford University Press.

Helwing, B. (2000) Cultural Interaction at Hassek Höyük, Turkey: New Evidence from Pottery Analysis. *Paléorient* 25-1.

Henrickson, E. F. (1989) Ceramic Evidence for Cultural Interaction between the 'Ubaid Tradition and the Central Zagros Highlands, Western Iran. In Henrickson and Thuesen 1989.

Herzog, Z. (1997) Fortifications of the Bronze and Iron Ages. In Meyers *et al*. 1997.

Hole, F. (1984) Analysis of Structure and Design in Prehistoric Ceramics. *World Archaeology* 15-3.

Jasim, S. A. (1989) Structures and Function in an 'Ubaid Village. In Henrickson and Thuesen 1989.

Kohlmeyer, K. (1997) Habuba Kabira. In Meyers *et al*.

Koizumi, T. and H. Sudo (2001) The Stratigraphy and Architectures of Sector B of Tell Kosak Shamali. In Y. Nishiaki and T. Matsutani 2001.

Kramer, C. (1985) Ceramic Production and Specialization. *Paléorient* 11-2.

Le Brun, A. (1971) Recherches stratigraphiques a l'Acropole de Suse, 1969-1971. *Cahiers de la Délegation archéologique française en Iran* 1.

Lenzen, H. (1956-57) *XV. Vorläufiger Bericht über die von dem Deutschen Archäologischen Institut und der Deutschen Orient-Gesellschaft aus Mitten der Deutschen Forschungsgemeinschaft unternommenen Ausgrabungen in Uruk-Warka.* Verlag Gebr. Mann.

Lloyd, S. (1940) Iraq Government Soundings at Sinjar. *Iraq* 7.

Mazar, A. (1995) The Fortification of Cities in the Ancient Near East. In Sasson *et al*. 1995.

McClellan, T. L. (1999) Urbanism on the Upper Syrian Euphrates. In Olmo Lete and Montero Fenollós 1999.

McCorriston, J. (1998) Landscape and Human-Environment Interaction in the Middle Habur Drainage from the Neolithic Period to the Bronze Age. *Bulletin of Canadian Society for Mesopotamian Studies* 33.

Nishiaki Y. and T. Matsutani (eds.) (2001), *Tell Kosak Shamali, Vol.I.* UMUT Monograph 1. The University Museum, The University of Tokyo.

Oates, D. and J. Oates (1997) An Open Gate: Cities of the Fourth Millennium BC (Tell Brak 1997). *Cambridge Archaeological Journal* 7-2.

Olmo Lete, G. del and J.-L. Montero Fenollós (eds.) (1999) *Archaeology of the Upper Syrian Euphrates: The Tishrin Dam Area.* Editorial AUSA.

Özbal, H., A. Adriaens and B. Earl (2000) Hacınebi Metal Production and Exchange. *Paléorient* 25-1.

Palmieri, A. (1981) Excavations at Arslantepe (Malatya). *Anatolian Studies* 31.

Peltenburg, E. (1999) Tell Jerablus Tahtani 1992-1996: A Summary. In Olmo Lete and Montero Fenollós 1999.

Postgate, J. N. (1990) Excavations at Abu Salabikh, 1988-89. *Iraq* 52.

Renfrew, C. (1975) Trade as Action at a Distance: Questions of Integration and Communication. In J. A. Sabloff and C. C. Lamberg-Karlovsky (eds.), *Ancient Civilization and Trade,* University of New Mexico Press.

Roaf, M. (ed.) (1984) Tell Madhhur: A Summary Report on the Excavations. *Sumer* 43.

Schmandt-Besserat, D. (1992) *Before Writing.* University of Texas Press.

Schwartz, G. M. and H. Weiss (1992) Syria, ca. 10,000-200 B.C. In R.W. Ehrich 1992.

al-Soof, B. A. (1968) Tell es-Sawwan: Excavation of the Fourth Season (Spring, 1967). *Sumer* 24.

Strommenger, E. (1980) *Habuba Kabira: eine Stadt vor 5000 Jahren.* Verlag Philipp von Zabern.

Thuesen, I. (1992) Information Exchange in the 'Ubaid Period in Mesopotamia and Syria. In *La circulation des biens, des personnes et des idées dans le Proche-Orient ancien,* XXXVIIIe R. A. I. Editions Recherche sur les Civilisations.

van Driel, G. and C. van Driel-Murray (1983) Jebel Aruda, the 1982 Season of Excavation. Interm Report 1. *Akkadica* 33.

Wilkinson, T. J. (1994) The Structure and Dynamics of Dry-Farming States in Upper Mesopotamia. *Current Anthropology* 35-5.

Wright, H. T. (1984) Prestate Political Formations. In Stein and Rothman 1994 (reprint of 1984).

Yoffee, N. (1993b) Mesopotamian Interaction Spheres. In N. Yoffee and J. Clark (eds.), *Early Stages in the Evolution of Mesopotamian Civilization: Soviet Excavations in Northern Iraq.* University of Arizona Press.

Zeder, M. A. (1998) Environment, Economy, and Subsistence on the Threshold of Urban Emergence in Northern Mesopotamia. *Bulletin of Canadian Society for Mesopotamian Studies* 33.

常木晃「交換、貯蔵と物資管理システム」常木晃・松本健編『文明の原点を探る』同成社、1996年。

Algaze, G. (2001) Initial Social Complexity in Southwesern Asia. *Current Anthropology* 42-2.

Berman, J. C. (1994) The Ceramic Evidence for Sociopolitical Organization in 'Ubaid Southwestern Iran. In Stein and Rothman 1994.

Blackham, M. (1996) Further Investigations as to the Relationship of Samarran and Ubaid Ceramic Assemblages. *Iraq* 58.

Connan, J., C. Breniquet and J.-L. Huot (1996) Les Objets Bituminés de Tell el Oueili : Des témoins de la diversité des réseaux d'échanges commerciaux de l'Obeid 0 à l'Uruk récent. In J.-L. Huot (ed.), *Oueili : Travaux de 1987 et 1989*. Éditions Recherche sur les Civilisations.

Courtois, L. and B. Velde (1985-86) Technical Studies of Ubaid 0-3 Pottery Samples from Tell el 'Oueili. *Sumer* 44.

Gibson, M. (1973) Population Shift and the Rise of Mesopotamian Civilization. In C. Renfrew (ed.), *The Explanation of Culture Change*. Duckworth.

Hole, F. (1994) Environmental Instabilities and Urban Origins. In Stein and Rothman 1994.

Sanlaville, P. (1989) Considérations sur l'évolution de la basse Mésopotamie au cours des Derniers millénaires. *Paléorient* 15-2.

終　章

浅野一郎「古代メソポタミアにおける都市形成期の地域的様相」櫻井清彦先生古稀記念会編『二十一世紀への考古学』雄山閣、1993年。

板垣雄三・後藤明編『イスラームの都市性』日本学術振興会、1993年。

西秋良宏「メソポタミア銅石器時代編年の諸問題」近藤英夫編、1999年。

Hole, F. (1980) Archaeological Survey in Southwest Asia. *Paléorient* 6.

メソポタミア

年代 BC	時代区分	時期区分	東南アナトリア	ユーフラテス上流域	バリーフ流域	ハブール流域	ブラク CH	ブラク TW	ティグリス上流域
2900年	青銅器時代	青銅器時代前期							ガウラ VII
3100年		ニネヴェ5期						9-10	
3300年		北方ウルク後期	アルスランテペ VIA	ハブーバ・カビーラ南／ジェベル・アルーダ				11-12	
3500年		北方ウルク中期後半	ハジネビB2	シェイク・ハッサン 5-7				13	VIII
3700年		北方ウルク中期前半	ハジネビB1	シェイク・ハッサン 8-13		9-12		14-17	IX-X
		北方ウルク前期併行／ポスト・ウバイド期	ハジネビA	コサック・シャマリ B6	ハマーム VB / VA	13		18-19	XI / XIA
4000年 (4500年)		北方ウバイド終末期	ディルメンテペ 7		IVD	14			XII-XIIA
4200年	銅石器時代	北方ウバイド後期	クルバン・ホユックVII	コサック・シャマリ A9	IVC / IVB	18-22		?	XIII-XIV
4500年 (5000年)		北方ウバイド前期	クルバン・ホユックVIII	コサック・シャマリ A17	IVA	アカブ2-3			XV-XVIII / XIX-XX
5000年 (5400年)		ハラフ期		シャムス・エッ・ディン		シャガル・バザル 6-11			アルパチヤ TT6-7
				ダミシリーヤ		12			TT8-10/H4
				(ハルーラ)	↑	13-15			pre-TT10/H3-1
5600年 (6000年)		土器新石器時代／ハッスーナ期	テペジク	コサック・シャマリ A18	サビ・アビヤド				
6000年 (7000年)	新石器時代	プロト・ハッスーナ期				カショカショク II 3-4			

Ehrich 1992; Rothman 1998などをもとに、おもに土器型式と製作技術を基準にして筆者作成。
年代はおよその推定。時期開始相当の括弧内年代は、放射性炭素年代の下方較正値。

編年表

中部メソポタミア		南メソポタミア			南西イラン			時期区分	年代 BC
ティグリス中流域	ハムリン盆地域	ユーフラテス下流域 ウルク	ウル	エリドゥ	メイメ流域	スシアナ平原西部	スシアナ平原東部		
		II				↑		初期王朝時代	2900年
		III				スーサIII		ジェムデット・ナスル期	
		IVa				↓	チョガ・ミシュ		3100年
						↑	↑	ウルク後期	
		IVb-V		I-II		|	|		3300年
	↑					|	?	ウルク中期後半	
	ルベイデー	VI-VII				スーサII	?		3500年
						|	?	ウルク中期前半	
	↓	VIII-IX		III		↓	?		3700年
		X-XI		IV			?	ウルク前期	
		XII					?		
		XIII-XIV	↑	V		↑	|		4000年
		XV	III	VI		スーサA/スーサI	|	南方ウバイド終末期	
		XVI	↓	|	ハカランA,B	↓	|		4200年
	マドゥフル			VII	バルチネB,C		?	ウバイド4期	
		XVII	II		↓	ベンデバル 11-17	?		
		XVIII					?		4500年
				VIII			?		
				IX	バルチネA	ジャファラバード 3m-n	|	ウバイド3期	
	アバダI-II/ソンゴルA,BI		I	X			|		
				XI			|		5000年
	BII			XII	サブズ	(移行期)	|	ウバイド2期	
	BIII			XIII			|		
	BIV			XIV	チョガ・セフィド	ジャファラバード 4-6	|		
				XV			|	ウバイド1期	
ソワン	アバダIII			|			|		
?				XIX	CMT		|		5500年
↑				↓			|		
V				?			|	ウバイド0期	
IV							|		
III	ソンゴルA					(古拙期)	↓	サマッラ期	
II									
I									6000年
↓									

おわりに

　学生時代に筆者は、カラチからアテネまで陸路を横断し、西アジアで多くの遺跡に巡り合い、苦しい旅のなかでも古代文化の息づかいにおどろきと感動を覚えた。1年後に、指導教員の推薦で、はじめて海外調査に参加することになり、以来、東京大学西アジア遺跡調査団のメンバーとして、シリアのカシュカショクとコサック・シャマリの遺跡発掘調査に参加してきた。西アジアとの鮮烈な出会いから十数年たち、拙い研究をなんとか博士論文にまとめることができた。本書は、1998年9月、早稲田大学大学院文学研究科で受理された博士論文「ウバイド文化における墓制の地域的研究—土器と墓から見た社会—」をもとに、その後に発表した筆者の文献もふくめ大幅に書き直して、メソポタミアの都市形成について述べたものである。

　本書を執筆するにあたり、早稲田大学をはじめ諸方面の先生方から暖かいご指導と激励を賜った。とりわけ博士論文主査の早稲田大学菊池徹夫先生のご推薦により本書を執筆する機会を与えられたことに深く感謝申し上げたい。東京大学総合研究博物館および同西アジア先史遺跡調査団には収蔵資料の分析などに便宜をはかっていただき、国士舘大学イラク古代文化研究所には文献の貸し出しなどでお世話になった。海外の先生方からも情報提供や意見交換で数多くの貴重なご助言を賜わり、また古代オリエント学会ならびに日本西アジア考古学会の会員や早稲田大学西アジア考古学勉強会の仲間か

らもご教示をいただいた。そして、大幅な執筆の遅延にもかかわらず、ご理解をいただいた同成社の山脇洋亮氏ほかの方々にもお礼申し上げたい。

執筆なかば、自身の境遇もさることながら、中東紛争やテロの痛ましい報道が流れるたびに筆が止まり、自らの展望に戸惑いと不安を感じた。それでもあえて向かい風に挑み、もてる力を出し切ろうと開き直り、浅学の身に鞭を打った次第である。本書は、専門家だけでなく隣接分野の研究者や一般読者にまで理解してもらえるよう心がけたつもりである。なるべく消化しやすいことばで最新の学説や解釈を紹介し、古代メソポタミアの都市誕生に的を絞ってみた。

これからもフィールドに立脚した議論を重ねると同時に、一般の方々にわれわれの学究活動を理解してもらうための努力もつづけるつもりだ。研究成果は研究者だけのものではなく、多くの人びとと分かち合うべきものだからである。ご批判、ご叱咤を頂戴しながら、より説得力のある都市形成のシナリオへと高めていければ本望である。一人でも多くの読者が古代メソポタミアの魅力に触れ、激動の西アジアからやがてはロマンの風が吹いてくることを祈りつつ。

さいごに、身勝手な自分を、暖かく見守ってくれた家族と、励ましてくれた友人たちに感謝の念をささげたい。

　2001年10月

　　　　　　　　　　　　　　　　　　　　　　　　　　小泉　龍人

遺跡索引

遺跡名の頭に付く「テペ」「テル」は、本文中では初出
にのみ付し、それ以外は省略した。

ア

アリ・コシュ（イラン南西部、デー・ルーラーン平原域〈メイメ川流域〉の無
土器〜土器新石器時代集落）　21

アルスランテペ（トルコ東南部、ユーフラテス河上流域の銅石器時代後期〜
鉄器時代集落。銅石器時代後期〈ウルク前期併行〉〜ウルク後期に交易経済
活発化）　93, 117, 169, 181, 197, 198

イェリコ（イスラエル東部、死海北岸のナトゥーフ期〜新石器時代集落。の
ちに青銅器時代に都市へ発展）　164

イキズホユック（トルコ東南部、ユーフラテス河上流域のウバイド期併行集
落）　169

ウル（現代名テル・アル・ムカイヤル。イラク南部、ユーフラテス河下流域
のウバイド期集落、ウルク期〜初期王朝時代に都市へ発展。初期王朝時代
の「ウルの王墓」とは別に、ウバイド4〜ウルク前期の墓地。のちにウル
第3王朝時代の首都）　32, 40, 41, 44, 49, 50, 56, 95, 113, 147, 180, 181

ウルク（現代名ワルカ。イラク南部、ユーフラテス河下流域のウバイド期集
落、ウルク期〜初期王朝時代に大都市へ発展。ウルク期の標式遺跡。ウル
ク・エクスパンションの中心）　167, 180, 181, 183, 209

エブラ（現代名テル・マルディフ。シリア西北部、イドリブ東南の青銅器時
代都市。エブラ文書出土）　172

エリドゥ（現代名アブ・シャハレーン。イラク南部、ユーフラテス河下流域
のウバイド期集落群、ウルク期以降に都市へ発展。ウバイド期の墓地、ウ
バイド〜ウルク期の3列構成プラン神殿。土器変遷は南方ウバイド編年の
基礎、エリドゥ土器はウバイド1期の標式）　11, 18, 29, 31, 36, 38, 44, 63, 96,
98, 103, 109, 110, 112, 113, 122, 126, 128, 168

遺跡索引 *239*

カ

ガライ・レシュ（イラク北部、シンジャル山麓域〈ワディ・タルタル流域〉のウバイド〜ウルク期集落）　117, 175, 177

カラ・コサック（シリア北部、ユーフラテス河上流域の青銅器時代祭祀センター）　173

カリンジ・アガ（イラク北部、大ザブ川流域のウルク期併行集落。街路、土器工房）　89, 116, 117, 153

ガンジ・ダレ（イラン西部、ザグロス山中ケルヘ川上流域の無土器〜土器新石器時代集落）　18, 19, 23

キシュ（イラク南部、ユーフラテス河中〜下流域の都市。「洪水」のあとに最初に王権の下ったとされる都市。初期王朝時代に宮殿が登場）　103, 209

ケルメズ・デレ（イラク北部、シンジャル山麓域〈ワディ・タルタル流域〉の先土器新石器時代集落）　18

ゴディン・テペ（イラン西部、ザグロス山中ケルヘ川流域のウルク期〜青銅器時代集落。ホラサン・ロードに沿ったメソポタミアとイランをむすぶ交易拠点。ウルク後期の周壁内にワイン生産施設や商品取引場）　140, 141, 197

サ

サクチャギョジュ（別名ジョバ・フユック。トルコ南部、チェイハン川流域の土器新石器時代〜ウルク期併行集落。ウバイド終末期併行に「ジョバ・ボウル」出土。のちにヒッタイトの拠点へ発展）　135, 136

サマッラ（イラク中部、ティグリス河中流域のサマッラ期集落。サマッラ期の標式遺跡。のちにアッバース朝首都）　42

サレプタ（レバノン南部、南レヴァント海岸地域の鉄器時代集落。フェニキア期の土器工房）　88

ジェベル・アルーダ（シリア北部、ユーフラテス河上流域のウルク期センター。神殿に多数の印影や数字粘土板出土。行政・宗教的な役割）　165, 169, 170, 177

ジェムデット・ナスル（イラク南部、ユーフラテス河中〜下流域の集落。ジェムデット・ナスル期の標式遺跡）　179

ジェラブルス・タフターニ（シリア北部、ユーフラテス河上流域のウルク後

期〜青銅器時代軍事拠点） 109, 170, 173

ジャファラバード（イラン南西部、スシアナ平原域のウバイド期集落） 19, 28, 113

ジャワ（ヨルダン北東部、シリア沙漠縁辺の青銅器時代集落。高地と低地に分けられた集落にそれぞれ堡塁） 167

スーサ（イラン南西部、スシアナ平原域のウバイド終末〜ウルク期センター。ウバイド終末〜ウルク前期併行の墓地。ヘビに関する祭祀。のちにアケメネス朝の王都） 28, 35, 47, 49, 54, 55, 109, 110, 118, 128, 141, 147, 181, 196

タ

タル・イ・バクーン A（イラン南部、ザグロス山麓のウバイド〜ウルク期併行集落。ウバイド終末期ころにドア封印） 92

チューリンテペ（トルコ東南部、ユーフラテス河上流ケバン地域の銅石器時代中期集落） 169

チョガ・マミ（イラク中部、ザグロス山麓のサマッラ〜ウバイド期集落。最古の灌漑設備。土器はサマッラ〜ウバイド過渡期の標式） 19

チョガ・ミシュ（イラン南西部、スシアナ平原域のウバイド〜ウルク期センター。ウルク後期に排水溝を伴う街路） 28, 90, 94, 109, 116〜118, 126, 128, 138

ディルメンテペ（トルコ東南部、ユーフラテス河上流域のウバイド期併行集落。ウバイド終末期ころにドア封印） 92, 134, 135, 168

テペ・ガウラ（イラク北部、ティグリス河上流域のハラフ期集落、ウバイド〜ガウラ期〈ウルク前〜中期併行〉にセンターへ発展。ガウラ期の標式遺跡。ウバイド期に南方様式の神殿登場。ウルク期併行に集落は職能別の専業空間に分化し、市場も形成） 18, 33〜38, 41, 47, 53, 59, 63〜80, 83, 89, 90, 92, 99〜105, 113, 114, 116〜118, 122, 126, 131, 132, 136, 146〜148, 152〜157, 159, 177, 181, 191〜194

テペ・ガブリスターン（イラン北部、ガズヴィン南方のウバイド終末〜ウルク期併行集落。居住域から隔離された土器および銅器工房群） 87, 153

テペ・サブズ（イラン南西部、デー・ルーラーン平原域〈メイメ川流域〉のウバイド期集落） 28

テペ・シアルク（イラン中部、カシャン南西のウバイド終末〜ウルク期併行集落。東方産のラピス・ラズリなどをメソポタミア方面へ中継する交易拠

遺跡索引 *241*

点）124

テル・アグラブ（イラク中部、ハムリン盆地域〈ディヤラ川流域〉のジェムデット・ナスル期～初期王朝時代都市）120

テル・アティジ（シリア北東部、ハブール川流域の青銅器時代食糧貯蔵センター）173

テル・アバダ（イラク中部、ハムリン盆地域〈ディヤラ川流域〉のウバイド期集落。居住域に土器生産施設。建物床下に多数の幼児土器棺）87, 91, 101, 126, 128, 157

テル・アバル（シリア北部、ユーフラテス河上流域のウバイド～ウルク期集落。ウバイド期の土器生産施設）41, 87, 107, 115, 136

テル・アブ・サラビーフ（イラク南部、ユーフラテス河中～下流域のウルク期～初期王朝時代都市。目抜き通り、区画された街並み）153, 200, 269

テル・アブド（シリア北部、ユーフラテス河上流域の青銅器時代軍事拠点）173

テル・アル・ウバイド（イラク南部、ユーフラテス河下流域のウバイド～ウルク期集落、初期王朝時代にセンターへ発展。ウバイド期の標式遺跡。初期王朝時代に二重の周壁内に神殿）11, 128, 149～151

テル・アル・ソワン（イラク中部、ティグリス河中流域のサマッラ期集落。本格的なレンガ建築の登場。住居床下に多数の墓）20, 21, 42, 162, 163

テル・アルパチヤ（イラク北部、ティグリス河上流域のハラフ～ウバイド期集落。ハラフ期の祭祀場。ウバイド期の墓地）17, 18, 32, 33, 38, 40, 96

テル・アル・ラカーイ（シリア北東部、ハブール川流域の青銅器時代食糧貯蔵センター）173

テル・ウェイリ（イラク南部、ユーフラテス河下流域のウバイド～ウルク期集落。下層に南メソポタミアで最古のウバイド0期）23, 126, 190

テル・ウカイル（イラク南部、ティグリス河中～下流域のウバイド期～初期王朝時代集落。基壇上にウルク期の彩色神殿）126, 128

テル・ウム・クセイル（シリア北部、ハブール川流域のハラフ期・ウルク期集落）114

テル・エラニ（イスラエル南部、海岸部の青銅器時代都市。イスラエルで最古の見張り台を伴う周壁）167

テル・カシュカショク（シリア北東部、ハブール川流域のプロト・ハッスー

ナ期～初期王朝時代集落群。II号丘にプロト・ハッスーナ期の居住利用、のちにウバイド～ポスト・ウバイド期〈ウルク前期併行〉の墓地。I号丘にハラフ期、III号丘にウバイド期～青銅器時代の遺構）　15, 40～42, 47, 50, 52, 55～58, 74, 95, 96, 107

テル・カビル（シリア北部、ユーフラテス河上流域の青銅器時代祭祀センター）　173

テル・カンナス〔→ハブーバ・カビーラ南〕　177

テル・クラッケ（シリア東部、ユーフラテス河中流域のウルク期集落）　124

テル・コサック・シャマリ（シリア北部、ユーフラテス河上流域の土器新石器時代～ウルク期集落。ウバイド期の土器生産施設、ポスト・ウバイド期の独立土器工房）　87, 107, 111, 128, 136, 153, 154, 164

テル・サラサート（イラク北部、ティグリス河上流域のプロト・ハッスーナ～ニネヴェ5期集落群。II号丘にウバイド～ガウラ期の遺構）　87, 90, 91, 155, 164, 175, 178

テル・シェイク・ハッサン（シリア北部、ユーフラテス河上流域のウルク期センター。堡塁内側に街路、排水溝、建物、武器。土器は北方ウルク中期の標式）　92, 118, 159, 160, 165, 170, 181, 198

テル・ジガーン（イラク北部、ティグリス河上流域のハッスーナ期～アッシリア時代集落）　63

テル・ソンゴル（イラク中部、ハムリン盆地域〈ディヤラ川流域〉のサマッラ～ウバイド期集落群。サマッラ期にA号丘は居住利用。ウバイド期にA号丘は墓地、B号丘は生産、C号丘は居住として利用）　20, 36, 41, 90, 112, 126, 157, 164

テル・ハッサン（イラク中部、ハムリン盆地域〈ディヤラ川流域〉のウバイド期集落）　164

テル・バナート（シリア北部、ユーフラテス河上流域の青銅器時代祭祀センター）　173

テル・ハマーム・アル・トゥルクメン（シリア北部、バリーフ川流域のウバイド～ウルク期併行集落。のちに古アッシリア時代センター）　29, 41

テル・ブラク（シリア北東部、ハブール川流域のハラフ～ウバイド期集落、ウルク期以降にセンターへ発展。ウルク後期ころ「眼の神殿」）　29, 107, 117, 118, 159, 165

遺跡索引 *243*

テル・マグザリーヤ（イラク北部、シンジャル山麓域〈ワディ・タルタル流域〉の先土器新石器時代集落）　18

テル・マシュナカ（シリア北東部、ハブール川流域のウバイド期〜青銅器時代集落。ウバイド期の墓地。ウルク後期の円形倉庫）　15, 40, 41, 107, 126, 128

テル・マドゥフル（イラク中部、ハムリン盆地域〈ディヤラ川流域〉のウバイド期集落。焼失家屋から一般家庭の生活復原）　56, 159

テル・ムシャリファ（イラク北部、ティグリス河上流域のガウラ期集落。街路、土器工房）　88, 117, 153, 175, 177

テル・メフェシュ（シリア北部、バリーフ川流域のハラフ〜ウバイド期集落。釣鐘型ゴブレット土器「メフェシュ・ボウル」出土）　107

テル・ルベイデ（イラク中部、ハムリン盆地域〈ディヤラ川流域〉のウルク期集落。家畜化されたロバの骨出土）　132

テル・レイラン（シリア北東部、ハブール川流域のウバイド期集落、ウルク期併行〜ニネヴェ 5 期にセンター、アッカド〜古アッシリア時代に都市へ発展）　6, 41

ナ

ニップール（イラク南部、ユーフラテス河中〜下流域のウバイド期集落、ウルク期〜初期王朝時代に都市へ発展。シュメールの宗教的中心地）　209

ニネヴェ（現代名テル・クインジュク。イラク北部、ティグリス河上流域のハッスーナ〜ウバイド期集落、ウルク〜ニネヴェ 5 期にセンターへ発展。ニネヴェ 5 期の標式遺跡。のちにアッシリア時代の首都）　175, 178, 181

ネムリク（イラク北部、ティグリス河上流域の先土器新石器時代の集落）　18

ハ

ハカラン（イラン南西部、メイメ川流域のウバイド終末期併行墓地）　28, 47, 56

ハジネビ（トルコ東南部、ユーフラテス河上流域の銅石器時代後期〜ウルク期集落。在地文化の集落内にウルク文化の居留地）　137, 138, 156, 181, 183

ハッジ・ムハンマド（イラク南部、ユーフラテス河下流域のウバイド期集落。ハッジ・ムハンマド土器はウバイド 2 期の標式）　29, 40

ハッセク・ホユック(トルコ東南部、ユーフラテス河上流域のウルク期集落。堡塁内側に神殿、倉庫)　114, 165, 169, 178, 198

ハブーバ・カビーラ南(シリア北部、ユーフラテス河上流域のウルク期都市。市壁に囲まれた市街地に目抜き通り、水利施設、工房。市壁内南側の小丘テル・カンナスに神殿・行政センター。土器は北方ウルク後期の標式。市壁外北側に初期王朝時代のテル・ハブーバ・カビーラが立地)　79, 89, 132, 153, 160, 165, 169, 170, 177, 178, 197, 198, 200

パルチネ(イラン南西部、メイメ川流域のウバイド3〜終末期併行墓地)　28, 47, 56

ベンデバル(イラン南西部、スシアナ平原域のウバイド期集落)　28

マ

マリ(現代名テル・ハリリ。シリア東部、ユーフラテス河中流域の初期王朝時代〜古バビロニア時代都市。川沿いの交易拠点)　129

メルシン(トルコ南部、地中海沿岸の土器新石器〜青銅器時代集落。銅石器時代に堡塁)　40, 167

ヤ

ヤリム・テペ(イラク北部、シンジャル山麓域〈ワディ・タルタル流域〉のハッスーナ〜ウバイド期集落群。I号丘にハラフ後期の墓地)　15〜17, 40, 113

■著者略歴■

小泉龍人（こいずみ　たつんど）

1964年東京生まれ。
早稲田大学第一文学部考古学専修卒業。早稲田大学大学院文学研究科博士後期課程修了。文学博士。早稲田大学文学部助手、東京大学東洋文化研究所研究機関研究員、同西アジア部門非常勤講師を経て
現在　早稲田大学文学部非常勤講師。
主要著作　『はじめて出会う世界考古学』（有斐閣、共著）、
　　　　　『現代の考古学6　村落と社会の考古学』（朝倉書店、共著）など

藤本　強
菊池徹夫 監修「世界の考古学」

⑰都市誕生の考古学

2001年11月20日　初版発行

著　者　小泉　龍人

発行者　山脇　洋亮

印刷者　亜細亜印刷㈱

発行所　東京都千代田区飯田橋
　　　　4-4-8 東京中央ビル内　同成社

TEL 03-3239-1467　振替 00140-0-20618

ⒸKoizumi Tatsundo 2001 Printed in Japan
ISBN4-88621-232-8　C3322

同成社の考古学書

藤本強・菊池徹夫 企画監修

世界の考古学
―― 第1期・全10冊 ――

世界各地をいくつかのブロックに分け、各地域を専門とする第一線の若手研究者が、現場での体験を基にした最新の研究成果を、豊富な写真・図版とともに、コンパクト・平易に概説する。愛好家・専門家から、世界の史跡を訪れる人たちまで、役立つ情報を満載。カラー口絵4頁、各巻末に「参考文献」「編年表」「遺跡索引」を備える。

● 第1期・全10冊の内容 ●

①アンデスの考古学　　　　　　　　　　　　　　関 雄二 著
　　　　　　　　　　　　　　　　　　304頁・本体2800円

②メソアメリカの考古学　　　　　青山和夫・猪俣 健 著
　　　　　　　　　　　　　　　　　　256頁・本体2500円

③ギリシアの考古学　　　　　　　　　　　　周藤芳幸 著
　　　　　　　　　　　　　　　　　　256頁・本体2500円

④エジプトの考古学　　　　　　　　　　　　近藤二郎 著
　　　　　　　　　　　　　　　　　　272頁・本体2600円

⑤西アジアの考古学　　大津忠彦・常木 晃・西秋良宏 著
　　　　　　　　　　　　　　　　　　256頁・本体2500円

⑥中央ユーラシアの考古学　　　　　　　　　藤川繁彦 編
　　　　　　　　　　　　　　　　　　376頁・本体3200円

⑦中国の考古学　　　　小澤正人・谷 豊信・西江清高 著
　　　　　　　　　　　　　　　　　　358頁・本体3200円

⑧東南アジアの考古学　坂井 隆・西村正雄・新田栄治 著
　　　　　　　　　　　　　　　　　　340頁・本体3000円

⑨東北アジアの考古学　　　　　　　　　　　大貫静夫 著
　　　　　　　　　　　　　　　　　　288頁・本体2700円

⑩朝鮮半島の考古学　　　　　　　　　　　早乙女雅博 著
　　　　　　　　　　　　　　　　　　272頁・本体2600円

同成社の考古学書

藤本強・菊池徹夫 企画監修

世界の考古学
——第2期・全10冊——

本シリーズ第2期では、世界を地域で分けるのではなく、歴史のなかの象徴的なテーマを拾い出し、わかりやすく解説していく。別の視点から切り取ったもうひとつの「世界の考古学」。

● 第2期の内容 ●（白抜き数字は既刊）

11 ヴァイキングの考古学　　（ヒースマン姿子著）
12 イタリア半島の考古学　　（渡辺道治編）
13 ヘレニズム世界の考古学　（芳賀京子・芳賀満著）
14 エジプト文明の誕生　　　（高宮いづみ著）
15 人類誕生の考古学　　　　（木村有紀著）
16 ムギとヒツジの考古学　　（藤井純夫著）
17 都市誕生の考古学　　　　（小泉龍人著）
18 コインの考古学　　　　　（田辺勝美編）
19 チンギス=カンの考古学　 （白石典之著）
20 稲の考古学　　　　　　　（中村慎一著）

次回配本
⑳稲の考古学
　第1章　稲作考古学の視点
　第2章　考古学から見た初現期の稲作
　第3章　アジア稲作多元説とインディカ・ジャポニカ問題
　第4章　稲作の進化
　第5章　稲作の「伝播」
　第6章　稲作文明論の課題

同成社の考古学書

世界の考古学⑤
西アジアの考古学

大津忠彦・常木晃・西秋良宏著
四六判・256頁・本体価格2500円

人類の出アフリカの最初の通過点となった西アジア。その多様な自然環境・人々の中から生まれた世界最古の食料生産社会、都市の形成から大領域国家に至るまで、周辺地域も含めて概説する。

● 本書の目次 ●

第1章　西アジアという地域　　　第5章　最古の都市文明
第2章　三大陸人類大回廊　　　　第6章　盛衰する国家
第3章　村落生活の始まり　　　　第7章　巨大帝国の時代
第4章　農耕社会の展開

世界の考古学⑯
ムギとヒツジの考古学

藤井純夫著
四六判・320頁・本体価格3200円

いつ、どこで、だれが、なぜ、どのようにしてムギを栽培し、ヒツジを家畜化するようになったのか。考古資料から農耕・牧畜の起源とその後の展開を追尾する。

● 本書の目次 ●

第1章　ムギとヒツジの自然環境　　第5章　家畜化の進行
第2章　さまざまな前適応　　　　　第6章　農耕と牧畜の西アジア
第3章　狩猟採集民の農耕　　　　　第7章　遊牧の西アジア
第4章　農耕牧畜民の農耕　　　　　第8章　ムギとヒツジのその後

同成社の考古学書

文明の原点を探る
――新石器時代の西アジア――

江上波夫監修
常木晃・松本健編
A5判・216頁・本体価格3495円

西アジア新石器時代は今何が問われ解明されつつあるのか。日本人による長年の現地調査をふまえて、最新の研究成果から西アジアにおける文明発祥時の諸側面に迫り、農耕の始まりから国家の形成へと進む世界歴史を考察する。本書を通じて、読者は西アジア新石器時代研究の醍醐味に触れることになるだろう。

● 本書の目次 ●

はじめに――なぜ西アジア新石器時代を研究するのか（松谷敏雄）
【第Ⅰ部　旧石器から新石器時代へ】
第1章　西アジア農耕起源論の出発点　　　　　　　（藤井純夫）
第2章　建築文化初期段階の住居と集落　　　　　　（岡田保良）
【第Ⅱ部　新石器時代の道具】
第3章　石の道具とジェンダー　　　　　　　　　　（西秋良宏）
第4章　石器の作られ方　　　　　　　　　　　　　（大沼克彦）
第5章　土器の誕生　　　　　　　　　　　　　　　（三宅　裕）
【第Ⅲ部　新石器時代の社会とその展開】
第6章　祭りと埋葬　　　　　　　　　　　　　　　（禿　仁志）
第7章　交換、貯蔵と物資管理システム　　　　　　（常木　晃）
第8章　西アジア型農業の拡散　　　　　　　　　　（堀　　眎）
第9章　都市文明への胎動　　　　　　　　　　　　（松本　健）
おわりに――公開シンポジウムの総括として　　　　（岩崎卓也）